财政部会计名家培养工程支持项目

中国会计改革发展四十年

徐玉德　著

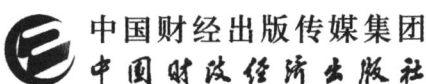

中国财经出版传媒集团
中国财政经济出版社

图书在版编目（CIP）数据

中国会计改革发展四十年/徐玉德著.—北京：中国财政经济出版社，2019.3
ISBN 978－7－5095－8747－8

Ⅰ.①中… Ⅱ.①徐… Ⅲ.①会计制度－经济体制改革－中国 Ⅳ.①F233.2

中国版本图书馆 CIP 数据核字（2018）第 291620 号

责任编辑：张若丹　　　　责任校对：黄亚青
封面设计：秦聪聪

中国财政经济出版社 出版

URL：http://www.cfeac.com
E－mail：cfeac@cfemg.cn

（版权所有　翻印必究）

社址：北京市海淀区阜成路甲 28 号　邮政编码：100142
营销中心电话：010－88191522
天猫网店：中国财政经济出版社旗舰店
网址：http://zgczjjcbs.tmall.com
北京财经印刷厂印刷
700×1000 毫米　16 开　16.75 印张　261 000 字
2019 年 3 月第 1 版　2019 年 3 月北京第 1 次印刷
定价：66.00 元
ISBN 978－7－5095－8747－8
（图书出现印装问题，本社负责调换）
本社质量投诉电话：010－88190744
打击盗版举报热线：010－88191661　　QQ：2242791300

前　言

改革开放四十载，长风万里无暇待。四十载，改革开放大潮叠起，这场改变中国命运的伟大革命推动中国实现了从"赶上时代"到"引领时代"的历史性跨越，在古老而辽阔的华夏大地上激荡出响彻世界的中国之声。跋涉在四十载改革开放的壮阔征程中，深化改革的坚定信念与包容开放的博大胸襟交相辉映，时空蜿蜒交替中浓墨重彩的中国特色社会主义绘就当代中国会计改革与发展的恢宏画卷。会计作为改革开放进程中经济发展不可或缺的关键构成，记录着国民经济发展的微观数据，监督着国民经济运行的实际情况，守护着国民经济肌体的健康成长。在改革开放以来四十载会计改革与发展的历史回眸中，不论是微观层面的财富计量与经济管理，还是宏观层面的市场监管与国家治理，会计作为参与改革开放的重要力量，在对外开放和经济体制转型升级中承上启下，在产权制度改革与现代企业发展中纵横捭阖，在社会主义市场经济完善中有序延展，交织出中华民族伟大复兴棋局中的会计经纬，展现了会计助力国家治理与经济腾飞的宏大诗篇。

在中国特色社会主义理论体系的指导下，本书通过全面梳理我国改革开放以来会计改革与发展理论研究与实践工作，运用马克思主义唯物史观与方法论，以我国会计改革与发展的主要领域为纲，以会计改革与发展的逻辑溯源、机制分析与经验总结为目，系统总结了改革开放以来我国会计改革与发展经验与智慧，以期为推动中国特色社会主义新时代会计改革与发展贡献力量。

本书对我国改革开放四十年以来会计改革与发展进程展开全方位的深入研究，主要包括：会计法的立法或修订历程、现阶段存在的问题及修改建议；企业会计制度变迁评述与展望；国有企业管理会计应用实践及变迁研究；注册会计师制度变迁研究；会计监管制度变迁研究；政府会计改革研究；会计信息化演进研究；会计教育与人才培养研究；内部控制规范体系建设研究。具体分九个章节对我国改革开放以来会计改革与发展展开全方位的系统深入研究：

第一章全面回顾了我国会计法的立法及修订历程，总结了会计法立法作用及其影响，分析了现阶段我国会计法存在的问题并提出了相关建议。第二章在详细梳理我国企业会计制度变迁历程的基础上，综合运用马克思主义原理和现代产权理论，在唯物史观和产权制度视角下对我国企业会计制度变迁的逻辑起点、动力机制与路径选择进行系统分析，进而对改革开放四十年我国企业会计制度变迁进行了评述与展望。第三章结合我国国有企业改革历程厘清了国有企业管理会计体系的发展脉络，并从成本管理、绩效管理、预算管理等方面提炼出我国国有企业管理会计的应用实践及理论贡献，深入分析了我国国有企业管理会计应用变迁的影响因素及面临的挑战。第四章梳理了我国注册会计师制度变迁的历史进程，总结了变迁动因、方式及特征，分析了现阶段存在的主要问题并提出相应对策建议。第五章在梳理会计监管制度四十年变迁历史脉络的基础上，分析总结了四十年变迁的特点及经验，并从完善会计监管法律法规体系和"三位一体"会计监管体系、加强跨境会计监管交流与合作、充分利用好"大智移云"信息技术以提高会计监管效率等方面探讨了我国会计监管制度深化改革的方向。第六章回顾和梳理了政府会计改革四十年演进历程和历史脉络，总结了我国政府会计改革的基本经验与规律，提出了未来深入推进政府会计改革的具体路径。第七章回顾了我国会计信息化发展依次经历的四个阶段,梳理了我国会计信息化演进的历史脉络,总结了我国会计信息化建设取得的主要成就,剖析了其面临的现实挑战,并展望了其未来发展趋势。第八章梳理了我国会计教育与人才培养四十年变迁的历史脉络,总结了四十年取得的主要成就,指出新形势下我国会计教育与人才培养面临的机遇与挑战,提出开创"互联网+会计教育"的智能教育模式、创建综合性人才培养模式、推进会计教育的国际化进程等建议。第九章在回顾我国内部控制发展与演进历程的基础上,总结了企业和行政事业单位内部控制体系建设及其成效,并对我国内部控制规范体系建设进行了总体评价和展望。

"观今宜鉴史,谙史更知今"。四十载气势恢宏的改革开放伟大历程,叙述着栉风沐雨的春天故事,蕴染着独树一帜的绚烂底色,凝结着升腾跌宕的历史风云,镌刻着逐梦踏浪的时代风华。改革开放的四十载书写了马克思主义中国化的非凡史诗,描绘了中华民族四十载砥砺前行的生动写照,成就了世界经济史上举世瞩目的"中国奇迹"。毋庸置疑,改革开放造就了企业会计改革与经济体制改革和对外开放三者间的多维互动,同时也涵养了中国特色会计理论与方法体系的实践根基,历史的发展无数次印证了"经济越发展,会计越重要"这句颠扑不破的真理。古语云:"所当乘者势也,不可失者时也。"我国会计改革与发展乘改革开放之势崛起,立足中国特色社会主义伟大实践,以中国特色社会主义理论体系为理论基础,以节约劳动时间为根本动力,形成了在实践理性的指导下与我国生产力发展水平不断适应的良好态势。改革开放四十年来,我国会计改革和发展始终沿着立足国情、扎根实践、面向世界的逻辑主线,在探索中前进、在发展中完善、在合作中成长,并在建设会计法规体系、改革企业会计制度、发展注册会计师制度、构建政府会计体系、健全会计监管制度、全面推进会计电算化、深化会计人才培养等领域取得丰硕的理论成果和宝贵的实践经验。

"凡益之道，与时偕行"。党的十九大报告指出，"中国特色社会主义进入新时代，意味着中国特色社会主义道路、理论、制度、文化不断发展，拓展了发展中国家走向现代化的途径，给世界上那些既希望加快发展又希望保持自身独立性的国家和民族提供了全新选择，为解决人类问题贡献了中国智慧和中国方案。"在中国特色社会主义步入新时代之际，面对新阶段、新形势与新任务，会计工作者作为改革开放精神的传承者理应承担新使命、展现新作为。站在改革开放四十年的重要历史关口，全面回顾改革开放以来我国会计改革与发展历程，系统总结我国会计改革与发展的经验与智慧，不仅是为了汲取改革开放进程中我国企业会计改革与发展的源头活水，更是为了深化中国特色会计理论与方法体系建设，滋养新时代会计实践与理论研究蓬勃开展，为推动全球经济合作与发展贡献中国力量！

徐玉德

2018 年 12 月 20 日

目 录

第一章　改革开放以来我国会计立法、变革及未来展望 ……………（ 1 ）
　一、我国《会计法》的立法及其演进历程 ………………………（ 1 ）
　二、《会计法》的立法作用、变迁动因及其影响…………………（ 8 ）
　三、英美法系和大陆法系下会计法律制度建设的基本经验………（ 23 ）
　四、当前我国《会计法》存在的主要问题分析 …………………（ 30 ）
　五、新形势下我国《会计法》的修订或完善建议 ………………（ 42 ）

第二章　改革开放四十年我国企业会计制度演进与变迁 …………（ 55 ）
　一、改革开放四十年我国企业会计制度变迁历程回顾 …………（ 56 ）
　二、马克思主义唯物史观视角下我国企业会计制度变迁分析 …（ 65 ）
　三、产权制度视角下我国企业会计制度四十年变迁分析 ………（ 74 ）
　四、改革开放四十年我国企业会计制度变迁评述与展望 ………（ 84 ）

第三章　改革开放四十年国有企业管理会计应用实践及变迁 ……（ 93 ）
　一、改革开放四十年国有企业管理会计实践应用的历史脉络 …（ 93 ）
　二、我国国有企业管理会计应用的实践经验及其成效 …………（ 99 ）
　三、四十年来国有企业管理会计实践应用变迁的影响因素 ……（106）
　四、国有企业管理会计实践应用面临的挑战与展望 ……………（111）

第四章　我国注册会计师制度四十年变迁回顾与展望 ……………（120）
　一、我国注册会计师制度演进与变迁历程 ………………………（120）
　二、我国注册会计师制度变迁动因、特征及方式 ………………（132）
　三、当前我国注册会计师制度面临的困境和问题分析 …………（139）

1

四、深入推进我国注册会计师制度变迁的对策建议 …………… （143）

第五章　我国会计监管制度四十年变迁历程、经验及展望 ………… （149）
　　一、改革开放四十年我国会计监管制度变迁历程 ……………… （149）
　　二、会计监管制度四十年改革发展的基本经验 ………………… （157）
　　三、我国会计监管制度变迁的未来展望 ………………………… （161）

第六章　我国政府会计改革发展四十年历程、经验及展望 …………… （168）
　　一、改革开放四十年我国政府会计改革演进历程 ……………… （168）
　　二、政府会计改革发展四十年的基本经验和规律 ……………… （173）
　　三、我国政府会计改革与发展的未来展望 ……………………… （178）

第七章　改革开放四十年中国会计信息化演进与未来趋势 ………… （184）
　　一、改革开放四十年中国会计信息化发展历程 ………………… （184）
　　二、我国会计信息化四十年发展成就 …………………………… （190）
　　三、我国会计信息化发展存在的问题分析 ……………………… （193）
　　四、我国会计信息化发展的未来趋势 …………………………… （195）

第八章　改革开放四十年中国会计教育与人才培养 ………………… （204）
　　一、我国会计教育和人才培养四十年变迁的历史脉络 ………… （204）
　　二、四十年来会计教育与人才培养取得的主要成就 …………… （209）
　　三、新形势下我国会计教育与人才培养面临的机遇和挑战 …… （212）
　　四、新时代中国会计教育与人才培养的未来展望 ……………… （214）

第九章　我国内部控制规范体系建设四十年回顾与展望 …………… （223）
　　一、我国内部控制发展与演进历程 ……………………………… （223）
　　二、企业内部控制规范体系建设及其成效 ……………………… （229）
　　三、行政事业单位内部控制规范体系建设及其成效 …………… （236）
　　四、我国内部控制规范体系建设评价与展望 …………………… （246）

后　记 ……………………………………………………………………… （256）

第一章
改革开放以来我国会计立法、变革及未来展望

"法者,天下之仪也"。法律是由享有立法权的立法机关(全国人民代表大会和全国人民代表大会常务委员会)行使国家立法权,依照法定程序制定、修改并颁布,并由国家强制力保证实施的基本法律和普通法律的总称。《中华人民共和国会计法》(以下简称《会计法》)作为指导和规范会计工作、对企业及会计人员产生影响的纲领性文件,它的颁布实施是我国会计制度发展的重要里程碑,体现了顶层设计与实践演进相结合的探索式改革思想,记录了我国会计事业快速发展的光辉历程,并为我国会计法律制度建设奠定了基础。《会计法》从立法的高度为会计工作提供了保障,明确了对特定产权的保护,并充分肯定了会计机构及会计人员的地位和作用。新中国成立以来,会计法律制度规范的改革与发展有力地支撑了会计服务社会主义经济建设,呵护着社会主义市场经济的茁壮成长。同时,我国社会主义经济改革与发展进程中不断涌现出的新问题和新挑战,又为会计法律制度规范的改革和发展铺就了向上进步的阶梯。我国会计法律制度规范建设历程无数次地印证了"经济越发展,会计越重要"这一经典命题。

❖ 一、我国《会计法》的立法及其演进历程

(一)我国会计法制建设历程源远流长

1932年瑞金苏区临时中央政府人民委员会在毛主席对战时统一财政思想指导下颁布了《中央财政人民委员部训令(第十二号)——统一会计制度》,为

"瑞金时代"统一苏区财政揭开了序幕。在"瑞金时代",一些学者已经深刻认识到会计工作在财政经济管理工作中的基础性作用,如知名学者德峰1932年3月16日在《红色中国》发表的《对于财政统一的贡献》一文中提出,统一财政必须先确定会计制度,才能树立财政统一的基础。"瑞金时代"及"延安时代"毛主席抗战统一财政之下的统一会计制度的发展,对1949年新中国建立后至改革开放前的会计法制建设有着深远影响。

改革开放后,我国开启了由计划经济体制向市场经济体制的渐进转变,会计制度建设工作以加强经济核算、提高经济效益为出发点,对"文革"期间遭到破坏的会计规章进行了重建。1980年,财政部在总结历史经验和广泛调查研究的基础上,对当时的会计规章制度进行了全面修订。首先选择涉及面广、影响大、会计业务相对较为复杂且具有普遍性的《国营工业企业会计制度》进行修订。《国营工业企业会计制度》的修订,改变了在会计核算工作中片面地强调简化和不讲科学的偏向,对于恢复会计工作正常的秩序发挥了积极的作用,使企业的会计核算工作在一定程度上得到了加强。1981年先后制定发布了《国营供销企业会计制度》《国营施工企业会计制度》《建设单位会计制度》,为国营企业和建设单位的会计核算提出了明确要求和具体核算方法。

十一届三中全会以后,企业的成本管理工作在以经济效益为主的思想指导下得到加强,但仍然存在着管理不到位、核算基础工作薄弱、核算方法不严谨、核算结果不准确等问题。为此,财政部于1981年始制定《国营企业成本管理条例》,1984年国务院发布了《国营企业成本管理条例》,从而使企业成本管理和成本核算工作中存在的这些问题在一定程度上得到改善,国营企业的成本管理工作迈上一个新的台阶。这些会计制度的修订和完善,对于企业健全会计核算规章、改善经营管理、提高经济效益提供了重要基础性支撑作用。随着改革开放进程的推进,会计法律体系的不健全、不完整给会计工作与经济改革造成和带来的诸多不适应性日渐凸显。全国人大随即着手开始起草《会计法》,并于1985年1月颁布我国第一部《会计法》(同年5月1日起实施,之后历经三次修订)。之后,财政部又陆续发布《中外合资经营企业会计制度》《外商投资企业会计制度》《股份制试点企业会计制度》《股份有限公司会计制度》等。1992年"两则两制"的发布与实施,初步实现了我国会计核算模式的转换。《企业财务会计报告条例》(1999)、《企业会计制度》(2000)的发布实施则是进一步完善我国企业会计核算制度、统一会计核算标准、提高企业会计信息质量的具体措施，也是深入贯彻实施《会计法》的重要步骤和具体体现。2006年与国际趋同的企业会计准则体系的颁布实施则是我国会计改革与发展史上的又一重要里程碑。随后企业会计准则的修订和完善，以及近年来我国政府制度和会计准则体系的颁布实施，标志着我国会计法律制度体系的基本形成。

会计法律法规作为会计制度体系的顶层设计，是我国各项会计规章、制度的"准绳"，是我国会计制度改革与发展成果的集中体现。其中《会计法》是我国社会主义法治体系的组成部分，是国家最高立法机关依照立法程序制定和颁布的法律，是办理会计工作的强制性的行为规则，属于经济法范畴（杨纪琬，1985）。1985年5月1日施行的《会计法》，是新中国成立以来第一部以法律形式出现的全国上下必须共同遵守的会计行为准则，它总结了新中国成立以来我国会计工作的经验，把会计工作必须遵守的一些基本原则以法律的形式固定下来（杨时展，1998），并创造性地建立了具有中国特色的会计模式，对社会主义产权会计观的确立具有决定性影响（郭道扬，2008）。此外，《会计法》对于会计工作所作的种种规定，既没有过高的、不切实际的要求，又在保证真实、准确、完整地按制度提供会计信息和在搞活企业的同时，做到切实加强会计监督、严格维护财经纪律（葛家澍，1985）。

路漫漫其修远兮。我国的会计立法工作是在探索中曲折前进的。杨纪琬教授在1990年纪念我国首部《会计法》施行五周年之际发表的题为《〈会计法〉的历史使命》一文中指出："1985年的《会计法》是新中国成立以来第一部会计法律，有些西方国家也有会计法或者类似的法规。我国《会计法》同它们相比，在形式和内容上具有很大的特色，随着我国经济体制改革的完善，随着计划经济与市场调节相结合原则的贯彻，随着《会计法》规定的基本任务已圆满实现，执行这些任务已经成为习惯，成为'自由'。到了那个时候，新中国第一部以认真进行会计核算，严格执行会计核算为核心内容的《会计法》就得完成了它的历史使命，替代它的将是能够充分体现具有中国特色的会计理论方法体系的另一部崭新的《会计法》。"我国的第一部《会计法》自1985年颁布，以及之后三次的修订和完善，体现了国家对会计立法工作的重视，历次修订的过程中包含了会计工作者的无数心血与智慧，《会计法》在经过不断的完善和修订后也更加具有适应性和实用性，在未来的社会主义市场经济建设过程中必将发挥出更大的作用。我国《会计法》的颁布及修订历程如图1-1所示。

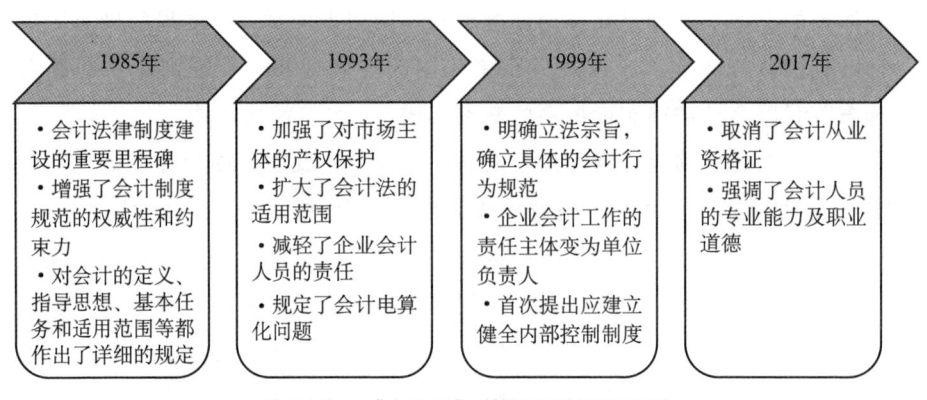

图1-1 《会计法》的颁布及修订历程

（二）《会计法》的颁布是我国会计法律制度建设的重要里程碑

为了加强会计工作，保障会计人员依法行使职权，更好地发挥会计工作在维护国家财政制度和财务制度、保护社会主义公共财产、加强经济管理和提高经济效益中的作用，1985年1月21日第六届全国人民代表大会常务委员会第九次会议通过《会计法》。会计法是适应经济管理需要和经济体制改革要求的一项重要经济立法，是新中国成立30多年会计工作经验和会计理论研究成果的集中体现，明确了会计的性质和任务，提出了会计核算和监督的基本要求，规范了会计工作的管理体制，并规定了会计工作的法律责任。

1985年颁布的《会计法》包含总则、会计核算、会计监督、会计机构和会计人员、法律责任和附则共六章，三十一条。第一章总则，明确加强经济管理、提高经济效益为立法宗旨，保护社会主义公共财产，为财政部门统一管理会计工作，为会计人员依法行使职权提供了法律保障，适用范围主要为国有企事业单位、国家机关、社会团体等组织。第二章会计核算，明确人民币为会计核算记账本位币，对会计科目、会计凭证、会计账簿、会计报表和其他会计资料的处理及报送、保管提出了规范要求。第三章会计监督，强调了单位会计机构和会计人员对单位经济活动的监督义务。第四章会计机构和会计人员,对单位会计机构和会计人员的主要职责、人员任免等提出了原则性要求。第五章法律责任,单位行政负责人和会计人员违反第二章会计核算要求的,需承担行政或刑事责任。第六章附则,明确城乡集体经济组织可以根据《会计法》的原则另行制定会计工作管理办法。《会计法》对以上几个方面的问题提出了原则性的要求,特别是明确了会计法律责任,标志着我国会计制度的建设逐步走上了规范化、法制化的道路,增强了会计制度规范的权威性和约束力。

法是由国家制定或认可,以强制力保证实施的行为规则的总和。1985年会计法立法遵循针对性原则、可行性原则、法律责任的可衡量性原则、重要性原则和相对稳定性原则。其中,针对性原则是指针对会计核算和会计监督的两项会计核算基本要求作出一些针对性的强制性的规定,并针对会计人员依法行使职权常常得不到保障的情况作出明确规定;可行性原则是指会计法的各项规定在实践上必须是可行的,确保应该做到且能够做到;法律责任的可衡量性原则是指对每一项会计行为,其合法、违法界限必须明确,并对于守法或违法行为必须可以衡量;重要性原则是指会计法并非把会计工作中的一切问题或一切规定都加以规范,应重点规范会计工作中需要强制执行的一些基本的、重要的问题,且这些内容只能在会计法而不能在其他法律、法规中进行规定;相对稳定性是指会计法不是临时措施,应该有较长的时效性,并保证立法的严肃性(杨纪琬,1996)。

1985年颁布的《会计法》是我国会计法律制度建设的重要里程碑,标志着我国会计制度的建设逐步走上了规范化、法制化的道路,增强了会计制度规范的权威性和约束力。十一届三中全会后,改革开放对经济社会发展的要求使得经济建设成为党的工作重点,《会计法》在保护国家财产安全、维护社会主义市场经济秩序等方面发挥了显著作用。与此同时,其制定过程又是统一会计工作思路、了解会计工作发展轨迹、总结与借鉴会计工作方法、明确会计工作规范的过程,从而确定了我国政府主导型的会计制度体系框架,为我国会计制度体系的建设和会计工作的发展提供了保障。《会计法》对会计的定义、指导思想、基本任务和适用范围等都作出了详细的规定,对会计行为的规范、会计信息质量标准的统一、会计制度的改革都产生了重要影响。由于《会计法》的制定有其特定的历史背景,因此具有很强的时代烙印,如会计工作的主要目标反映的仍是国家利益观,适用范围也主要是国营企业事业单位等。在市场经济日益发展的环境下,《会计法》的适用性受到一定限制,从此开始了不断修订完善的变革历程。

(三) 我国会计法的三次修订历程及主要变化

1. 第一次修订加强了对市场主体的产权保护,明确了企业会计人员的责任

1993年12月29日,中华人民共和国第八届全国人民代表大会常务委员会第五次会议通过《全国人民代表大会常务委员会关于修改〈中华人民共和国会计法〉的决定》,修订后的会计法在法律上赋予了会计在社会主义市场经济中维护市场经济秩序、保护市场主体产权的重要使命。本次修订调整内容主要体现在以下四个方面:一是明确了会计工作在维护市场经济秩序,促进社会主要市场发展中的作用和定位;二是将《会计法》的适用范围由原来的国有企事业单位、国家机关、社会团队、军队等扩大到包含个体工商户和其他组织在内的所有单位;三是通过《会计法》的修订对会计人员一面执行,一面监督的"双重身份"的矛盾在一定程度上有所减轻和缓解;四是首次对会计电算化问题提出了要求,作出了原则性规定。

1992年党的十四大的召开,明确了建立社会主义市场经济体制是我党经济发展的主要目标,而全面深化经济体制改革就意味着我国的所有权结构和产权体系的极大改变,两权分离的现代股份制企业成为市场主流,企业的利益相关方,包括股东、债权人、管理层、员工以及政府等都将提升其对企业的经营成果、财务状况、投资决策等方面的会计信息的需求和关注。为了适应经济体制改革的需要,1993年对《会计法》进行修订。此次修订主要体现在以下几个方面:第一,将会计工作的主要目标由维护国家利益调整为维护市场经济各方的利益,明确了会计工作在社会主义市场中的作用。第二,修改了《会计法》的适用范围,由原有国有企业扩大为所有企业和单位,加强了对其他市场主体的产权保护。第三,进一步明确了会计人员的责任。会计的基本职能是核算和监督,但在实施监督时"一面执行、一面向上级汇报"的"双重身份",让会计人员处于矛盾的境地,本次修订将企业会计行为的责任主体由会计人员扩大到了单位负责人,会计人员将部分负责会计信息完整性和真实性的责任转交给单位负责人,单位负责人

很难再依靠地位优势强迫会计人员实施会计造假,会计人员在实际工作中的矛盾处境得到了某种程度上的缓解。第四,首次对会计电算化问题作出了规定,从而掀起了会计领域和信息化领域的专家学者以及相关从业人员对会计电算化研究的热潮,各高校会计电算化专业蓬勃发展,为我国会计信息化建设奠定了坚实的基础。

2. 第二次修订明确了立法宗旨,并提出了各单位建立内部控制制度的要求

随着我国经济体制的全面改革,企业管理者、股东、债权人、公众投资者在进行经营管理决策、绩效评价、投资决策等方面对会计信息的可靠性、完整性提出了更高要求。而会计信息失真,财务造假现象让市场经济各方的利益冲突和经济转型期的矛盾凸显。1999年10月31日,第九届全国人民代表大会常务委员会第十二次会议修订通过了《会计法》,此次修订对会计法作了全面修改,补充、完善了会计核算和会计记账的基本制度和规则,强化了单位负责人对本单位会计工作和会计资料真实性、完整性负责的责任制,增加了会计人员的资格管理,强化了对会计活动的制约和监督,加大了对违法行为的处罚力度。

本次《会计法》修订在当时的大背景下,主要着力于规范会计行为,保证会计资料真实完整,打击财务舞弊行为,提高会计信息质量,维护市场经济秩序。此次《会计法》修订主要体现为:第一,提出了具体的会计行为规范,明确了会计档案应当保存的时间年限,规定了违反会计法的具体会计行为,加大了对会计违法行为的打击力度,提高了《会计法》的约束力和可操作性。第二,将企业会计工作的责任主体由会计人员变为单位负责人,单位负责人的职责包括在对公众披露的财务报告中签字并承担相应法律责任,保障单位会计机构和会计人员依法履行职责等。另一方面,明确会计人员拥有拒绝单位负责人要求其进行违法会计工作的权利,避免会计人员同时负担执行命令和向上级汇报的责任,划定了会计人员的责任界限,使得会计工作和会计人员能够获得市场经济中应有的权利和定位。明确了单位负责人的会计法律责任,解除了困扰会计人员的"双重身份"问题。第三,首次在《会计法》中提出了各单位应建立健全内部控制制度,这一规定的实施,使内部控制制度逐步得到普及,增强了各单位对内部风险、舞弊行为的防范,有利于各单位更加有效地经营,维护了单位资产的安全性和完整性,保证了会计信息的真实性和准确性。

3. 第三次修订取消了会计从业资格证书，并对从业人员职业道德提出了要求

会计工作是市场经济活动的重要基础和重要组成部分，会计工作的规范化、法治化是市场经济对会计工作的必然要求。为了响应"全面推进依法治国"的战略部署，更好地发挥会计在社会主义市场经济建设中的积极作用，有效应对会计法治工作面临的形势与挑战，真正发挥会计法的约束作用并遏制会计违法违规行为，推动我国会计行业未来发展的战略布局和转型升级，2017年11月4日，第十二届全国人民代表大会常务委员会第三十次会议表决通过了《关于修改会计法的决定》，修订后的会计法从11月5日起实施。

此次修订幅度相对较小，主要对涉及会计从业资格证书相关条款进行调整，并对会计人员的专业能力及职业道德重新进行了要求。此次修订取消了会计从业资格证书，但会计工作对从业人员的业务能力及水平的要求很高，因此又对会计人员的专业能力及职业道德重新进行了要求。规范会计行为是会计立法的重要目的之一，作为其基础的会计职业道德问题必须得到重视。加强会计职业道德素质的培养既是提高会计人员的职业素质和会计工作质量的需要，同时也是社会主义市场经济发展的客观要求。

回顾我国《会计法》的颁布和历次修订过程，可以看到它是根据社会主义市场经济环境的变化而不断进行适应性修正的过程，以政府主导的强制性变迁为主，又具有一定的诱致性特征。每次修订不是彻底推翻，正所谓"取其精华，去其糟粕"，《会计法》在历次修订中继承了原有的法律框架和在实践中被证明行之有效可以继续发挥作用的法律条款，同时着重修改了部分不合时宜的内容，并根据时代发展的需要增补了相应内容。

❖ 二、《会计法》的立法作用、变迁动因及其影响

（一）《会计法》的立法作用

"法者，治之端也。"完善的会计法律体系和统一的会计管理体制有利于国家统一财政收支，是进行国家治理和宏观经济调控的重要基础。会计内在的对特定主体的产权保护，通过立法的方式使其法制化，对维护市场经济正常秩序有着

重要影响。在中国经济近七十年改革发展的风雨历程中，会计法律制度规范的创新与发展是其中浓墨重彩的一笔。《会计法》作为规范会计工作的法律，为我国会计法律制度的建设和会计工作的顺利开展作出了巨大贡献。党的十八大以来，以习近平同志为核心的党中央坚持和拓展中国特色社会主义法治道路，坚定不移全面推进依法治国，中国特色社会主义法治体系建设实现新跨越，谱写了社会主义法治中国建设的崭新篇章。党的十九大全面总结了中国特色社会主义建设的伟大成就和基本经验，为新时代中国特色社会主义法治建设指明了前进方向。会计法律法规是国家治理体系中的一项重要制度安排和国家治理不可缺少的有效工具，而《会计法》作为会计法律法规的顶层设计不仅是会计改革与发展的重要课题，也是社会主义市场经济建设的制度准绳，《会计法》对我国四十载经济改革与对外开放意义重大、影响深远。

1. 为我国会计法律制度建设奠定了制度基础

宪法是国家的根本大法，而以宪法为指导制定的《会计法》无疑是我国的经济宪法。目前我国已经形成了比较完整的会计法律体系，按照法律效力区分，可分为三个层次。第一层次是《会计法》，《会计法》是会计工作的基本法，是制定其他会计法律法规的制度依据，也是指导我国会计行为规范的最高标准。《会计法》起到了统领全局的作用，并根据市场经济发展的变化不断进行修订，体现了会计制度的权威性和适应性；第二层次是会计行政法规，即国务院根据《会计法》制定的法律规范；第三层次是会计部门规章，即财政部对会计工作中具体细节颁布的规范性文件。而根据《会计法》的规定，我国确立了"统一领导、分级管理"的会计管理体制。多层次的会计法律体系与我国的会计管理体制相吻合，我国实行统一领导的会计制度，并由各级财政部门分级负责监督和管理，符合我国社会主义基本制度要求和会计改革与发展需要。完善的会计法律体系和会计管理体制不仅有利于会计工作的开展，也有利于会计工作在宏观调控和经济建设中充分发挥作用，对维护市场经济正常秩序有着重要影响。

2. 强调了会计的核算职责和监督职责的权威性

《会计法》从立法的高度强调了会计的核算职责和监督职责的权威性，以相关法律和行政法规作为支持，通过立法创新为企业会计工作的顺利开展提供了法律保障。在《会计法》颁布之前，虽然会计学者已经就会计工作中的基础性问题进行了研究，例如将会计工作划分为预算会计和企业会计两种类别，明确了会计从业人员的职称评价机制，但是这些规定都只针对某个方面的内容，未能建立起一个完善合理的会计工作的整体框架，进而影响会计工作基本职能作用的充分发挥。《会计法》的颁布将为实现会计核算和监督职能提供制度保障，将会计人员和单位负责人作为会计工作的责任主体，明确了会计法律责任的对象和内容。对于会计工作的其他细节，如会计管理体制、会计部门设立、会计人员的任职资格等，《会计法》都作了具体规定。就具体措施而言，一方面，《会计法》在历次修订过程中对企业和单位会计人员的"双重身份"不断进行修正。最初颁布的《会计法》规定会计人员对于会计工作中的违法行为应"一面执行，一面向上级报告"，这样的做法既增加了会计人员与单位负责人的矛盾，又使得会计的监督职能形同虚设。之后的《会计法》已对此问题作出修订，会计责任主体由会计工作人员变为单位负责人，并赋予了会计人员拒绝办理违法会计工作的权利，会计监督的重心由会计人员转为单位负责人，监督目标也由会计工作过程转为对会计信息质量的监管。另一方面，《会计法》明确要求各单位必须建立单位内部会计监督制度，建立政府财政部门、社会以及单位三位一体的会计监督体系，以此加强对会计行为的规范和约束，完善会计人员执行会计工作时的保障机制。该体系以单位内部监督为基本，将政府财政部门的监管作为主体，将社会第三方独立机构的监督作为补充，在会计工作中既能规范会计行为，又能监督单位经营活动的开展，做到了内部监控与外部监管的联系与沟通，基本上实现了对整个会计活动全过程的监督。会计监督体系的建立有利于会计信息质量的提高，有效地打击了企业会计造假行为，既规范了会计核算职能，也强化了会计监督职能，对我国资本市场的蓬勃发展影响深远。

3. 进一步明确了对特定主体的产权保护

1993年第一次修订将原《会计法》中对立法宗旨由"发挥会计工作在维护国家财政制度和财务制度、保护社会主义公共财产、加强经济管理、提高经济效益中的作用"修改为"发挥会计工作在维护社会主义市场经济秩序、加强经济管理、提高经济效益中的作用"。这一修订体现了社会主义市场经济发展对《会计法》立法宗旨的重新建构，《会计法》制定目标不再只是为了维护国家和政府的利益，更是对新生的社会主义市场经济中的社会公众利益予以保护。相应的，

《会计法》维护的利益方不仅仅是政府和国有企业，也包括普通企业和个体经营者的投资人和债权人，这样更能体现社会主义市场经济的公平性。《会计法》明确了对特定主体的产权保护，符合市场经济规律的要求，能够更好地适应经济社会的快速发展和重大变革。同时《会计法》的第一次修订还扩大了其适用范围，由原有国有企业扩大为所有企业和单位。党的十四大提出发展社会主义市场经济，以市场为基础对资源进行配置，决定了所有制结构的多元性和多样性，非公有制经济得到蓬勃发展。《会计法》的修订顺应了这一改变，加强了对其他市场主体的产权保护，所有企业和单位将享有同等的《会计法》的法律保护。同时也意味着会计监督的对象不再只是政府和国有企业，所有企业和单位都将受到《会计法》和配套法律法规的约束和监督，进一步体现了社会主义市场经济的公平性。

4. 确立了会计工作和会计人员在社会经济活动中不可替代的地位

《会计法》从立法高度确立了会计工作和会计人员在社会经济活动中不可替代的社会地位和经济职责，对于会计工作和会计人员在提升企业经营效益、加强企业经营管理、完善企业内部控制制度和维护社会主义市场经济秩序等方面的贡献予以肯定，另外也增强了会计人员在企业经营过程中的话语权，使会计人员能够更好地发挥其会计核算和监督的职能。管理会计逐渐取代简单的记账、出纳等成为企业会计工作的重点，企业在经营决策过程中也越来越依赖会计人员提供的高质量会计信息，因此会计或者说财务管理，已经成为企业生产经营过程中不可或缺的环节。会计工作地位的提高影响了人们的职业选择，越来越多的人选择从事会计行业，《会计改革与发展"十三五"规划纲要》明确指出，到2020年具备初级资格会计人员达到500万人左右，具备中级资格会计人员达到200万人左右，具备高级资格会计人员达到18万人左右。《会计法》的实施为我国培养了大量的会计专业人才，而《会计法》对会计从业人员的筛选和职业道德的规范方面提出了明确要求。2017年新修订的《会计法》取消了对会计从业资格证书的要求，但是这并不意味着降低了对会计人员的要求，相反对于违反《会计法》的会计人员的处罚由吊销会计从业资格证转变为不得从事会计工作，惩处力度变大，体现了《会计法》对会计人员的高标准和高要求。

(二）我国《会计法》立法及其修订的动因

1. 经济社会的发展变化推动《会计法》与时俱进

会计工作根本上服务于社会经济发展需要，包括《会计法》在内的会计法律法规建设必须与国家或地区特定的政治文化，尤其是社会经济环境相适应。经济越发展，会计越重要，特定时期经济社会发展水平从根本上决定着会计改革和发展的方向。《会计法》作为一项法律制度，必须与一定时期的政治、经济、法律等环境相适应。《会计法》的修订和变迁本质上是我国社会经济发展在会计领域的映射。

社会主义市场经济的发展迫切需要有与之相适应的会计法制。在社会经济发展改革不断深化的过程中，由于所有制结构的变化、投资主体的多元化、资本市场的建立和发展、平台经济和新型商业模式的确立、财税体制改革的深入等，会计信息越来越成为社会各界关注的焦点。管理者、投资者、债权人、社会公众以及政府部门在改善经营管理、评价财务状况、考核经营业绩、作出投资决策、加强宏观调控等方面，都越来越依赖会计行为。另一方面，由于受多种因素的影响，会计工作面临着一些突出问题，如法制观念淡薄，违法干预会计工作，授意、指使、强令篡改会计数据，假造信息，账外设账，转移国有资产，偷逃税收，粉饰业绩；会计监督严重弱化，单位会计基础工作和内部控制制度薄弱；违法违纪手段隐蔽，做假技术不断发展，增加了会计监管的难度；会计工作中有法不依、违法不究的现象比较严重，等等。

上述问题严重干扰了正常的社会经济秩序，损害了国家和社会公众利益，引起了党和国家领导人的高度重视。这些问题的解决，必须依靠更为健全的法律作保障，需要进一步完善会计法制，强化会计法律手段，规范会计行为。《会计法》作为当前会计法律法规中层次较高的法律规范，在规范社会各经济层次的会计行为、建立以产权为基础的健全有序的社会经济秩序方面发挥着重要的基础性作用。健全会计监督体系，在《会计法》中明确细化对会计工作进行监管的政府部门并明确其监管权责，完善会计监管和会计执法检查的相关政策措施，推动形成社会监督、政府监督、单位内部监督三位一体的动态监督体系。

2. 宪法修订倒逼《会计法》作出适应性调整

《会计法》将宪法作为立法依据，与会计有关的各项法律规范，包括立法、司法内容以及法律解释活动等都要界定在《宪法》的法律规范范围内。宪法的改革必然导致《会计法》变迁。事实上，自1982年版宪法颁布以来，我国宪法的每次修正，从根本上推动了会计法修改方向、决定着会计法修改内容。历次《会计法》的主要变动基本针对宪法的修正内容，是为了满足宪法在会计领域的应用要求而变化的。宪法的修订和完善，是《会计法》变迁的内在诱因。

1982年宪法明确规定社会主义经济是"以公有制为基础的有计划的商品经济"，并提出随着经济体制的改革和国民经济的发展，必须用法律的形式确定经济关系和经济准则，根本上推动了1985年《会计法》的立法进程。1993年宪法提出我国国民经济结构发生根本性转变，非公有制经济得到较快发展，国家对经济的管理由统筹管理转向宏观调控，企业由政府统筹转变为独立主体，表明我国正向着社会主义市场经济大步迈进，企业的管理目标、运作机制都与之前迥然不同，形成于计划经济体制条件下的1985年《会计法》相应条款与新宪法之间产生较大矛盾。为适应宪法要求，于1993年对相应条款进行适当的修改与补充，使其成为国家经济运行机制转轨中的一项重要的配套措施。比如，将其立法宗旨定为"维护社会主义市场经济秩序"，将"资本"列为会计核算的重要内容。

1999年3月，第九届全国人大二次会议再次通过宪法修正案，对原宪法作了6处修改，把邓小平理论的指导思想地位、依法治国的基本方略、国家现阶段的基本经济制度和分配制度以及非公有制经济的重要作用等写进了宪法。1999年宪法的要点在于促使我国基本形成依法治国理念，初步建立起社会主义市场经济体制。比如，确认社会主义初级阶段的长期性和"依法治国"的基本治国方略；确认我国现阶段"坚持公有制为主体、多种所有制经济共同发展的基本经济制度"和"坚持按劳分配为主体、多种分配方式并存的分配制度"，以及肯定非公有制经济的重要地位和作用，等等。总体而言，此次修宪进一步明确"依法治国"和"市场经济"两个重要理念，迫切需要强化"企业"作为重要"市场主体"的独立性、自主性以及责任意识，从而对企业会计工作和会计信息质量提出更高要求。这表明我国会计业在面临国际会计市场的大好机遇的同时，也经受着国际会计市场全球化的严峻考验和巨大挑战，会计国际协调的问题更加突出。

1999年10月,第九届全国人民代表大会常务委员会第十二次会议再次修订《会计法》。此次修订的《会计法》,在若干重要问题上实现了突破性的进展,其核心是从法律的角度,遏制和解决当前一些单位会计秩序混乱、做假账和编假报表,导致会计信息严重失实的问题。主要包括:一是规定单位负责人对本单位的会计工作和会计资料的真实性、完整性负责,并承担相应的法律责任;二是提出各单位要建立、健全本单位的内部会计监督制度,按照现代企业的要求,加强内部控制;三是强化会计的外部监督职能,各单位要积极配合外部有关方面对本单位的会计资料实施监督检查;四是要求国家实行统一的会计制度,国家统一的会计制度由国务院财政部门制定;五是强调违反《会计法》犯罪将承担刑事责任,等等。上述修订,进一步强化会计核算和会计监督的严肃性,凸显作为一项管理活动的会计工作在企业经营管理乃至国家治理中的重要作用,为我国深化会计改革、促进社会主义市场经济的健康发展提供了保障。

3. 国家治理现代化建设要求确立政府会计合法性地位

当前经济全球化、新型工业化、信息化、城镇化进程的加快催生了社会结构、社会组织形式、价值观念等一系列深刻的变革,特别需要紧跟当前党中央大力推进国家治理体系和治理能力现代化战略举措的前进步伐,对会计工作提出新的要求,也为《会计法》注入新鲜血液。会计工作已逐步延伸至政府会计乃至国家治理等新领域,《会计法》应增加体现这些内容的新元素。以全面依法治国为引领,重新梳理《会计法》的立法目的、适用范围及基本概念的定义和认定标准,明确各类会计主体的核算方式,尤其要做好中国特色政府会计体系的顶层设计,理顺预算会计和财务会计的关系,为以权责发生制为基础的综合财务报告的编制提供核算基础和核算依据。

我国现行收付实现制的预算会计模式弊端频现,地方政府债务危机、各级财政年底突击花钱、预算编制不合理等由此产生的问题直接导致了政府效能的降低以及民众与政府间信任机制的失衡,国家治理成本因此大幅提高,阻碍国家治理现代化的进程以及法治政府和服务型政府的建立。2013年《中共中央关于全面深化改革若干重大问题的决定》提出"建立权责发生制的政府综合财务报告制度",启动新一轮政府会计改革;2014年12月国务院发布《关于批转财政部权责发生制政府综合财务报告制度改革方案的通知》(国发〔2014〕63号)明确

"适度分离政府财务会计与预算会计"的政府会计全新架构以及改革路线图；2015年10月财政部发布《政府会计准则——基本准则》进一步确立我国政府会计"双系统、双基础、双报告"的定位，明确"3+5"的会计要素（即预算收入、预算支出和预算结余3个预算会计要素和资产、负债、净资产、收入和费用5个财务会计要素）构成；之后陆续发布存货、投资、固定资产、无形资产、公共基础设施、政府储备物资等多项政府会计具体准则，及《政府会计制度——行政事业单位会计科目和会计报表（征求意见稿）》，政府会计改革对政府会计准则体系进行全新构建。

从建设现代法治国家和法治政府的要求来看，现行相关会计法律仍不尽完善或不系统，在有效发挥会计治理效能以推动可持续发展方面仍存在诸多不足。比如：仅对特定领域的规范对象作出了原则性规定，但对监督的职责权限、监督范围和内容、监督程序和步骤等并无详细或系统性规定；在具体法律责任界定上仍存在归责不清、对违法行为处罚力度不够、与同级法律存在冲突等问题，导致部分单位主要负责人甚至一级政府对政府会计改革工作推动不力，阻碍了政府会计改革进程。未来《会计法》修订应当对政府会计部分的规范内容、规范形式等进行充分研究，对其法律地位和人员责任进行明确规定，以保障新型政府会计体系的顺利转型和运行顺畅。

4.《会计法》应与会计准则国际趋同趋势协同一致

作为会计领域根本大法，《会计法》必须在法律层面吸收近些年国内的会计改革实践成果，为实现中国的会计强国梦目标营造良好的法制环境。现行《会计法》成文于加入世贸组织之前的转轨时期，强调中国特色，与国际会计存在较大差异。我国最初的会计法律法规主要参照苏联的社会主义经济会计制度，照搬苏联的企业会计核算方法，虽然建立起适应社会主义计划经济需要的会计制度，但此时的会计制度只是国家用来完成经济指标的工具，是建立在统收统支体制下的资金平衡会计模式，会计功能无法真正发挥出来。当企业目标是既定产值时，会计工作的目标就变成关注年终期末余额是否达到国家要求，各项资产是否能不断保值增值。这必然导致会计工作脱离其本职的计量功能，无法显现其应有的核算作用，不利于企业的长期发展。

改革开放以来，我国会计标准建设加大对西方会计标准的借鉴和吸收。1992

年11月，经国务院批准，财政部分别以第4号、第5号部长令发布《企业财务通则》和《企业会计准则》，结束了我国四十多年来计划经济体制下所形成的以资金三段平衡为主体的会计核算模式，建立了企业资本金制度，统一采用借贷记账法，形成以资产负债表、损益表和财务状况变动表为核心的财务报告体系，为实现我国会计核算从计划经济模式向社会主义市场经济模式的转换和现代企业制度的建立奠定了基础。上述内容成为推动1999年《会计法》修订的重要动因。

"入世"以来，我国已逐渐成为贸易投资大国，对外经济交往程度空前，会计标准以准则为导向启动趋同计划，国际化建设已走在时代前列。2004年下半年，财政部针对当时的形势进行了全面分析，启动建立中国企业会计准则体系并实现国际趋同的系统工程，2006年2月15日，新企业会计准则体系正式发布，随即全面启动了与其他国家或地区会计准则等效的相关工作。继2014年发布了新增或修订的8项企业会计准则之后，财政部陆续发布了6项企业会计准则解释、4项会计处理规定及7项新增或修订的企业会计准则，不但涉及会计确认和计量等技术层面，更对资产、收入、公允价值、财务报告等基本概念进行了重塑，这对《会计法》部分条款带来了冲击和挑战，需要适时调整。

5. 建立现代企业制度要求会计管理提档升级

建立现代企业制度是发展社会化大生产和市场经济的必然要求，是公有制与市场经济相结合的有效途径，也是国有企业改革的方向。现代企业制度建设对企业会计工作的独立性、规范性、真实性尤其是主观能动性和价值创造性提出了更高要求。客观上要求《会计法》将与现代企业制度相适应的会计制度和机制予以法律化，为现代企业制度建设和强化企业管理奠定重要的制度基础。

现代企业制度下公司治理的本质是解决由所有权和控制权相分离而产生的代理问题，因此公司治理结构的核心是处理好作为委托人的董事会和作为代理人的经理之间的关系，包括董事会如何有效地激励和监督约束经理人员。这种要求对企业会计产生深远影响，客观上推动《会计法》作出相应的修订：一是对会计主体观念的强化。建立现代企业制度首先要界定企业产权，承认企业法人财产权，并且把企业法人的财产同出资人的其他财产划分开。相应的，会计也必须以企业（法人）作为核算和监控的空间范围。二是对企业法人产权制度的确立。

出资者只对投入企业的资本拥有出资人所有权，企业的资产随着公司立废而存亡，强化了会计核算的持续经营观念。三是对会计受托责任的确立。现代企业制度的核心是两权分离，管理者的受托责任是通过会计部门提供的会计报表得以反映和揭示出来的，反映这种受托责任成为会计的重要职能。四是建立了基于利益相关者的会计报告体系，并提出公开披露财务报表的要求。

近年来，管理会计和内部控制是关注度最高、发展最快的两个会计领域，对《会计法》修订提出了新要求。全面推进管理会计和内部控制规范体系建设，是建立现代企业制度、提升组织治理效能的重要举措。企业组织借助财务会计、统计等多种方法将从不同渠道获取的信息进行加工综合处理后，服务单位预测、决策、规划、控制等管理活动，促进组织管理创新，提升单位整体治理能力、技术创新能力及研发投入的资金使用效率，满足利益相关者有效决策或客观评价单位管理层受托责任履行情况。实践过程中，虽然《管理会计基本指引》《企业内部控制基本规范》《企业内部控制应用指引》等推动了实践的发展，但由于上述规章制度的立法层次比较低，难以形成有效的约束力影响到全体社会成员，尤其是能影响到单位主要负责人对管理会计和内部控制的定位。比如实践对管理会计的认识局限于传统的核算和监督，没有认识到会计信息在组织内部价值创造中的作用。对内部控制的认识也局限于权责分离，认为内部控制的目标是保证资产安全、经营管理合法合规、会计信息的真实完整，忽视了内部控制在实现组织战略、提升组织经营管理效果中的作用。这导致管理会计和内部控制很难引起决策者的重视，其真实作用被明显低估，导致管理会计和内部控制工作长期处于无法可依的状态，由此带来诸多不良后果。因此，将管理会计和内部控制纳入《会计法》的修订，既是匡正理论建设思路、避免理论发展偏离事物本质的需要，也是强化《会计法》在实践中的规范作用和导向作用的需要。

6. 会计信息化发展要求《会计法》保驾护航

会计环境是会计制度建立的基础，会计法的内容必须与会计环境相适用。随着时代的发展，科技力量对会计工作的影响日益突出，信息技术的发展逐渐成为会计法变迁的重要推动力量，不仅改变了会计环境，而且使会计工作流程、岗位设置、控制和审核要素、数据处理及信息存储等都发生了重大变化。这些改变必然要求有与之相适应的相关会计法律来约束和规范会计信息化工作，以适应时代发展的要求。

《会计法》的主要目标就是调节会计行为和会计关系，并在此基础上规范会计程序。但现行《会计法》仅在第三章第十三条中指出，使用电子计算机进行会计核算的，其软件及其生成的会计凭证、会计账簿、财务会计报告和其他会计资料也必须符合国家统一的会计制度的规定。这种表述是基于会计电算化背景下，将计算机作为一种会计核算的辅助工具来进行界定和描述，远远不能满足会计信息化背景下的法律需求。我国会计信息化已进入以规范化、标准化、知识化、智能化、互联化、云化、社会化、产业化为主要标志的阶段，会计工作已呈现出新的会计行为和会计关系。比如：基于业务财务一体化，会计核算自动化程度大幅提高，大部分记账凭证已不需人工录入而由计算机自动生成；基于会计资料无纸化，会计凭证、会计账簿、会计报表等无须打印而以电子化存储；基于财务共享服务，基础会计核算工作完全工厂化，分、子公司不需要进行会计核算；云会计服务使会计资料不是存储于本地而是远端云服务器上，使得会计人员、会计资料和云会计提供商之间构成新型会计关系；电子发票的推广使用给会计人员带来新的挑战，使其在电子发票的识别、确认和存储中表现出新的会计关系，等等。这些迫切需要通过修订，从法理上明确会计工作与信息技术结合的必要性，推动会计信息化的发展并加速会计管理信息化的步伐，并对信息化环境下的会计组织程序、会计关系、会计档案和内部控制等具体问题作出规范。

（三）我国《会计法》立法或修订的现实意义

1. 完善社会主义市场经济法规制度体系，有效规范微观主体经济行为

会计作为一项经济管理活动，其基本职能是通过核算和监督微观主体提供的会计信息，为加强经济管理和财务管理，提高经济效益，维护社会经济秩序服务。会计在企业管理控制过程中的计划、预算、业绩评价、考核等环节发挥积极作用，确保战略目标与日常经营活动结合起来（夏冬林，2017）。会计制度是对经济活动规律认识程度的反映，是对会计工作实践的总结。会计制度的建设必须和生产力发展水平相适应，必须和生产关系的调整相适应，必须和上层建筑的不断完善相适应，一个具有中国特色的社会主义会计制度体系主要由三个方面组成：

一是创新；二是继承；三是借鉴（杨纪琬，1985）。会计法律制度规范涵盖微观主体经营管理的各个环节，其依照设计权限分为统一会计制度和企业内部会计制度。其中，统一会计制度主要规范着微观主体会计业务处理的共性问题，企业内部会计制度则在统一会计制度基础上结合微观经济主体活动特点解决会计业务处理的个性问题。这就意味着会计法律制度规范不仅在国家法规、准则层面规范着微观主体会计信息的核算与监督工作，还可以深入微观主体内部并结合其自身特点实现针对性的财务管控，优化会计工作效率，保证会计工作质量，强化内部经营管理，提升价值创造水平。此外，党的十八大以来，伴随着会计改革与发展的不断深入，会计法律制度规范体系在提升政府信息透明度、推动服务型政府转型、提升政府治理效率等方面成效显著。

会计法律法规作为会计制度体系的顶层设计，是我国各项会计规章、制度的"准绳"，是我国会计制度改革与发展成果的集中体现。《会计法》作为我国社会主义法治体系的组成部分，是国家最高立法机关依照立法程序制定和颁布的法律，是办理会计工作的强制性的行为规则，属于经济法范畴（杨纪琬，1985）。1985年5月1日，我国施行的首部《会计法》便建立在坚实的理论基础之上，高度重视会计在社会主义经济管理中的地位和作用。譬如，在会计属性方面，《会计法》旗帜鲜明地坚持会计管理活动论，这一对会计本质属性的认识，突破了以往对会计认识的局限，拓宽了会计核算、记账功能，转向核算与监督职能，单纯的记账、报账不是会计存在发展的必然理由。会计管理活动论作为会计法的理论基础，重视会计在经济社会中的地位和作用，不仅是对我国会计发展的历史经验的总结，深化了对会计属性的科学把握，而且提升了会计在经济社会发展中的地位，增强了国家管控经济社会发展的能力。此外，在《会计法》的立法原则方面：第一，会计工作必须遵守国家的法律、制度，贯彻执行国家的方针、政策，这是最重要的；第二，厉行节约，反对浪费，加强经济核算，讲求经济效益；第三，统一会计核算指标、方法和制度；第四，如实记录、反映经济业务，及时、准确、完整地提供会计资料；第五，实行民主理财，贯彻实行经济责任制；第六，保护社会主义公共财产，维护国家利益（杨纪琬，1985）。首部《会计法》是新中国成立以来第一部以法律形式出现的全国上下必须共同遵守的会计行为准则，它总结了新中国成立以来我国会计工作的经验，把会计工作必须遵守的一些基本原则以法律的形式固定下来（杨时展，1998），并创造性地建立了具有中国特色的会计模式，对社会主义产权会计观的确立具有决定性影响（郭道扬，2008）。此外，《会计法》对于会计工作所作的种种规定，既没有过高的、不切实际的要求，又在保证真实、准确、完整地按制度提供会计信息和搞活企业的同时，做到切实加强会计监督、严格维护财经纪律（葛家澍，1985）。自 1985 年会计法实施以来，我国会计工作开始步入法制化轨道，对于规范会计行为、维护财经纪律，建立正常的会计秩序发挥了积极作用。随着改革开放的持续深入，尤其随着我国社会主义市场经济体制转轨过程中新情况和新问题的不断涌现，我国《会计法》先后历经 1993 年、1999 年、2017 年三次比较大的修改。《会计法》的历次修改，都一以贯之地高度重视会计在社会主义经济管理中的地位和作用，并对当时经济发展过程中的重大问题进行及时有效的回应。《会计法》作为会计法规制度体系的根本大法，不仅充实和完善了社会主义市场经济的法规制度体系，更有效地规范着微观主体的经济行为，推动我国改革开放和社会主义市场经济建设沿着法制化的轨道不断深入。

2. 为国际经济合作各方合理分配经济利益、增进合作互信提供重要依据，奠定了国际经济合作的坚实基础

国家主席习近平在 2013 年访问中亚和东南亚各国时提议要建立"丝绸之路经济带"和"二十一世纪海上丝绸之路"，即新时期"一带一路"倡议，在世界范围内引起极大反响。随着"一带一路"的深入推进，中国与"一带一路"沿线亚、欧、非各国的经济和贸易合作得到了强化，我国《会计法》立法及修订过程对"一带一路"沿线国家，特别是东南亚各国的会计立法有着重要的借鉴作用。经济的发展必然会促进会计的发展，在全球经济增长放缓的形势下，东南亚各国的经济增速仍保持较高水平，这使得东南亚各国对会计问题的研究有了新的需求，而中国的《会计法》立法时间较早，立法经验丰富，会计法律制度体系较为完善，在会计立法方面有一定的示范作用。

第一，我国《会计法》统驭的较为完整、层次丰富的会计法律体系为"一带一路"背景下的多边合作提供制度保障。在"一带一路"倡议的大背景下，我国加强了与周边各国在金融、工业、能源开发和基础设施建设等领域的双边及多边合作，而这些合作都对会计工作提出了更高的要求。会计改革的逐步深入极

大地促进了"一带一路"建设,而这种变革对会计立法和会计制度完善性提出了更高的要求。从中国颁布《会计法》以及制定完善的会计制度对市场经济的影响可以看到,要实现对企业经营和资本市场运行的统一管理就必须要有统一的会计体系,但是想要建立统一的会计体系,就必须要先明确这一会计体系在我国会计法律和经济法律体系中的地位,以及与现有法律的协调关系,只有统一的会计体系才能对企业经营和资本市场运作有约束力和权威性,最终实现这种统一体系下的经济管理目标。而我国的《会计法》对于建立统一的会计体系是十分重要的,因为它是会计法律体系中的根本大法,能够维护会计工作和会计人员的权利和权威,起到统领全局的作用。与英美法系下的各类法律相比,《会计法》作为"法典式会计制度"具有更强的司法强制性和权威性,这是《会计法》在统一会计体系建设方面的优势。而东南亚部分国家由于之前是英美殖民地而受到英美法系的影响,没有普适的会计法,如马来西亚、缅甸和菲律宾,都是依靠不同的法律法规来规范会计行为。以马来西亚为例,马来西亚没有通过立法对会计行为作出具体规定,即没有权威性的《会计法》作为执法标准。马来西亚的会计制度强调"经济实质重于法律形式",偏向于英美法系的判例法形式,可以援引大量判例来进行司法解释,既需要从业人员有较高的专业水平,也需要市场环境发展比较成熟。同时,马来西亚企业的会计行为主要由马来西亚会计准则委员会(MASB)颁布的会计准则来规范,不具有法定强制性。相较于中国,东南亚市场经济体制更为混乱,会计工作环境更加复杂多变,对会计工作提出了更高的要求。因此,东南亚国家更加需要一部完善的《会计法》来统一各项会计准则和会计法规,形成完整的、层次丰富的会计法律体系。

第二,我国《会计法》统驭的会计法律体系所体现的立足国情、面向世界的特色为"一带一路"背景下合作各方提供了制度借鉴。近年来在"一带一路"倡议下,中国与东南亚各国的经贸合作和资源流动速度都在增加,我国政府和企业的对外直接投资和海外基础工程建设项目都在不断增多。在这个大背景下,会计法律制度建设既要考虑到全球会计趋同的实际情况,尽可能保持与国际政治、经济和文化的协调,也要重视与本国特有的政治经济环境、法律监管体制、会计工作环境和会计信息使用者的要求相适应。目前,我国在会计准则方面已经实现了与国际财务报告准则的趋同,但是我国进行会计准则的国际趋同是为了更好地进行国际交流，因此在保留本国会计准则特色的前提下对国际会计准则选择性借鉴，没有盲目地全部接受国际会计准则的要求。我国《会计法》一定程度上保留了中国特色，确立了"政府主导型"会计管理体制的基本构架，并形成了财政部门为主导、其他政府部门协同配合、各级财政部门分级负责的组织体制，与我国的社会主义市场经济体制和国情相适应。但部分东南亚国家的会计准则和法规在与国际趋同的同时，不能把握好尺度，一味趋同于国际会计准则，而没有保持本国特色。以越南为例，越南会计准则采取的是财务报表要素确认原则，资产负债表要素包括资产、应还欠款和所有者资本，利润表要素包括营业收入、其他收入、开支和经营成果，上述确认原则表明在这方面越南的会计准则几乎是全部趋同于国际准则的。越南与中国同属发展中国家，目前实行的是国家调控下的市场经济体制，与中国的经济体制非常相似，但越南却更多地直接采用了国际会计准则的内容，没有考虑到本国经济和会计的发展水平。

第三，我国《会计法》统驭的会计法律体系展现的有效监督为"一带一路"倡议下合作各方强化会计监管提供了有益参考。会计是国际通用的商业语言，"一带一路"倡议下各个国家的经贸合作在不断增多，会计工作将发挥更大的作用，也会对各国的会计制度建设提出更多的挑战。健全的会计制度能够维护社会和经济的秩序，对会计行为有良好的约束作用，在国际交流与合作时也能维护本国和本国投资者、债权人等各种利益关联方的权利。对比东南亚各国，中国以《会计法》为主体的会计制度体系，包含《企业会计制度》《企业会计准则》等，制度规范体系更加完善，会计监督职能更加健全。从会计核算职能的角度来看，缅甸没有设立专门的《会计法》，而是依靠不同的相关法律和准则来规范会计行为，而这其中就存在很多不完善之处。对比中国和缅甸两个国家的会计准则具体细节可知，在无形资产的计量上两国都是以初始成本为依据计量，缅甸较为笼统地对不同方式取得的无形资产采用了同样的计量方法，而我国会计准则的规定更为详细具体、更具有可操作性。从会计监督职能的角度来看，泰国有专门的《会计法》，但是泰国的《会计法》规定了政府行政人员可以对会计账目和相关文件的检查和监督，这只是一种行政监督。中国《会计法》构建了政府财政部门监督、单位内部监督和社会第三方独立机构监督三位一体的会计监督体系，为规范

第一章 改革开放以来我国会计立法、变革及未来展望

会计行为、有效发挥会计职能作用提供了重要保障。

❖ 三、英美法系和大陆法系下会计法律制度建设的基本经验

从法律渊源来看,英美法系以判例法为主,法律原则与法律规则一般来源于判例之中,既往判例对后来的案件具有不同拘束力。英美法系国家固然有成文法,但这些成文法主要是为既有的判例法提供辅助作用,不具有主体性特征。英美法系会计法律制度体系的主体内容由宪法、财产法、合同法、公司法等法律以及会计准则构成,宪法处于至高无上的统驭地位。大陆法系的主要国家包括德国和法国为代表的欧洲大陆国家,以罗马法为主,尤其是罗马民法。以民法典为首的成文法典在法律体系中占有统治性地位,因此又被称为民法法系或成文法系。以法国和德国为代表的欧洲大陆国家通过对罗马民法的继受,各自形成了恢宏的民法典,成为万法之首,同时宪法、刑法、刑事诉讼法、民事诉讼法、商法也形成了成文法典,其他部门法体系多由单行成文法律组成。两大法系与我国会计法律制度比较如表1-1所示。

表1-1　　　　两大法系及中国的会计法律制度比较分析

项目	英美法系	大陆法系	中国
法律渊源	判例法	制定法	制定法
会计法律体系	由宪法、财产法、合同法、公司法等法律以及会计准则构成,宪法处于至高无上的统驭地位	由宪法、民法、商法、公司法和税法构成,遵循着严格的"上位法"思维	以会计法为最高准则的三层次会计法律体系
会计立法目的	确立和维护有效的社会会计秩序,确保财务报表的真实性和及时性,有利于报表使用者的经济决策	确保会计记录的真实、公允与合乎法律要求的正确性,维护税法、商法及财政预算等法律的严格执行	为了规范会计行为,保证会计资料真实、完整,加强经济管理和财务管理,提高经济效益,维护社会主义市场经济秩序
会计监管	自律监管、第三方独立监管	政府监管	政府监管为主
会计法律责任	民事责任（侵权责任）	民事责任（违约责任）	行政责任和刑事责任为主

23

(一) 立法目的明确，强调"真实、公允"表达或反映[①]

从会计立法目的上看，英美法系国家旨在保证会计记录的真实、完整和公允表达，维护和确立"真实、完整、准确、及时"原则，并充分发挥会计信息在社会资源配置中的引导作用。大陆法系国家旨在强调会计的"真实、公允"反映，保障税法及财政法律的严格执行。尽管各方会计立法目的因彼此社会经济环境、文化环境的差异而不尽相同，但其共同点在于会计立法目的是单一的而非多重的，目的明确是两大法系传承发展的基础。

对于英美法系，从其涉及会计事务管理的商法、公司法、破产法及预算管理法等法律看，会计法律制度虽然内置于这些法律之中，服从和服务于相关法律的立法宗旨，但都有一个直接的会计立法目的，即努力建立和维护合理有效的会计秩序体系，以充分发挥会计信息在社会资源配置中的基础性引导作用。对营利组织而言，通过向投资者、债权人等企业利益相关者真实、完整、准确地披露会计信息，充分反映其财务状况和经营成果，以引导社会资源由利润低的领域向利润高的领域流动，实现资源优化配置。对政府及非营利组织而言，通过有效的会计信息披露秩序，可以让公众了解其所掌握的社会公共资源的运用效率和效果，督促其不断提高资源使用和利用效率，从而实现社会资源的优化配置。

对于大陆法系，保证会计记录与披露的真实与公允，确保税法及相关公共财政法律的严格执行是大陆法系会计立法的主要目的。1914年法国通过的第一部所得税法就规定，所得税会计必须同递交股东的财务报表一致，税法的任何变动都将影响公司财务报表的内容和形式。在会计法和税法发生冲突的情况下，应对会计利润或损失进行调整，以计算应税利润或损失。时至今日，以税法为导向的会计法律、法规体系的本质仍未改变。大陆法系的另一重要国家德国，没有单独的、系统的会计法和会计准则，对会计行为的规范寓于有关的法律之中。德国的企业会计制度主要来自商法、公司法和税法。大陆法系中的重要经济体日本，是公认的"三法体制"国家，即《商法》《证券交易法》《法人税法》，这三部法

[①] 中国财政科学研究院财务与会计研究中心课题组、李明、徐玉德、韩晓明："各国会计法律制度研究"，《财政科学》，2017年第4期。

律构成了日本公司会计的法律环境。因此，德国和日本也可以说是以税务为导向的会计法律体系。同时，大陆法系下的国家多以财政预算法律对政府会计活动进行管理。德国的基本法及下位法中的联邦（地方）预算法案、联邦（地方）管理法规分层次规定政府会计核算工作。法国负责指导和管理政府会计工作的机构主要是法国公共会计准则委员会和公共财政总局。日本的政府会计法律由财政法统御，下置《会计法》，《会计法》下有《预算决算及会计令》以及《特别会计法》等。与德国类似，日本政府会计的立法目的是为了坚决贯彻和维护财政预算法律的严格执行，促进政府财政绩效的最大化。从20世纪90年代开始的公共管理改革所推动的政府会计改革看，大陆法系国家对政府即非营利组织的会计立法管理，主要目的在于维护和促进会计记录的真实、完整以及会计信息披露的公开性，保障政府财务信息的透明性，提高政府财政支出的效率与效果，确保财政预算法律的严格执行。

（二）不设统一的会计法，对企业和政府会计分类立法[①]

企业与政府的运行目标、管理机制和适用环境有本质不同，二者的会计目标存在根本差异。除法国外，两大法系中的国家都在其会计管理实践中将社会各类组织的会计活动分为两类即企业类和非营利组织类，分别立法管理，使会计立法更具针对性和可操作性。而且，英美法系国家与大陆法系国家都没有一部单行会计法律来规范什么是会计法律责任以及如何识别与认定会计法律责任，而是从提供虚假财务报告或未恰当履行会计工作职责等方面来进行规范。各国对会计工作的规定散见于相关法律法规中。

英美法系下，公司法、商法、证券法、证券交易法等法律对会计的原则要求，由会计准则体系具体落实。迄今为止，美国会计准则体系由两大部分组成，即企业会计准则体系与政府及非营利组织会计准则体系，是各类经济与社会组织开展会计工作、判断会计信息质量高低与会计行为是否合法的重要依据。美国企业会计准则体系受美国证监会（SEC）支持，萨班斯法案后，经SEC授权，财务

---

① 中国财政科学研究院财务与会计研究中心课题组、李明、徐玉德、韩晓明："各国会计法律制度研究"，《财政科学》，2017年第4期。

会计准则委员会（FASB）作为美国企业会计准则的唯一制定机构，统一了美国1933年证券法所提及的公认会计原则的制定权。美国政府会计准则的制定与发布由联邦政府会计咨询委员会（FASAB）负责。目前该委员会由3名官方代表、5名非官方代表组成。美国的企业会计准则体系与政府会计准则体系较好地落实了美国会计法律，其细致与完备程度，以及其根据社会经济情况变化适时调整的效率，名列世界前茅。英国1989年修订的《公司法》首次将会计准则体系提升到法律层面的高度，2006年《公司法》修订时再次加以明确。而且，为了保证会计准则的有效执行，专门出台的《公司治理综合条例》要求所有上市公司均须设立审计委员会，对内部审计和外部审计进行监管。安然事件后，英国也由政府授权统一了企业会计准则的制定权。英国中央政府会计的法律体系主要是议会通过的法案（Acts）、政府部门根据相关法案制定的规章（Regulations）或发布的指南（Directions）和具体的政府会计准则或制度。由高到低的具体层次架构是：《政府资源和会计法案2000》等法案、英国财政部发布的会计核算指南、英国财政部发布的《政府财务报告手册》。英国企业会计准则体系及政府会计法规体系严谨、细致，较好地落实了相关会计法律的要求。

与英美法系国家一样，大陆法系的代表国家法国，对于企业会计管理有专门的针对企业会计的《会计法》，但商法、公司法、税法对会计的影响仍处于主导地位。法国涉及会计的主要法律法规有：《商法典》、《商事公司法》、《商法修正案》（第83~353号会计法案）、《债务人资不抵债的法院调解、财产清算、后果和破产法》、《企业经营困难预防法》、《司法重整与司法清算法》、《集团合并报表编制法》、《私人企业法》等。按照法律效力的不同，法国的会计法律规范按照其法律效力由高到低，分为不同的层次，包括欧盟区法律条例、法律、法令等。除了《会计法》，法国会计法规体系中重要的法律包括：（1）商法，适用于所有从事商业活动的实体，包括个人和法人。商法规定了年度报告的披露。（2）公司法，适用于单独和共同控制其他企业或者对其施加影响的公司制企业，对会计的财务年度会计报表、会计记录等作了具体的规定，允许编制合并报表。（3）会计总计划，从法律角度看，会计总计划是在《商法》约束下对《商法》和《公司法》中基本原则的具体化，具有强制性；从会计角度看，会计总计划是对法国企业会计工作进行全面规范的主要依据，是构建法国会计法规的统一基础,除了规定会计目标、会计原则、会计要素外,对会计的一般实务都作了规范,对各种经济事项的会计处理方法都作了简明扼要的阐述,一定程度上相当于具体会计准则。(4)税法,法国的税务和会计高度相关,会计必须遵守税法的规定。

德国没有类似于我国的专门《会计法》。2007年11月,德国司法部发布了针对企业会计活动的《德国会计现代化法案》草案,经公开听证及征求社会意见后于2009年定稿并正式生效。德国企业会计法规体系由两部分组成:一部分为财务会计法律内容,它来自于《商法》《公司法》《有限责任公司法》《合伙人法》;另一部分为税务会计法律内容,包括了所有的税法以及相关的行政法。其中,《商法》和《公司法》对会计方面的规定大多是总括性的要求,而《税法》对会计行为的约束较为详细,对德国会计则起到了约束的作用。

日本政府对企业会计的管理介于法国和德国之间,无单独的《会计法》,而与德国类似,日本将会计管理法规置于以《商法》《证券交易法》《法人税法》三法为支柱的法律体系之中进行综合管理。在日本的"三法体制"中,《商法》是"根本大法",居于核心地位;《证券交易法》和《法人税法》是对《商法》的展开和补充。比较而言,日本《商法》中的相关会计要求内容,与我国《会计法》要求的单位会计基础工作的相关内容有相似之处。与德国类似,日本的税法对日本企业会计有强大的约束作用。

(三) 会计监管权责分明,有效协调政府和行业监管[①]

国际上会计监管模式包括政府监管、内部监管和行业监管。政府会计监管指政府直接或间接地通过立法和制定一系列法规性文件,强制或指导会计主体的会计信息生产和会计信息披露的行为。内部会计监管主要指单位内部通过内部控制、内部审计等一系列的制度、程序和方法,对本单位的会计工作和会计资料及其所体现的经济活动进行的监督管理。行业监管模式则是指行业协会等职业团体对本行业的微观层面进行管理的一种监管方式。从会计监管机构的设置看,两大

---

① 中国财政科学研究院财务与会计研究中心课题组、李明、徐玉德、韩晓明:"各国会计法律制度研究",《财政科学》,2017年第4期。

法系下的主要国家在按照企业会计和政府会计两大类分别监管的前提下，充分发挥政府和注册会计师行业的监督作用，打造会计司法体系建设的同时，务求会计法律制度的落实有司法保障，强化会计法律制度的权威性。英美法系下注重法院判例，大陆法系下注重会计或审计法庭建设，都强调司法对会计的支持，使会计法律法规执行有力，落实到位。

从英美两国21世纪以来的会计监管改革看，政府逐渐集中了大部分会计监管权，采取直接监管或委托授权监管的方法，对企业或政府的会计活动实施统一的严格管理，政府在引导会计管制的方向、建立会计管制法制基础、拓展会计管制的空间等方面发挥了积极的作用。20世纪90年代，英国推行的会计监管体制改革经历了从"两会分立"到两会职能协调统一的过程。2004年4月，统一职能后的财务报告委员会正式开始工作，实现了会计监管体制从"以高度的行业自律为主"到既独立于政府又独立于会计职业的"独立监管模式"的转变。美国政府安然事件后出台的萨班斯法案也明确提出建立一个独立于美国注册会计师协会的监督机构——公众公司会计监管委员会（PCAOB），实施对注册会计师行业的监管。由此，会计行业的监管权由行业自律组织转向行业外的独立机构，初步形成了以独立管制为主，同时发挥政府公共管制和司法管制以及行业自律管制的全面监管体系。

在大陆法系国家，会计监管主要以政府监管为主，行业组织为辅。在德国，由于奔驰、德国电信、赫斯特、费巴集团等公司先后在纽约证券交易所上市，SEC要求这些公司接受政府监督。同时，1998年德国政府通过了《经营范围监督法》，为民间的会计准则委员会的成立创造了条件。法国政府于1996年8月发布了关于会计规范化工作监管改革的法律草案，并组建了会计法规委员会，在会计监管中发挥主导作用。此外，法国政府于2009年成立了会计准则委员会，该委员会致力于会计法规的制定和完善，推动会计理论和会计方法的研究，并在国家财政部的邀请下，参与国际会计准则在法国推广和应用的讨论研究。该委员会的成员大多来自于民间团体，但是仍然受到政府的影响。

（四）法律责任主体明确，凸显民事责任且处罚力度较大

法律责任是由特定法律事实所引起的对损害予以补偿、强制履行或接受惩罚的特殊义务。根据违法行为所违反的法律的性质，可以把法律责任分为民事责任、行政责任和刑事责任等。针对经济发展过程中的会计造假和欺诈等行为,英美两国都采取了以民事责任为主,行政和刑事责任为补充的会计法律责任体系。大陆法系国家在会计法律责任的设置方面也分为行政、民事和刑事责任,但更多的是以民事法律责任为主。

英美法系下,英美两国都采取了以民事责任为主,行政和刑事责任为补充的会计法律责任体系,对会计的法律责任追究也较严。美国《证券法》第12(2)条规定了通过招股说明书或者口头联络发售或者销售证券中存在重大不实陈述或者遗漏应当承担的会计民事法律责任。该条中的民事法律责任主体(即卖方)与第12(1)条中的卖方是一致的,其承担的是(疏忽)过错责任,原告也无须证明信赖关系,原告的救济途径只能是撤销交易或者赔偿损失。该条款的适用范围就只包括了两类,即向证交会注册登记的公开发售或者销售的证券或者第3条下豁免登记但公开发售的证券,比如依据504规则、条例A、第3(a)(11)条或者147规则发行的证券。此外,美国萨班斯法案明确规定,编制违法违规财务报告的刑事责任,最高可处500万美元罚款或者20年监禁;篡改文件的刑事责任,最高可处20年监禁;证券欺诈的法律责任,最高可处25年监禁;对举报者进行打击报复的法律责任,最高可处10年监禁。英国公司法及相关法律尽管没有类似美国法律的详细处罚规定,但依据以往判例而进行的新案例宣判或处罚决定较为严厉。2002年后,英国法律授权英国财务报告理事会(Financial Reporting Council,FRC)拥有对公司会计违法违规行为的处罚权。2006年修订的英国公司法中有会计违法的相关处罚规定,但最高刑罚是两年徒刑及标准尺度的最高限额罚款,视具体违法情况,可判刑,可罚款,也可刑、罚并用。2012年,由于德勤在为英国汽车制造商罗孚(MG Rover)提供咨询服务期间,未能按《公司法》规定管控自身的利益冲突,英国FRC据此对德勤开出创纪录的1400万英镑罚款,由此可见FRC对会计欺诈行为处罚的严厉程度。

大陆法系国家在会计法律责任的设置方面也分为行政、民事和刑事责任。法国对会计违法行为的民事法律责任十分重视,民事责任与刑事责任由法庭审理和宣判,行政责任由财政部管理的全国会计协会负责。在违法案例的审理和判罚中,对民事责任赔偿的司法支持力度和执行力度较强。法国在专门负责颁布具有法律效力的会计规范的同时,强化会计监管与奖惩力度,确保会计法规颁布后能够得到强有力的实施。法国会计违法的行政处罚由财政部管理的全国会计协会负责，分为四种：口头警告；指责并记录在案（严重警告）；暂停执业；开除。被开除者将终身禁止进入本行业。民事和刑事责任的追究由法庭负责宣判。德国的会计法律责任设置与法国类似，会计责任的性质为契约责任，会计民事责任的对象是确定的，即会计师的客户或客户的联属企业。为保证会计法律制度的有效执行，德国除了完善的法律体系外，其严密的司法制度和严格的执法也颇具特色。德国的财政法院专门审议财务和税收方面的会计法，还有作为二级审理司法机构的专业财税法院，专门负责处理财税方面的事务纠纷。日本的会计法律责任构成是：行政责任、民事责任和刑事责任。其中，行政责任由金融厅追究，民事和刑事责任由司法部门追究。日本则将会计法律责任置于以《商法》《证券交易法》《法人税法》三法为支柱的法律体系之中进行规范。相关法律法规不仅明确了民事赔偿责任者的范围及赔偿额度，还进一步规定了在不同情况下会计法律责任的归责应采取无过错责任或推定过错责任，细化了民事赔偿责任的举证义务和法律责任，保障了民事法律责任归责的可行性。

❖ 四、当前我国《会计法》存在的主要问题分析

孔子有云"过则勿惮改"。我国的《会计法》修订就是一个在探索中前进的过程，从《会计法》最初的国际利益观到现在的公共利益观，从最初的维护国家利益到现在的维护市场经济各方的利益，从最初的"一切责任由会计人员承担"到现在的"单位负责人负主要责任"，《会计法》在不断修订中完成了一次次创新和变革，逐渐成为一部完善的经济法。但是，我国改革开放的不断深入和经济的快速发展给《会计法》提出了新的要求，《会计法》在其中暴露了新的掣肘之处，在法律归责、监督体系、法律竞合及执法力度等方面存在诸多不足，直接影响我国经济的发展。具体而言，主要有以下问题。

（一）会计法律归责原则不明确，责任划分模糊不清

法律责任的归责，是指由特定国家机关或者国家授权的机关依法对行为人的法律责任进行判断和确认。现阶段，我国由于归责原则不明确导致会计法中规定

的数项法律责任无法得到有效实施,追究刑事责任缺乏对应的法律依据,使出现这些问题的主要负责人和直接责任人得以逃脱法律的制裁,最终以罚代刑、轻微罚款,甚至不了了之,严重侵害了法律的严肃性和公正性。

《会计法》第五十条规定:"单位负责人,是指单位法定代表人或法律、行政法规规定代表单位行使职权的主要负责人。"目前,《会计法》明确规定单位负责人为单位会计工作的责任主体,并依此明确了会计机构中各工作岗位的会计责任,从而按责任层次理顺了相关人员的工作责任关系,为认定各自的工作责任与法律责任提供了明确的依据。而且在《会计法》的历次修订中均涉及对会计人员是否应承担单位会计工作的法律责任的讨论,从最初的会计人员承担全部责任,到之后的单位负责人和会计人员共同承担责任,再到单位负责人承担主要责任,体现的就是会计法律责任的归责问题,但是修订后的《会计法》依旧没有明确说明会计人员和单位负责人之间的会计法律责任要如何进行划分,"主要责任"这一概念过于模糊不清,为追究单位负责人和会计人员的会计法律责任带来了困扰。如《会计法》规定单位负责人与相关会计人员对会计工作共同承担法律责任,单位负责人负首要责任,而对两者的法律责任如何具体区分没有作出进一步的规定。

(二) 会计法律体系不健全,缺少民事法律责任的规定

我国会计法律责任制度建设更多关注会计公法责任,多从公共利益保护出发,侧重对社会经济秩序的维护,故以行政责任为主,刑事责任为辅。20世纪50年代,新中国成立后不久,我国陆续颁布了一系列的会计法律制度,但真正关于会计方面的立法工作开始于改革开放后,对于会计法律责任的规定,也是从改革开放开始逐步确立和完善的。会计法律责任即包含实施违反《会计法》的违法行为应承担的责任,又包含违反《公司法》《企业破产法》《税收征收管理法》《审计法》中对于会计信息质量的规定应承担的责任。《会计法》作为我国会计法律制度体系的顶层设计和基础法律,与上述法律在责任的各方面有着密切的关联。现行法律体系中与会计法律责任有关的规定如表1-2所示。

表1-2　　　　　　　现行法律体系中对会计法律责任的规定

法律名称	责任	法律条文
《会计法》	刑事责任	第四十二条　违反本法规定,有下列行为之一的……有前款所列行为之一,构成犯罪的,依法追究刑事责任
		第四十三条　伪造、变造会计凭证、会计账簿,编制虚假财务会计报告,构成犯罪的,依法追究刑事责任
		第四十四条　隐匿或者故意销毁依法应当保存的会计凭证、会计账簿、财务会计报告,构成犯罪的,依法追究刑事责任
	行政责任/刑事责任	第四十五条　授意、指使、强令会计机构、会计人员及其他人员伪造、变造会计凭证、会计账簿,编制虚假财务会计报告或者隐匿、故意销毁依法应当保存的会计凭证、会计账簿、财务会计报告,构成犯罪的,依法追究刑事责任;尚不构成犯罪的,可以处5 000元以上5万元以下的罚款;属于国家工作人员的,还应当由其所在单位或者有关单位依法给予降级、撤职、开除的行政处分
		第四十六条　单位负责人对依法履行职责、抵制违反本法规定行为的会计人员以降级、撤职、调离工作岗位、解聘或者开除等方式实行打击报复,构成犯罪的,依法追究刑事责任;尚不构成犯罪的,由其所在单位或者有关单位依法给予行政处分。对受打击报复的会计人员,应当恢复其名誉和原有职务、级别
		第四十七条　财政部门及有关行政部门的工作人员在实施监督管理中滥用职权、玩忽职守、徇私舞弊或者泄露国家秘密、商业秘密,构成犯罪的,依法追究刑事责任;尚不构成犯罪的,依法给予行政处分
《公司法》	行政责任	第二百零一条　公司违反本法规定,在法定的会计账簿以外另立会计账簿的,由县级以上人民政府财政部门责令改正,处以5万元以上50万元以下的罚款
		第二百零二条　公司在依法向有关主管部门提供的财务会计报告等材料上作虚假记载或者隐瞒重要事实的,由有关主管部门对直接负责的主管人员和其他直接责任人员处3万元以上30万元以下的罚款
		第二百零三条　公司不依照本法规定提取法定公积金的,由县级以上人民政府财政部门责令如数补足应当提取的金额,可以对公司处以20万元以下的罚款
		第二百零四条　公司在合并、分立、减少注册资本或者进行清算时,不依照本法规定通知或者公告债权人的,由公司登记机关责令改正,对公司处以1万元以上10万元以下的罚款。 公司在进行清算时,隐匿财产,对资产负债表或者财产清单作虚假记载或者在未清偿债务前分配公司财产的,由公司登记机关责令改正,对公司处以隐匿财产或者未清偿债务前分配公司财产金额5%以上10%以下的罚款;对直接负责的主管人员和其他直接责任人员处以1万元以上10万元以下的罚款

第一章 改革开放以来我国会计立法、变革及未来展望

续表

法律名称	责任	法律条文
《审计法》	行政责任/刑事责任	第四十四条 被审计单位违反本法规定，转移、隐匿、篡改、毁弃会计凭证、会计账簿、财务会计报告以及其他与财政收支、财务收支有关的资料，或者转移、隐匿所持有的违反国家规定取得的资产，审计机关认为对直接负责的主管人员和其他直接责任人员依法应当给予处分的，应当提出给予处分的建议，被审计单位或者其上级机关、监察机关应当依法及时作出决定，并将结果书面通知审计机关；构成犯罪的，依法追究刑事责任
	行政责任	第四十六条 对被审计单位违反国家规定的财务收支行为，审计机关、人民政府或者有关主管部门在法定职权范围内，依照法律、行政法规的规定，区别情况采取前条规定的处理措施，并可以依法给予处罚
	刑事责任	第五十条 被审计单位的财政收支、财务收支违反法律、行政法规的规定，构成犯罪的，依法追究刑事责任
《合伙企业法》	民事责任	第一百零二条 清算人违反本法规定，隐匿、转移合伙企业财产，对资产负债表或者财产清单作虚假记载，或者在未清偿债务前分配财产，损害债权人利益的，依法承担赔偿责任
《企业破产法》	行政责任	第一百二十七条 债务人违反本法规定，拒不向人民法院提交或者提交不真实的财产状况说明、债务清册、债权清册、有关财务会计报告以及职工工资的支付情况和社会保险费用的缴纳情况的，人民法院可以对直接责任人员依法处以罚款。 债务人违反本法规定，拒不向管理人移交财产、印章和账簿、文书等资料的，或者伪造、销毁有关财产证据材料而使财产状况不明的，人民法院可以对直接责任人员依法处以罚款
《税收征收管理法》	行政责任/刑事责任	第六十三条 纳税人伪造、变造、隐匿、擅自销毁账簿、记账凭证，或者在账簿上多列支出或者不列、少列收入，或者经税务机关通知申报而拒不申报或者进行虚假的纳税申报，不缴或者少缴应纳税款的，是偷税。对纳税人偷税的，由税务机关追缴其不缴或者少缴的税款、滞纳金，并处不缴或者少缴的税款50%以上5倍以下的罚款；构成犯罪的，依法追究刑事责任。 扣缴义务人采取前款所列手段，不缴或者少缴已扣、已收税款，由税务机关追缴其不缴或者少缴的税款、滞纳金，并处不缴或者少缴的税款50%以上5倍以下的罚款；构成犯罪的，依法追究刑事责任

续表

法律名称	责任	法律条文
《证券法》	行政责任	第一百九十三条　发行人、上市公司或者其他信息披露义务人未按照规定披露信息，或者所披露的信息有虚假记载、误导性陈述或者重大遗漏的，责令改正，给予警告，并处以30万元以上60万元以下的罚款。对直接负责的主管人员和其他直接责任人员给予警告，并处以3万元以上30万元以下的罚款。 发行人、上市公司或者其他信息披露义务人未按照规定报送有关报告，或者报送的报告有虚假记载、误导性陈述或者重大遗漏的，责令改正，给予警告，并处以30万元以上60万元以下的罚款。对直接负责的主管人员和其他直接责任人员给予警告，并处以3万元以上30万元以下的罚款。 发行人、上市公司或者其他信息披露义务人的控股股东、实际控制人指使从事前两款违法行为的，依照前两款的规定处罚
		第二百二十二条　证券公司或者其股东、实际控制人违反规定，拒不向证券监督管理机构报送或者提供经营管理信息和资料，或者报送、提供的经营管理信息和资料有虚假记载、误导性陈述或者重大遗漏的，责令改正，给予警告，并处以3万元以上30万元以下的罚款，可以暂停或者撤销证券公司相关业务许可。对直接负责的主管人员和其他直接责任人员，给予警告，并处以3万元以下的罚款，可以撤销任职资格或者证券从业资格
	刑事责任	第二百三十一条　违反本法规定，构成犯罪的，依法追究刑事责任
	民事责任	第二百三十二条　违反本法规定，应当承担民事赔偿责任和缴纳罚款、罚金，其财产不足以同时支付时，先承担民事赔偿责任
《注册会计师法》	行政责任/刑事责任	第三十九条　会计师事务所违反本法第二十条、第二十一条规定的，由省级以上人民政府财政部门给予警告，没收违法所得，可以并处违法所得1倍以上5倍以下的罚款；情节严重的，并可以由省级以上人民政府财政部门暂停其经营业务或者予以撤销。 注册会计师违反本法第二十条、第二十一条规定的，由省级以上人民政府财政部门给予警告；情节严重的，可以由省级以上人民政府财政部门暂停其执行业务或者吊销注册会计师证书。 会计师事务所、注册会计师违反本法第二十条、第二十一条的规定，故意出具虚假的审计报告、验资报告，构成犯罪的，依法追究刑事责任
	行政责任	第四十条　对未经批准承办本法第十四条规定的注册会计师业务的单位，由省级以上人民政府财政部门责令其停止违法活动，没收违法所得，可以并处违法所得1倍以上5倍以下的罚款
	民事责任	第四十二条　会计师事务所违反本法规定，给委托人、其他利害关系人造成损失的，应当依法承担赔偿责任

续表

法律名称	责任	法律条文
《刑法》	行政责任/刑事责任	第一百六十一条 【违规披露、不披露重要信息罪】依法负有信息披露义务的公司、企业向股东和社会公众提供虚假的或者隐瞒重要事实的财务会计报告，或者对依法应当披露的其他重要信息不按照规定披露，严重损害股东或者其他人利益，或者有其他严重情节的，对其直接负责的主管人员和其他直接责任人员，处3年以下有期徒刑或者拘役，并处或者单处2万元以上20万元以下罚金
		第一百六十二条 【妨害清算罪；隐匿、故意销毁会计凭证、会计账簿、财务会计报告罪；虚假破产罪】公司、企业进行清算时，隐匿财产，对资产负债表或者财产清单作虚伪记载或者在未清偿债务前分配公司、企业财产，严重损害债权人或者其他人利益的，对其直接负责的主管人员和其他直接责任人员，处5年以下有期徒刑或者拘役，并处或者单处2万元以上20万元以下罚金。 隐匿或者故意销毁依法应当保存的会计凭证、会计账簿、财务会计报告，情节严重的，处5年以下有期徒刑或者拘役，并处或者单处2万元以上20万元以下罚金。 第二百五十五条 【打击报复会计、统计人员罪】公司、企业、事业单位、机关、团体的领导人，对依法履行职责、抵制违反会计法、统计法行为的会计、统计人员实行打击报复，情节恶劣的，处3年以下有期徒刑或者拘役

从表1-2可以看出，我国会计法律责任也散见于相关法律法规之中，其中以行政责任为主、刑事责任为辅。如《会计法》中规定：对于伪造、变造、隐匿、销毁会计凭证、会计账簿，编制虚假财务会计报告，构成犯罪的追究刑事责任，其他法律也有相应的关于刑事责任的规定；《税收征收管理法》对不缴或者少缴税款的情形，处不缴或者少缴的税款50%以上5倍以下的罚款，其他行政处罚的罚金为2万元至50万元区间内。民事责任规定相对较少，仅在现行的《证券法》《合伙企业法》中有所体现，如《证券法》第二百三十二条规定，违反本法规定，应当承担民事赔偿责任和缴纳罚款、罚金，其财产不足以同时支付时，先承担民事赔偿责任。

现行《会计法》关于民事法律责任的缺失致使《会计法》存在法理上的缺陷。这也是《会计法》自实施以来未能有效抑制与打击会计违法活动的重要原因之一。会计民事法律责任构成要件中的因果关系指会计责任主体的行为与损害结果之间的相互关系。由于《会计法》与《刑法》在很多地方衔接不全面，《会计法》规定，各种会计违法行为"构成犯罪的应依法追究刑事责任"，而《刑法》中与会计法律责任有关的主要是破坏社会主义市场经济秩序罪、侵犯财产罪等，这些犯罪条目与《会计法》中规定的"构成犯罪"的各种违法行为并不一致，这会导致《会计法》中关于会计违法行为达到刑法处罚标准时应采用刑事责任的规定形同虚设，在实际执法过程中很难依靠对应的刑法依据追究其刑事责任，多是追究行政责任。而民事责任的缺失导致在现实执法过程中，基本上不会追究民事责任，如确认了某项对企业造成损失的会计违法行为，并认定了该行为的责任人员，但如何承担民事赔偿责任的问题并未在《会计法》中作出明确规定。《会计法》不能要求违法者进行民事赔偿，进一步降低了其违法成本，对市场经济秩序造成很大影响。

对于一些违法行为，刑事法律责任和行政法律责任不能替代民事法律责任，如我国资本市场存在的大量会计信息质量问题，由于没有民事赔偿的规定，从经济角度看，行政责任给违法者带来的违法成本很低，同时受害人的损失不能得到合理补偿，影响了市场经济秩序，甚至不利于资本市场的健康发展。而且，我国经济实践中，第三方代理记账的会计行为不少，应该在会计法中对接受委托进行第三方代理记账的会计行为责任进行规范，但现行《会计法》中没有对此作出明确规范。

（三）会计监督体系"悬空"，各方存在多头问题

我国《会计法》构建了由内部监督、社会监督和政府监督组成的"三位一体"的会计监督体系。"三位一体"的会计监督体系及其在历次《会计法》修订中的不断充实和完善为我国会计监管提供了较为完善的制度设计和体系架构。然而，当前我国《会计法》所构建的会计监督体系存在"悬空"问题，如何将合理的监督体系框架设计落到实处，真正地发挥监管效力刻不容缓。

譬如，在内部监督方面，现行《会计法》仅规定了相关人员职权及相互监督以及内部审计程序等内容，尚未明确内部审计的监督范围、机构设置及权责划分等内容，内部监督与政府监督和社会监督之间的关系及相关责任义务也有待进一步明确。此外，越来越多的会计工作将被计算机自动化软件甚至人工智能所取代，如何在会计信息化快速发展的背景下，与时俱进地结合企业中广泛使用会计信息系统进行内部监督，并明确其中的权责划分亦是《会计法》修订应直面的

现实问题。

监管不力为会计造假提供了赖以生存的土壤。当前对于会计造假行为的监督主要是公众监督、审计监督和政府有关部门监督。社会公众相比于内部管理层而言是信息劣势一方，其所掌握的信息都是被公司"处理"过的信息，信息的真实性存疑，所以社会公众监督对会计造假行为的约束力有限。审计监督包括内部审计和外部审计，由于我国企业内部治理结构的缺失、内部控制不健全导致很多企业并没有设立内部审计部门，即使设立了内部审计部门，也存在因个人利益为企业会计造假为虎作伥的行为。通常所说的审计监督是指会计师事务所的外部审计，注册会计师已经成为审计监督的主力军。但是现阶段我国的审计监督也未能发挥其应有的作用，一方面，审计工作一般只在半年度和年度进行，而且其承担的审计任务越来越重，其广度、深度、力度都很难达到社会公众的预期；另一方面，由于我国企业内部结构畸形，限制了审计人员的独立性发挥。很多企业的管理层是直接委托事务所进行审计，而不是履行股东大会投票选举事务所的责任，即使是股东大会投票选举，也存在"一股独大"直接指定事务所审计的情况。此外，我国会计师事务所普遍规模较小，导致事务所会格外依赖对某几家企业进行审计工作获得的报酬，会计师事务所往往会面临独立性与盈利性不能两全的境地，这会驱使事务所为了盈利性而放弃独立性，极易被由内部人控制的客户收买。如出现上述情况，注册会计师发表的审计意见就不具有可信性。这些都会导致出现审计监督不严，会计造假行为频发的现象。2017 年立信会计师事务所因涉嫌虚假记载等违规行为的发生，被证监会处以 90 万元罚款。证监会的这一举措给众多的事务所敲了警钟，使其务必严肃认真对待财务报告审计工作的独立性。目前，我国的证监会、银保监会、财政部等各个政府部门条块分割、各自为政，法规及监督标准不统一，功能上又相互交叉，造成各种监督不能有机结合，不能形成合力来从整体上发挥监督作用。

尽管《会计法》第七条规定"国务院财政部门主管全国的会计工作。县级以上地方各级人民政府财政部门管理本行政区域内的会计工作"，但是实践中会计工作的监管主体不仅包括财政部门，还包括税务部门、审计部门、证监会等。多元化的监管主体有助于提升会计监管的覆盖面，但是多元化的监管主体间职权界定不清、监管责任不明等易引致监管越位、监管缺位以及重复监管等问题，提升了监管成本,浪费了有限的监管资源,甚至可能出现监管主体间因相互推卸责任而造成的"监管真空"。而且各监管部门的权限划分不清晰易造成各自为政、重复检查,进而影响企业正常生产经营。

(四)与已有相关法律存在竞合性问题,易混淆其适用性

法条的竞合性是指"一个行为同时符合数个法条规定的违法构成,但从数个法条之间的逻辑关系来看,只能适用其中的一个法条,自然排除适用其他法条的情况"。由于我国经济处于高速发展时期,社会主义市场经济发展迅速,对《会计法》和相关法律法规提出了新的要求,但现在的《会计法》存在着与其他法律法规不一致、有冲突的现象,不仅包括《会计法》与其他法律的相关规定不一致,还包括新颁布的会计法律法规和已有的相关法律内容互相冲突,甚至同一部会计法规中都存在着内容重复或矛盾的地方。

例如《会计法》规定:不依法设置会计账簿的,未按规定填制取得原始凭证的、随意变更会计处理方法、任用会计人员不符合规定等,可对单位并处3000元以上5万元以下的罚款。而《公司法》《证券法》《税收征收管理法》中的规定却是这样:在法定的会计账簿以外另立会计账簿的,处以5万元以上50万元以下的罚款。又如刑事责任在会计法律责任体系中占据重要地位,被看作整治虚假会计信息的主要办法,其适用范围包含在财务工作中的具体财务人员、负有核查监管责任的单位领导人员假造会计资料或破坏会计资料,以偷税漏税或贪污罪、侵占公款罪给公共财产和私有财产带来巨大损害等情况。而《会计法》与《刑法》的对接存在多处真空地带,对涉及会计法律责任相关的法定义务、过错或过失责任的认定、量刑标准不明确,会计法中规定的刑事责任难以有效落实。由于追究刑事责任时法律依据不明确,同时由于《会计法》和《刑法》规则原则不一致,难以追究责任人的刑事责任,侵害了法律的严肃性和公正性,也损害了《会计法》应有作用的发挥。"一民之轨莫如法",《会计法》与其他法律出现了不协调和冲突,必然会影响其权威性和公正性。

(五)监管惩处力度偏弱,以罚代刑问题严重

从现行《会计法》的规定看,由于会计法律责任的归责依据不明确,不同程

度的违法行为之间区分模糊，而且法律责任认定缺乏具体的技术标准，加大了会计监管机构追责难度和会计违法的审判难度，导致实践中以罚代刑现象严重。即使对违法的单位和个人进行处罚，其处罚力度也较弱，难以起到应有的惩治作用。

例如，《会计法》第十三条规定："任何单位和个人不得伪造、变造会计凭证、会计账簿及其他会计资料，不得提供虚假的财务会计报告。"按照《会计法》第四十二、四十三、四十五条的规定，对于提供虚假会计报告的违法违规行为，相关责任人需承担刑事责任或行政责任。具体适用刑事责任还是行政责任，《会计法》以及《刑法》第一百六十一条均未进一步明确具体的量化的或针对具体行为或损害标准的依据。如《会计法》第四十六条规定："单位负责人对依法履行职责、抵制违反本法规定行为的会计人员以降级、撤职、调离工作岗位、解聘或者开除等方式实行打击报复，构成犯罪的，依法追究刑事责任；尚不构成犯罪的，由其所在单位或者有关单位依法给予行政处分。"该条中列举了打击报复行为的种类，但并不能涵盖所有的打击报复行为，而这些行为在什么条件下构成犯罪并适用刑事法律责任，《会计法》以及《刑法》第二百五十五条均未进一步明确相应的标准。

《会计法》规定：违反第四十二条所列行为之一的，由县级以上政府财政部门责令限期改正，可以对单位并处 3000 元以上 5 万元以下的罚款；对其直接负责的主管人员和其他直接责任人员，可以处 2000 元以上 2 万元以下的罚款；属于工作人员的，还应当由其所在单位或者有关单位依法给予行政处分。《会计法》第四十三条规定："伪造、变造会计凭证、会计账簿，编制虚假财务会计报告，构成犯罪的，依法追究刑事责任。有前款行为，尚不构成犯罪的，由县级以上人民政府财政部门予以通报，可以对单位并处 5000 元以上 10 万元以下的罚款；对其直接负责的主管人员和其他直接责任人员，可以处 3000 元以上 5 万元以下的罚款；属于工作人员的，还应当由其所在单位或者有关单位依法给予撤职直至开除的行政处分；其中的会计人员，5 年内不得从事会计工作。"对个人处罚额度介于 2000~50000 元之间，对单位的处罚额度介于 3000~100000 元之间。这种数量级的处罚与多列或少列收入数以千万元、亿元计，直接影响单位的营业利润达到百万元、千万元的违法行为相比显得过于轻微，事实上是带有一种变相"纵容"的效果，直接影响了会计信息质量。由于会计法律责任追究处罚力度过轻，法律的严肃性和威慑力无从体现，没有起到对广大投资者法律保护的作用。

（六）现行《会计法》滞后于会计信息化发展

会计的职责是确认、计量并报告企业的经济管理活动，协助信息使用者进行决策。在信息量爆炸性增长的时代，政府、银行、企业所有者、高级管理人员等各方身份不同，目的不同，对会计信息的需求也各有侧重。互联网时代信息结构更加复杂，更加难以预测，对财务数据质量要求更高。会计人员在提供各种会计信息时，将不再仅是传统的财务报表，而是要根据各种信息，多维度分析企业经营业绩，并结合最新的市场情况，向管理层提供优质反馈。具体而言，现行会计法在互联网时代下的人才素养、违法处罚和数据质量方面都存在一定空白。

1. 《会计法》的修订降低了会计人员从业标准

2017年8月17日，财政部对《会计法》进行修订。在此之前，《会计法》第三十八条规定"从事会计工作的人员，必须取得会计从业资格证书"。修订后改为：从事会计工作的人员，应当具备开展会计工作所需要的能力。这大大降低了会计人员从业门槛，初级会计人员供给饱和，中高级人才紧缺。互联网时代下，重复机械的会计基础工作正逐渐被会计信息化所替代，初级会计人员面临着日益严峻的生存考验。

2. 政府难以有效监管，互联网违法成本低

互联网时代，会计信息化应用日益广泛，而网络会计法规却存在着空白和缺失，会计信息的使用效率下降，企业管理更为困难。这导致政府难以控制潜在的会计信息化风险，无法维护会计工作的正常运行。从会计信息化传入中国以来，各行各业都逐渐普及了会计信息化的应用，在"互联网＋会计信息化"环境下，由于法规存在空白，形成了利用互联网进行伪造、篡改会计资料等违法行为的会计违法新形势，而较低的违法成本更加助长了会计人员的违法行为，这些现象均表明《会计法》滞后于会计信息化的时代潮流。

3. 对会计信息的时效性和质量提出了更高要求

一方面，"互联网＋"对会计信息时效性提出更高要求。会计信息化的应用使实时反馈信息成为可能，会计期间界限逐渐模糊。企业过分追求短期收益、对

长期利益忽视使得持续经营的假定有了新变化。由此可见,现行《会计法》会计分期、持续经营在现代企业的会计行为中存在不相适应的部分。另一方面,"互联网+"对会计信息质量可靠性提出了新要求。随着信息技术的发展,出现了许多以互联网为依托的新型会计主体。《会计法》将需要进行会计核算的主体统称为"单位",该主体必须具备独立性特征,但"互联网+"时代缩短了会计主体间的距离,难以确保主体独立性。另外,随着技术的发展,货币不再是计量企业价值的唯一指标,企业价值的衡量有了新的标准。

4. 缺乏对信息技术广泛运用引致的会计法律责任规范

财政部于 2013 年 12 月 6 日印发了《企业会计信息化工作规范》,第三十四条规定:"分公司、子公司数量多、分布广的大型企业、企业集团应当探索利用信息技术促进会计工作的集中,逐步建立财务共享服务中心。"财务共享服务中心建设的目的是将原来分散、不规范的业务进行集中、规范、整合、再造,提升会计信息质量,提高财务和业务的运行效率。财务共享服务中心建设主要涉及流程再造、财务信息系统建设、财务人员转型和组织定位,企业财务部门出现了包括共享财务、管理会计、专业财务在内的更专业、更细致的分工。信息技术的发展和管理创新让财务共享中心在国内大企业集团中得到普及,其给会计工作职责带来的变化如表 1-3 所示。

表 1-3　财务共享模式给总部与区域及子公司会计工作职责带来的变化

核算模式变化	单机核算模式的工作职责	网络核算模式的工作职责	财务共享模式的工作职责
总公司	制度控制 规模控制 规则制定	制度控制、预算控制 规模控制、抽检监督 规则制定、审批管理	权力集中 管理集中 操作集中
区域管理总部	预算控制 抽样监督 审批管理	审查、记账 支付、监督 报表、核对	单据审核
分子公司	审查、记账 支付、监督 报表、核对	单据填报	单据填报

财务共享服务的第一个实践者是福特公司,成本因素和全球化扩张是其推行财务共享服务所考虑的首要因素,泰勒主义和福特主义是其存在的根源。国内大企业集团在实施决策中考虑成本、效率的同时,更多地考虑企业集团战略实现和

经营管理要求，采取财务共享中心模式以加强企业集团的财务管控。德勤、普华永道、安永、KPMG、IBM等机构相继推出财务智能机器人，在信息录入、发票开具、数据合并等方面有效减少了手工作业的环节，提高了数据的准确性，并通过减少单元数据处理时间和更低的错误率，加快了全流程处理时间。由于集团内部经营管理的要求，内部财务管理报告受到重视，而分子公司外部法人报告的意义和作用则被忽略，这增加了会计法律责任主体认定的复杂性。这部分会计法律责任主体的认定在会计法中暂未涉及。如原来由各分子公司分别处理会计信息集中到财务共享中心进行处理，为了内部管理的需要和管理会计的发展，会设立内部虚拟利润中心，这时分子公司的主要管理人员、集团财务共享中心的财务人员、集团各事业部负责人、各利润中心的管理会计人员、集团主要领导人及财务负责人等会计法律责任主体需要进行区分。各相关人员对于会计信息质量需要承担何种责任等在会计法中没有涉及。

❖ 五、新形势下我国《会计法》的修订或完善建议

党的十九大报告指出，全面依法治国是国家治理的一场深刻革命，必须坚持厉行法治，推进科学立法、严格执法、公正司法、全民守法，深化依法治国实践，以良法促进发展、保障善治。《会计改革与发展"十三五"规划纲要》进一步明确提出，法治是会计改革与发展的可靠保障，会计行业必须按照科学民主立法要求，运用法治思维和法治方式，加强会计法律法规体系建设，把会计工作纳入法治化轨道，依法推进会计改革与发展，形成有法必依、执法必严、违法必究的法治环境。会计法律法规是国家治理体系中的一项重要制度安排和国家治理不可缺少的有效工具。新形势下以依法治国为依托，进一步完善会计法律法规既是推动国家治理理念和治理方式转变的重要举措，也是国家治理体系和治理能力现代化建设的应有之义和必然选择。同时，会计法律制度规范作为我国会计改革与发展的制度基础和法治准绳，其改革与完善一直以来都是我国会计实践工作的重要任务和会计理论研究的重要课题。针对《会计法》目前存在的不足之处，本书提出以下建议。

(一) 进一步明确《会计法》在我国经济法律体系中"特殊法"的地位

作为一部管理会计工作秩序的经济法,《会计法》不仅应当明确自身的定位,也应当明确与其他法律法规的关系。目前,我国会计法规体系尚未在法律关系上形成一个具有统驭和从属关系的完整系统。从《会计法》的定位看,《会计法》是经济法体系中的基本法,与宏观调控法、市场规制法等相对应,并同时作用于市场主体,在发挥自身功能的同时,有效地促进其他法律部门功能的实现。从其他相关法律的定位看,由于《会计法》是会计法规体系的最高层次,是制定其他一切会计法律、法规、准则和制度的依据,规定具有原则性,因此要增加实施过程中的可操作性,必须将《会计法》定位于实施会计工作的基础性条件,其他相关法律应起到对《会计法》予以补充的作用。

《会计法》与其他法律是紧密共生的关系,所以应该维护《会计法》与其他法律之间的协调性和一致性。在实际工作中,企业的会计工作不仅受到《会计法》的约束,还要受到税法、公司法等相关法律的监督和管理,而会计行为产生的会计信息也是税收、审计和证券交易所需要的基础信息。《会计法》应与《公司法》《证券法》等近年来新修订过的法律保持步调一致,明确各项法律的使用条件和适用范围,以立法的合理性保证法律使用过程中的合理性。同时,按照我国《立法法》的有关规定,特别法优于一般法。就会计问题而言,《会计法》相对《公司法》而言属特别法,在修订《会计法》时,有必要明确《会计法》在经济法规中根本大法的地位,会计法律法规协调一致,才具有强大的生命力。

(二) 明确会计法律责任主体,减少虚假会计信息

现阶段《会计法》明确规定单位负责人为单位会计工作的责任主体,并依此明确了会计机构中各工作岗位的会计责任,从而按责任层次理顺了相关人员的工作责任关系,为认定各自的工作责任与法律责任提供了明确的依据。

1. 进一步厘清并合理划分各责任主体

各单位和企业对外披露财务报告和其他会计资料是以公司的名义、以单位和企业的信用为基础的,而单位负责人是单位的法定代表人,是代表单位行使职权的主要代表人,而且就目前我国会计造假案件的情况来看,大量虚假的会计信息

来源于单位负责人的意志，因此单位负责人在会计违法案件中通常负主要责任，让单位负责人对其签字盖章的财务报告和其他会计资料的内容负责。而会计人员与单位负责人之间的责任划分，是单位内部授权委托的关系，因此会计人员承担的是次要责任。尽管有一部分单位负责人缺少财务知识，会计法律意识淡薄，但这不应成为减轻或免除其会计法律责任的理由。加强其会计责任意识，促使其学习财务知识，提升内部管理及控制水平，从根本上有利于会计信息质量的提高。另一方面，注册会计师在执业过程中，未能保持独立性或应有的谨慎性，未能严格履行审计协议中要求其履行的义务，未按注册会计师审计准则的要求出具合格审计报告，导致报告使用者或相关人因此遭受损失，经办注册会计师及所在会计师事务所应承担连带责任。

会计违法违规行为有关责任人员的具体责任划分可以参考《中国共产党纪律处分条例》中失职、渎职行为的有关责任划分的规定：（1）直接责任者，是指在其职责范围内，不履行或者不正确履行自己的职责，对造成的损失或者后果起决定性作用的单位管理人员。如直接参与研究、决定某一具体会计问题或者某一事项由其拍板决策，则该管理人员为直接责任者，而非领导责任者；（2）主要领导责任者，是指在其职责范围内，对直接主管的会计工作不履行或者不正确履行职责，对造成的损失或者后果负直接领导责任的单位管理人员；（3）重要领导主体责任者，是指在其职责范围内，对应管的工作或者参与决定的工作不履行或者不正确履行职责，对造成的损失或者后果负次要领导责任的单位管理人员。

2. 对会计信息及虚假会计信息的概念直接作出规定

《会计法》作为会计法律体系的"宪法"，对会计行为和会计职能有最高解释权。因此，《会计法》或其实施细则应对虚假会计信息和会计违法行为这两个基本概念作出明确规定，而且这种规定不能是法律专家学者单方面的界定，而应该结合会计专家学者的意见，作出的较为科学合理的界定。另外，对于会计违法行为程度的规定也要具体化，何种情况下应该承担的是哪一种或哪几种会计法律责任，应作出明确划分，减少模棱两可、似是而非的情况。

（三）增加民事责任相关内容，加大惩处力度

现行《会计法》设定的法律责任有行政责任和刑事责任两种，且规定缺乏

针对性和可操作性，实施时也缺乏威慑性保证。《会计法》应在强化对会计违法者的行政责任与刑事责任追究的基础上，明确对会计民事侵权责任的认定标准和法律责任，进一步加大会计违法者的违法成本，增加扰乱会计秩序行为的相关界定，以便在刑法中增加扰乱会计秩序罪名，以制裁乱设账、假造凭证以及隐匿、故意销毁会计资料等违法行为。并参照国外会计违法的最高刑罚期，设定扰乱会计秩序罪的刑罪期限，加大对会计违法行为的惩处力度。

《会计法》应提高会计法律责任的约束力度，增加会计违法行为的民事责任，以保障《会计法》及相关的会计法律、法规和制度的落实。由于《会计法》对会计违法行为的规定存在漏洞，导致大部分违法行为不能依据《刑法》进行查处，而《会计法》的法律责任中又缺少民事责任，因此对于会计违法行为仍以行政处罚为主，最常用的手段就是罚款，金额也只是2000元到5万元之间。对于动辄几千万、上亿元的会计造假的违法收益，区区几千上万元的罚款几乎可以忽略不计，这样的处罚力度在一定程度上"纵容"了会计违法行为。而法律处罚力度不够，就很难维护会计法律责任的严肃性，对广大投资者的法律保护更无从谈起。相比之下，其他发达国家在会计法律责任方面的规定更加完善合理。由于英美法系国家和大陆法系国家都很重视对民事法律责任的追究，因此企业一旦出现会计造假或舞弊等行为，往往要付出巨额的民事赔偿款，对企业声誉也会造成很大的影响。另外，这些国家的民事法律赔偿的执行力度很大，有强有力的司法体系为其提供保障，使得会计法律法规能够得到有效执行和遵守。因此，我国在之后修订《会计法》和其他法律法规的时候，应指定具体会计违法行为和惩罚措施，增加对会计违法行为的民事责任、提高会计违法罚款金额，同时注意与《刑法》等法律的协调和一致，以便能够用《刑法》来惩处会计违法行为。同时，参考其他国家的先进经验，增加纳入《刑法》范围的会计违法行为类型，加大对会计违法行为的惩处力度，采用罚款、监禁、市场禁入等多种手段相结合的方式来惩处会计违法行为，确保《会计法》及相关会计法律、法规的落实。

（四）建立以财政部门为主、其他部门为辅的政府执法监督体系

会计工作是财政工作的重要基础，财政部门具有对会计工作进行管理的职责和功能，确立财政部门的主导地位，有助于对会计资料及会计信息的利用，进而确定财政工作与国民经济宏观的调控和决策。长期以来，作为《会计法》的实施主体，财政部门一直肩负会计管理工作的重任，为我国会计事业作出极大的贡献。目前我国会计工作的监督主体包括：国务院财政部门和县级以上地方人民政府财政部门；政府审计、税务、人民银行、证券监督、保险监管等部门，建立完善的会计监督体系、厘清各方行权范围是我国维护市场经济秩序的重要工作。

财政部门通过监督会计法律法规、对违法行为进行严惩来执行自身职能，在会计法律监督体系中应起到支柱性作用。《会计法》在修订完善的时候，应当与《公司法》《税收征管法》《证券法》一起发挥协同作用，必须要明确各个行政主体职能，既要明确财政部门的主体地位，确定财政部门的执法权力，同时要明确其他相关管理部门的行权范围，避免各管理部门的职能重叠。尤其针对利用互联网软件作账的企业，政府应当加强对其数据资料的监管和会计信息系统的保护。财政部门应处于监督体系核心位置，由财政部门牵头定期进行各部门联动的会计信息质量检查。每年会同各监督职能部门（如税务、审计、金融监管、证券监管等部门），根据国家经济运行和保障的总体部署安排，各具体监督部门负责实施相关的检查监督，比如，由证券监督管理部门对上市公司进行监督检查，由税务部门对非上市企业进行监督检查，由财政部门对行政事业单位进行监督检查等。另外，财政部门作为监督体系核心，应建立政府监督数据库，整合会计监督资源，记录监督检查情况，避免重复执法，节约监督资源，提高会计监督的效率。

（五）增加会计信息化背景下人才培养和保障信息质量的规定

互联网的发展给会计行业带来极大冲击。"互联网＋会计"模式下诞生了财务共享服务中心、云会计等新型财务模式，对会计信息化人才和会计信息质量提出了更高的要求。为适应会计职能的转变，《会计法》应以法规形式明确管理会计的地位和作用，增加人才培养和信息数据保护的法规，明确会计信息化后法律责任的主体，促进会计向着管理、分析方向发展。

1. 培养多层次会计信息化人才队伍

现行的人才市场呈现出初级会计人员过剩，高级会计人员紧缺的现象。政府应该鼓励初级会计人员学习管理会计知识，不断学习并加强自身本领，不要仅仅

第一章 改革开放以来我国会计立法、变革及未来展望

局限于已经学过的知识。在《会计法》中加入培养管理会计人才的相关规定,以培养多层次全领域的管理会计人才队伍,并成立专业机构对管理会计师进行资质评定、继续教育、自律监管等。首先,要加大高层次会计人员的培养教育,加大高层次会计人员的培养数量,提高我国会计人员的整体知识素质;其次,不断提高财务会计人员职业判断和解决实际问题的能力,掌握国外会计信息化领域的新知识、新趋势,更好地同国际接轨;最后,提高财务会计人员自身的法律意识和职业操守,在实际工作中能严格按照相关的法律法规进行操作,不逾越法律的鸿沟。

2. 确立会计信息安全性和可靠性原则

针对"互联网+会计"的新形势,应及时调整并增加数据保护方面的法律法规,从立法层面大幅度提高会计信息的安全和质量。第一,为保障互联网环境下会计行业健康发展,应颁布相关法律法规保护正版会计软件的知识产权,完善内部审计监督体系,提高数据的安全性;第二,应借鉴国外先进经验,规范会计信息化的资质标准,针对不同行业的特点,对其使用的会计信息系统设定不同的标准,从技术层面提高企业使用会计信息的能力;第三,互联网时代下会计发展方向为业财融合的全流程会计,《会计法》不仅要监督会计业务,也要对整个会计流程有所制约,从而保障会计信息的质量。

3. 完善会计司法鉴定制度,形成行业主管部门与司法机关的联系机制

随着信息化和企业集团的发展,财务工作由传统的以法人单位为主体的核算型会计形式向管理会计、财务共享中心和战略财务"三驾马车"并行的组织和工作形式转变。财务共享中心的建立,将企业集团内原来各法人单位的会计核算、报表处理等同质工作集中到一起,进行规范化和标准化的处理。由于财务共享中心的工作模式有别于传统的分子公司财务工作的模式,其会计法律责任主体与传统的按照法人公司设立财务组织也存在一定的区别。从企业经营管理和内部责任中心划分来看,一般存在如下两种情况或者兼备两种形式:一类以分子公司为经营管理单位,承担独立经营管理责任,各自对包含利润在内的经营管理目标负责;另一模式以集团各事业部为经营管理单位,对包含利润在内的经营管理目标负责,而由于各种原因设立的分子公司不承担企业的利润目标。

但无论企业内部经营管理责任如何划分，企业集团负责人（集团董事长、总经理）应当承担主要主体责任，相应的分子公司负责人、事业部负责人承担次要主体责任，相应财务人员承担直接责任。考虑到法律责任权责利协调权衡理论，如果财务人员能提供有效证据证明其相应的违法行为是在单位、事业部、分公司公司负责人命令下实施的，则应减轻或者免除财务人员的直接责任，并加重主体责任。如果单位、事业部、分公司公司负责人能提供有效证据证明违法行为是财务人员故意实施的，则减轻但不能免除相应负责人的主体责任，加重财务人员的直接责任。具体责任划分可参考如表1-4所示。

表1-4　　　　　　　　会计法律责任主体界定参考

主体	主要主体责任	次要主体责任	直接责任
总公司单位负责人	是		
总公司财务负责人			是
总公司其他高层管理人员		是	
区域管理总部负责人		是	
区域管理总部财务负责人			是
事业部负责人		是	
事业部财务负责人			是
财务共享中心负责人			是

运用于财务领域的机器人流程自动化（Robotic Process Automation，RPA），即是我们通常提到的财务机器人。RPA与后台的数据库直接运算不同，其是通过自动化控制操作电脑上现有的应用软件系统来遵守业务流程。随着机器人越来越自主、智能，甚至是独立，未来也可能将作为特殊的人群需要扣缴个税、缴纳社保以及承担相应的法律责任。但目前来看，财务机器人的使用场景是这样的。如在财务工作的应付结算环节，需要将采购订单、入库单、采购发票三单完成匹配后才能确定应付款。在ERP系统中，一般入库单可以由采购订单推出，采购发票可以由影像系统OCR识别或从国税底账库调出信息形成发票单据，之后RPA可以完成发票和入库单的核对匹配工作，形成应付款单并导入共享平台。由此可见，RPA是一款基于桌面记录的自动化软件，基于预定义规则、流程的工作任务还属于企业的固定资产，其本身目前并不具备会计法律责任主体的资格，相应的会计法律责任主体应为公司单位负责人、相应的财务人员及IT人员等其他直接

相关人员。

(六) 借鉴国外会计立法经验，助力《会计法》有效落地

《会计法》要充分发挥会计法规制度体系的作用，则可以借鉴德国的财政法院制度，对会计法律责任进行归口管理。德国的法律制度以其高度的缜密性和专业化而著名，作为大陆法系的代表国家，德国在维护法律制度落实方面有许多值得我国借鉴的经验。大陆法系的法律渊源是成文法，德国继承了罗马民法而形成了庞大的成文法体系，与会计工作相关的法典包括民法、商法、税法等，而专业化法院的设立就是为了维护其法律制度正常运行。德国在将其国家的法律法规按照不同领域进行划分之后，设立了专业化的司法法院来保障这些法律能够顺利执行，也就是说，专业化法院的运行逻辑是不同法院针对不同领域的案件进行审判，各种类型的专业化法院可以有各自独立的审判体系，避免了重复审判问题。其中，与经济和会计活动相关的联邦财政法院就是从其财政部中独立出来的，专门审理财政税收类案件的专业化法院，因此在德国企业的税务问题是由财政法院专门进行审理的。同时德国对于这类专业化法院的法官的选任制度十分严格，法官的选拔要经过两次国家级考试，还必须有两年以上法律从业经历，这种制度能够保证成为联邦财政法院法官的都是既有理论知识，又熟悉实务判决的职业法官。而且各个领域的专业化法院之间的法官并不会互相流动，法官在判决本领域的案件时除了依赖法律知识外通常还要依靠该领域的专业知识，因此很难适应其他领域的法官职务，这样既能保证法院判决的公正性，也提高了法院审判工作的效率。我国虽然制定了《会计法》及相关法律来确立会计制度规范的权威性和约束力，但在具体执行过程中仍存在约束力度不够，多部门共同监管等问题，因此可以借鉴德国的联邦财政法院制度，设立专门的部门对会计法律制度进行管理，培养专业化的会计司法队伍，提高法官的专业性。会计司法的专门化有利于明确当事人的会计法律责任，从而更好地落实会计法律法规，维护市场经济秩序的有效运行。

"时代潮流，浩浩荡荡"，虽然《会计法》可能还有着种种不合理之处，但瑕不掩瑜，我们必须承认《会计法》的颁布是我国市场经济改革的重要一步。没有会计立法，就没有完善的会计法律制度；没有会计立法，就没有规范的会计

核算和监督工作;没有会计立法,就没有对公共利益和会计工作人员的尊重。中国的会计立法是根据社会主义市场经济建立和发展要求与会计工作改革的历史进程而逐步展开的,《会计法》必须适应会计市场化改革的新要求和新思路,以期在未来发挥出更大的作用,取得更加辉煌的历史成就。

主要参考文献:

[1] 杨纪琬. 社会主义会计理论建设 [M]. 中国财政经济出版社,1988.

[2] 迈克尔·查特菲尔德,会计思想史 [M]. 立信会计出版社,2017 (2).

[3] 张文显. 二十世纪西方法哲学思潮研究 [M]. 北京:法律出版社,1996.

[4] 杜景林、卢谌译. 德国商法典 [M]. 中国政法大学出版社,2010.

[5] 王利明. 侵权行为法归责原则研究 [M]. 中国政法大学出版社,2004.

[6] 罗结珍译. 法国公司法典 [M]. 中国法制出版社,2007.

[7] 马立民,企业会计信息质量责任法律制度体系研究 [M]. 北京:法律出版社,2016.

[8] 杨纪琬. 关于制订我国会计法的几个问题 [J]. 广西会计,1985 (2):17-19.

[9] 杨纪琬.《会计法》的历史使命 [J]. 会计研究,1990 (3):8-10.

[10] 杨纪琬.《会计法》施行十年感言 [J]. 财务与会计,1995 (5):5-6.

[11] 郭道扬,郝继伟,彭岚."瑞金时代"的统一会计制度研究 [J]. 会计研究,2016 (3):3-14+95.

[12] 郭道扬. 修订《会计法》的历史性进步 [J]. 会计研究,1999 (11):8-10.

[13] 郭道扬. 论两大法系的会计法律制度体系 [J]. 会计研究,2002 (8):3-9+65.

[14] 郭道扬. 会计制度全球性变革研究 [J]. 文化纵横,2013 (4):14.

[15] 郭道扬.《会计法》的立法创新及其影响 [J]. 会计研究,2005 (5):27-30.

[16] 吴联生. 企业会计信息违法性失真的责任合约安排 [J]. 经济研究, 2001 (2): 77-85+94.

[17] 夏冬林. 受托责任、决策有用性与投资者保护 [J]. 会计研究, 2015 (1): 25-31+96.

[18] 谢志华. 论会计的经济效应 [J]. 会计研究, 2014 (6): 8-16+96.

[19] 张路, 姜国华, 岳衡. 中国上市公司收入与成本费用配比性研究 [J]. 会计研究, 2014 (1): 5-12+94.

[20] 蒋麟华, 黄宗葵, 骆柏江, 黄倩. 东南亚驻邕小微企业会计核算问题及其对策研究 [J]. 企业科技与发展, 2017 (8): 8-10+46.

[21] 边静如, 毛成银. 《会计法》存在的问题及修订建议 [J]. 财会月刊, 2015 (4): 29-32.

[22] 李维勤. 完善《会计法》会计监督与法律责任的思考 [J]. 财政监督, 2019 (3): 84.

[23] 许亥隆, 赵姮. 《会计法》修订完善的思考 [J]. 财经界, 2018 (10): 115-116.

[24] 姚璐. 关于新《会计法》修订的思考 [J]. 广西质量监督导报, 2018 (5): 50.

[25] 徐玉德. 完善会计法律法规提升国家治理能力 [J]. 财会研究, 2016 (3): 24-27.

[26] 中国财政科学研究院财务与会计研究中心课题组, 李明, 徐玉德, 韩晓明. 各国会计法律制度研究 [J]. 财政科学, 2017 (4): 14-30+35.

[27] 刘祥国. 《会计法》在立法和执法中存在的问题与建议 [J]. 中国乡镇企业会计, 2008 (4): 146-147.

[28] 王相彤, 赵自强. "互联网+"背景下《会计法》的修订建议——基于会计信息化视角 [J]. 财务与会计, 2018 (9): 16-17.

[29] 李文. 关于互联网+会计信息化环境下修订《会计法》的建议 [J]. 经济师, 2018 (1): 95-96.

[30] 曹越, 伍中信, 张肖飞. 会计法律制度体系优化研究 [J]. 会计研究, 2015 (12): 17-23+96.

[31] 陈益民. 萨班斯法案的立法理念及影响刍议 [J]. 证券市场导报, 2007 (2): 62-67.

[32] 葛家澍, 杜兴强. 美国上市公司财务欺诈及其对会计准则制定的可能影响 [J]. 财会通讯, 2003 (1): 3-7.

[33] 金彧昉, 李若山. 法务会计专家在虚假陈述证券民事诉讼中的作用: 国际经验及启示 [J]. 会计研究, 2007 (4): 19-26.

[34] 刘仁文. "相应的法律责任", 到底是什么责任？[N]. 北京日报, 2008-11-24 (019).

[35] 马立民, 周明勇. 会计法学研究方法研究 [J]. 经济研究导刊, 2014 (9): 231-233.

[36] 袁锡瑛. 单位负责人作为会计责任主体的职责 [J]. 经营与管理, 2007 (10): 65-66.

[37] 张忠民. 论会计法律责任的归责原则 [J] 贵州财经学院学报, 2005 (5): 24-25.

[38] 赵毅. 司法会计鉴定实践中存在问题及对策 [J]. 会计之友, 2006 (6s): 65-66.

[39] 曹越, 伍中信, 张肖飞, 周华. 两大法系会计法律制度: 架构、特征与适应性效率 [J]. 会计研究, 2014 (10): 13-19+96.

[40] 吴沁红, 刘林. 杨纪琬教授会计改革思想与实践——纪念杨纪琬教授百年诞辰 [J]. 会计研究, 2017 (10): 32-36.

[41] 王昌锐, 贺欣, 邵敏, 万文翔, 李静, 唐国平. 我国《会计法》实施现状及其修订思考 [J]. 会计研究, 2017 (9): 3-11+96.

[42] 周守华, 刘国强. "计天下利" 与会计发展——《会计研究》新年献辞 [J]. 会计研究, 2016 (1): 3-4.

[43] 许家林, 张华林. 我国《会计法》的法理视角思考 [J]. 会计研究, 2005 (4): 10-14+94.

[44] 黎江虹, 吴京辉, 金恩雨, 唐国平. 我国会计法律责任研究——基于《会计法》修订的视角 [J]. 财务与会计, 2017 (21): 32-35.

[45] 李若山. 我国会计问题的若干法律思考 [J]. 会计研究, 1999 (6):

17-26.

［46］吴守峰. 关于《会计法》修订完善的对策建议［J］. 财务与会计，2013（11）：53-54.

［47］张泪红. 会计法律责任思考［J］. 财会通讯，2010（5）：142-143.

［48］贺三宝，伍素贞，龙莎.《会计法》中民事法律责任制度的构建［J］. 财务与会计，2017（22）：15-17.

［49］王自荣.《会计法》中应补充民事法律责任制度［J］. 财务研究，2006（12）：64-65.

［50］赵燕，唐依. 会计法律责任制度及其完善［J］. 财会通讯，2014（22）：16-17.

［51］谭小平. 论会计信息失真的法律责任——以《会计法》为分析视角［J］. 山西财经大学学报，2008（4）：121-124.

［52］秦少卿，周承彦，覃创建，苏艺. 构建适应东南亚经贸发展需要的会计课程体系研究［J］. 会计之友（上旬刊），2007（8）：36-38.

［53］李家瑗. 越南会计法律法规初探［J］. 广西财经学院学报，2006（2）：48-50.

［54］高一斌. 我国《会计法》的制定与发展［J］. 会计研究，2005（8）：3-14+95.

［55］刘卫，黄波. 中国与泰国会计确认比较研究［J］. 会计之友，2015（4）：134-136.

［56］蒋峻松，杨继波. 中缅无形资产会计准则比较［J］. 国际商务财会，2012（5）：24-26.

［57］蒋峻松，卢漪，马静秋，张鸣鸾，肖俊. 中国—东盟会计区域协调机制研究——基于中缅收入会计准则的比较［J］. 东南亚纵横，2009（1）：38-41.

［58］梁淑红. 越南会计改革之路［J］. 广西大学学报（哲学社会科学版），2006（3）：34-37.

［59］李家瑗. 越南会计法律法规初探［J］. 广西财经学院学报，2006（2）：48-50.

［60］袁锡瑛. 单位负责人作为会计责任主体的职责［J］. 经营与管理，

2007 (10): 65-66.

[61] 关其戈. 会计民事法律责任研究 [D]. 财政部财政科学研究所, 2014.

[62] 曲仲玖. 职务侵占罪主体问题探析 [D]. 中国社会科学院研究生院, 2015.

[63] 覃东. 我国会计法律责任问题的经济学分析 [D]. 复旦大学, 2003.

[64] 李娥. 会计法律责任研究 [D]. 吉林财经大学, 2017.

[65] Dewing I. P., Russell P. O. Regulation of UK Corporate Governance: lessons from accounting, audit and financial services [J]. Corporate Governance An International Review, 2004, 12 (1): 107-115.

[66] Schaeffer M. S. Sarbanes-Oxley Act of 2002 [M] // Accounts Payable and Sarbanes-Oxley: Strengthening your internal controls. John Wiley & Sons, Inc. 2015: 10-20.

第二章
改革开放四十年我国企业会计制度演进与变迁

改革开放从新中国的苦难辉煌中走来,这座升腾在中华民族伟大复兴征程中的精神图腾,用四十载光阴匠心营造中国特色,以四十载成就重新定义中国崛起,它书写了马克思主义中国化的非凡史诗,描绘了中华民族四十载砥砺前行的生动写照,成就了世界经济史上举世瞩目的"中国奇迹"。改革开放是发展中国特色社会主义的强大动力,一部改革开放的实践发展史,也是一部马克思主义中国化的理论探索史,深刻的思想解放运动带动了中国特色社会主义实践和理论的伟大飞跃(王伟光,2008)。改革开放以来,中国经济实现了连续三十五年年均9.8%的高速增长,中国从一个人均收入不及非洲国家平均数1/3的贫穷落后国家,变为世界第二大经济体、第一大出口国(林毅夫等,2014)。特别是党的十八大以来,在全球经济复苏乏力、我国经济进入新常态的背景下,改革开放持续推向纵深,经济发展实现了全方位、开创性、深层次的变革。党的十九大以来中国特色社会主义步入新时代,中国经济发展呈现出万象更新的新时代风貌,中国经济正由高速增长阶段向高质量发展阶段迈进。如今,中国正以世界第一大贸易国和世界第二大经济体的姿态实现中华民族伟大复兴,推动世界经济砥砺前行。四十载改革开放,在古老而辽阔的华夏大地上激荡出响彻世界的中国之声,让共和国巍然屹立在世界的东方。

改革开放四十年来,企业会计制度作为会计制度变迁的内容主线和规范企业会计行为的制度准绳,在经济体制转型升级中承上启下,在社会主义市场经济发展中纵横捭阖,交织出中华民族伟大复兴棋局中的会计经纬,标定出我国会计改革与发展的制度基点。跋涉在企业会计制度变迁的山水间,深化改革的坚定信念与包容开放的博大胸襟交相辉映,时空蜿蜒交替中浓墨重彩的中国特色社会主义成就当代中国企业会计制度变迁大写意。"小智治事,大智治制",改革开放四十年会计改革与发展取得了丰硕成果。会计法制化建设得到加强,企业会计准则体系进一步完善并有效实施,政府会计改革取得积极进展,管理会计体系建设全面启动,会计对外交流与合作进一步深化(赵鸣骥,2016)。伴随着改革开放四十年来我国会计改革与发展的持续推进,不断发展和完善的企业会计制度不仅有力地支撑了我国经济体制转型升级,还为深入研究改革开放以来我国会计制度变迁提供了良好契机和丰富素材。遵循马克思主义哲学和政治经济学的理论指导,通过梳理和回顾改革开放四十年我国企业会计制度演进历程,在马克思主义唯物史观和制度变迁理论视角下,系统研究和分析我国企业会计制度演进的动力机制和路径选择,不仅能够窥见中国特色会计理论和方法体系中的大千世界,还有助于丰富中国特色会计理论与方法体系的研究内容,促进新时代中国特色社会主义会计改革与发展,为全球经济合作与发展贡献中国智慧。

❖ 一、改革开放四十年我国企业会计制度变迁历程回顾

改革是生产关系的调整与变革,生产关系变革的根本动因和检验标准是社会生产力的解放和发展,中国经济改革的根本性质是变革生产关系使之适应生产力发展的要求,变革上层建筑使之适应经济基础的要求(刘伟、方敏,2016)。我国企业会计制度有别于西方企业会计制度和计划经济体制下的企业会计制度,是改革开放以来在中国共产党领导下建立的与我国社会主义初级阶段生产力发展水平相适应、立足我国社会主义基本经济制度和社会主义市场经济制度之上的企业会计制度。North(2014)指出制度约束界定了政治与经济之间的交换关系,从而决定了政治—经济系统的运行方式,政治不仅界定还实施着型塑一个经济体系基本激励结构的产权。特别是,在我国由计划经济向市场经济转型的过程中,企业制度变迁与会计发展带有浓烈的政府导向特征,我国的企业制度与会计发展共同受制于政府力量(付磊,2012)。基于此,立足中国特色社会主义伟大实践,结合我国会计改革与发展的重要历史进程,我国企业会计制度变迁依次经历了以全面恢复、逐步规范会计核算制度为主要内容的阶段(1978—1991年);以"两

则两制"的发布实施为主要内容的阶段（1992—1999年）；以统一企业会计制度为主要内容的阶段（2000—2005年）；以新企业会计准则体系颁布实施为主要内容的阶段（2006年至今）。我国企业会计制度框架体系如图2-1所示。

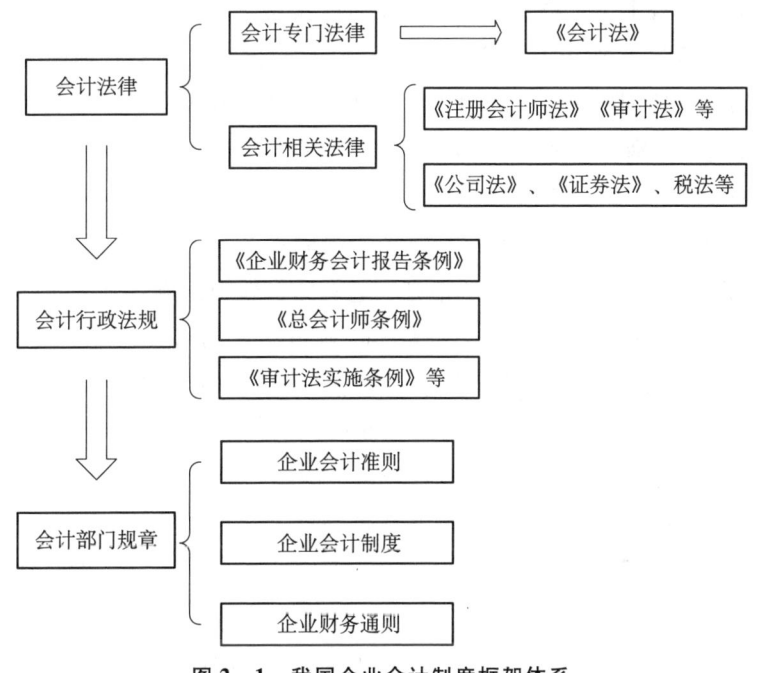

图2-1 我国企业会计制度框架体系

（一）以全面恢复、逐步规范会计核算制度为主要内容阶段（1978—1991年）

"十年浩劫"对我国企业会计制度产生了严重冲击，导致计划经济体制下的企业会计制度产生了人为制度断层。1978年党的十一届三中全会在北京召开，"十年浩劫"后的神州大地焕发出蓬勃的生机和活力。党的十一届三中全会是社会主义中国史上的一个重大转折点，也是中国近四十年会计史的一个重要转折点（杨时展，1988）。如何推动企业会计制度恢复和重建，并开创企业会计制度建设新局面成为改革开放伊始企业会计制度建设的核心课题。1980年的《国营工业企业会计制度》成为改革开放后第一个修改的企业会计制度（1981年施行，1985年、1989年两次修订），拉开了企业会计制度恢复与建设的序幕。此次修订的重要特征是:"保留过去行之有效的做法,保持制度连续性和稳定性",同时为了推动"利改税"改革措施而"适应财务管理体制的变化"①。1981年1月至10月,财政部相继颁布实施了国营供销、施工、对外承包等企业会计制度。在财政部的推动和规范下,商业、铁道、交通以及农业、林业、水利等行业会计制度相继出台。1984年颁布的《会计人员工作规则》《会计档案管理办法》对企业会计人员岗位责任制的建立、科目设置、凭证填制、账簿登记、报表编制和各类会计档案的整理、保管、调阅、销毁等作了明确规定。

1985年,我国《会计法》的诞生将此阶段企业会计制度建设推向高潮。1985年5月1日施行的《会计法》,是新中国成立以来第一部以法律形式出现的全国上下必须共同遵守的会计行为准则,它总结了新中国成立以来我国会计工作的经验,把会计工作必须遵守的一些基本原则以法律的形式固定下来(杨时展,1998),并创造性地建立了具有中国特色的会计模式,对社会主义产权会计观的确立具有决定性影响(郭道扬,2008)。此后,财政部陆续颁布了《国营企业固定资产折旧试行条例》《国营企业成本管理条例》《国营工业企业成本核算办法》《中外合资经营企业会计制度》等企业会计制度。其中,《中外合资经营企业会计制度》作为新中国企业会计开始采用国际会计惯例的标志,具有划时代性的历史意义(付磊等,2015),自此开始打破计划经济体制下统一会计制度的基本格局(郭道扬,2005),为中国特色社会主义企业会计制度的形成和发展进行了初步探索。《国营企业成本管理条例》以及在此基础之上制定的《国营工业企业成本核算办法》规范了企业成本管理与成本核算行为,强化了企业成本管理水平,有力地推动了企业降成本(项怀诚,1999)。《国营企业固定资产折旧试行条例》首次对企业固定资产折旧提出了统一要求,有助于有效应对当时在固定资产折旧中普遍存在的"三多三少"问题②,规范企业固定资产折旧行为,增强企业固定资产管理,推动企业技术改造和技术进步。

改革开放初期我国企业会计制度并非凭空出现,而是在对改革开放以前的企

---

① 财政部会计制度司:"加强会计制度建设,提高会计工作水平——国营工业企业会计科目和会计报表简介",《财务与会计》,1980年第12期。
② "三多三少",即用于新建扩建的多,用于设备更新的少;采用老技术的多,采用新技术的少;搞加工工业增加产品数量的多,搞节约提高质量的少(项怀诚,1999)。

业会计制度进行扬弃的基础上萌发的,这也与改革开放以来我国采取的双轨渐进的改革转型路线相契合。不可否认,改革开放初期我国企业会计制度体系具有鲜明的所有制色彩,受制于较为单一的所有制结构,企业会计制度主要围绕国营企业展开,同时会计制度体系建设主要是为党的十二届三中全会提出的"有计划的商品经济"服务。在此阶段,我国企业会计制度迅速恢复并开创了制度建设的崭新局面,恢复完善的会计核算制度和统一的全国成本核算制度等企业会计制度有力地促进了不同行业企业会计核算制度的重建,为改革开放以来我国企业会计制度建设奠定了稳定的制度环境,标志着我国企业会计制度建设逐步走上规范化、法制化轨道。这一阶段主要的企业会计制度如表2-1所示。

表2-1 以全面恢复、逐步规范会计核算制度为主要内容阶段的企业会计制度

时间	标志性制度	制度意义
1980年9月	《国营工业企业会计制度》	拉开了企业会计制度恢复与建设的序幕
1984年3月	《国营企业成本管理条例》	新中国成立以来首次关于会计制度的顶层设计
1985年1月	《中华人民共和国会计法》	标志着企业会计开始采用国际会计惯例
1985年3月	《中外合资经营企业会计制度》	规范了企业成本管理与成本核算行为
1985年4月	《国营企业固定资产折旧试行条例》	增强企业固定资产管理,推动企业技术改造和技术进步

(二) 以"两则两制"的发布实施为主要内容阶段 (1992—1999年)

1992年10月,党的十四大确立了邓小平建设有中国特色社会主义理论在全党的指导地位和社会主义市场经济体制的改革目标。同年11月30日经国务院批准,财政部以部长令的形式发布了《企业会计准则——基本准则》、《企业财务通则》以及13个行业会计制度和10个行业财务制度(简称"两则两制",1993年7月1日施行),由此拉开了中国企业会计准则建设的序幕。在1992年的会计制度改革中,突破了按所有制形式、部门制定会计制度的模式,确定按照社会经济分工划分的主要行业设计制定会计制度,即根据企业会计准则的要求,结合各行业生产经营活动的不同特点及管理要求,分别制定了工业企业会计制度、商品流通企业会计制度、农业企业会计制度等13个全国性的统一会计制度,形成了一个比较完整的企业会计核算制度体系(项怀诚,1999)。以《企业会计准则》和《企业财务通则》为代表的企业会计制度突破了我国传统企业会计制度,大胆采用了国际通行的会计平衡公式、会计核算方法和会计报表体系(付磊,

2015），突显了企业在社会主义市场经济中的主体地位。1997—1999 年，财政部制定了投资、现金流量表、债务重组、非货币性交易、建造合同、收入等 9 项企业会计准则具体会计准则，企业会计准则具体准则的颁布与实施，推动了立足于社会主义市场经济之上的企业会计准则体系初步形成，企业会计准则在企业会计制度体系中的核心地位初步得到确立与体现。期间为适应财政、税收、金融、外贸、外汇、价格等体制改革的需要，财政部还先后颁布了针对增值税、消费税、营业税、资源税、所得税、外币业务、合并会计报表、商品期货业务、兼并破产等的会计处理规定，并于 1998 年 1 月在原《股份制试点企业会计制度》的基础上正式颁发《股份有限公司会计制度——会计科目与会计报表》。1992 年 5 月财政部与原国家体改委联合制定颁布的《股份制试点企业会计制度》，对于规范股份制试点企业的会计核算、促进股份制试点企业的发展发挥了积极作用。与之相比，《股份有限公司会计制度》扩大了企业在坏账准备核算上的自主权，进一步完善了企业投资的会计核算方法，改进了股份有限公司收入确认方法，健全了股份有限公司会计报表体系（项怀诚，1999）。

与此同时，新中国《会计法》作为我国企业会计制度体系的顶层设计经历了两次修订，内容更加细化，责任更加明确，体系更加健全，有力地维护了社会主义市场经济建设初期的经济秩序，推动了改革开放的蓬勃发展。1993 年底第一次修订的主要内容是在《会计法》制定目标中强调"发挥会计工作在维护社会主义市场经济秩序、加强经济管理、提高经济效益中的作用"。修订后的《会计法》提出会计第一位的作用在于"维护社会主义市场经济秩序"，在法律上赋予了会计在社会主义市场经济中的重要使命（付磊等，2015）。1999 年《会计法》第二次修订的亮点是在总则中规定"单位负责人对本单位的会计工作和会计资料的真实性、完整性负责"，明确要求单位建立内部会计监督制度，突出强调对会计造假行为的遏制及处罚措施，并进一步细化违反《会计法》应承担的法律责任。此外，资本市场的发展催生了对上市公司会计规范的现实需求，证监会从 1993 年 4 月到 1999 年 10 月先后发布或修订的《股票发行与交易管理暂行条例》《公开发行股票公司信息披露实施细则》等规范性文件，专门对公司申请公开发行股票和在证券交易所交易以及期中、期末所应披露的会计信息作出了明确规定（徐玉德，2008）。1993 年颁布的《公司法》和 1998 年颁布的《证券法》

等相关法律法规也对上市公司的会计核算作出了相应规定。在此阶段,我国企业会计制度构建了以社会主义市场经济下的《会计法》为顶层设计,以《企业会计准则》和《企业财务通则》为制度基准,以分行业企业会计制度为具体规范的企业会计制度体系。这一阶段主要的企业会计制度如表2-2所示。

表2-2 以"两则两制"的发布实施为主要内容阶段的企业会计制度

时间	标志性制度	制度意义
1992年5月	《股份制试点企业会计制度》	规范股份制试点企业的会计核算,促进股份制试点企业的发展
1992年11月	《企业会计准则》和《企业财务通则》以及13个行业会计制度	大胆采用了国际通行的会计平衡公式、会计核算方法和会计报表体系
1993年12月	《全国人民代表大会关于修改〈中华人民共和国会计法〉的决定》	明确会计"维护社会主义市场经济秩序"的使命
1999年3月	《中华人民共和国会计法》修订	强化单位负责人法律责任,要求单位建立内部会计监督制度
1997年5月—1999年6月	《企业会计准则》9项具体准则	推动企业会计准则体系初步形成,企业会计准则在企业会计制度体系中的核心地位初步得到确立与体现

(三)以统一企业会计制度为主要内容阶段(2000—2005年)

千禧之年的曙光照耀在世纪之交,在蒸蒸日上的改革开放进程中我国企业会计制度改革与发展迎来了崭新的纪元。2000年6月,《企业财务会计报告条例》以国务院总理令的形式正式颁布,并于2001年1月1日实施。《企业财务会计报告条例》分设"总则""财务会计报告的构成""财务会计报告的编制""财务会计报告的对外提供""法律责任""附则"六章,不仅依照《会计法》进一步强化了企业财务报告的行为要求,还明确了财务会计报告的专业技术规范。特别是,重新定义了会计要素[①],且定义会计要素的思路一直沿用至2006年企业会计准则中(付强等,2015)。《企业财务会计报告条例》的发布和实施,一方面是国务院全面贯彻落实《会计法》的一项重要举措,是修订的《会计法》有关财务会计报告要求的具体化,它对于把《会计法》相关要求落到实处是一项重要

---

① 《企业财务会计报告条例》第九条对资产等6项会计要素的定义与1992年企业会计准则中对会计要素的定义有差别,更接近国际会计准则的做法(付强等,2015)。

的保障措施；另一方面对于严格财务会计报告纪律、加强对财务会计报告编报工作的监督、杜绝财务会计报告中的制假、造假行为起到积极有力的支持作用（应唯，2000）。2000年12月，"为贯彻落实党的十五届四中全会精神和《会计法》《企业财务会计报告条例》的规定，适应社会主义市场经济要求，在继续制定会计准则的同时"①，财政部颁布了《企业会计制度》，并于2002年将其实施范围扩展至外商投资企业。《企业会计制度》是我国企业会计制度改革的重要内容，"改革的初步思路：（1）打破行业、所有制和组织形式的界限，建立企业统一的会计核算制度，适用于大、中型企业；（2）兼顾小规模企业不对外直接筹资的特点，制定小规模企业会计核算制度；（3）考虑到金融性企业经营的特殊性，制定金融性企业会计核算制度"。其内容分为"会计核算一般规定""会计科目使用说明""会计报表和会计报表附注"三个部分，最大特点是"打破行业、所有制和组织形式的界限，建立企业统一的会计核算制度"②，并按照《企业财务会计报告条例》重新定义了会计要素，在《企业会计准则》的基础上新增了实质重于形式的会计核算原则，修改会计报表体系和会计报表附注等内容。《企业会计制度》实现了我国会计制度史上的一次飞跃式革命，满足了市场经济深入发展的现实需要（徐玉德，2008）。

与此同时，2002年第九届全国人大制定《中小企业促进法》并于2003年起正式实施。2004年，财政部为配合《中小企业促进法》的实施，印发《小企业会计制度》。针对一些特殊行业或特殊业务，从2003年开始，财政部又先后出台了施工企业、新航企业、农业企业、信托业务和担保业务等会计核算办法，与先前已经发布的相关会计制度一起构建了一个全新而完整的企业制度规范体系（徐玉德，2008）。期间，财政部还先后印发了租赁、无形资产、现金流量表、中期财务报告、存货、固定资产、资产负债表日后事项等具体会计准则。此外，随着证券市场的高速发展，规范上市公司的信息披露成为这一时期企业会计制度建设的重要内容。2001年至2005年间，证监会先后发布或修订《公开发行证券的公司信息披露编报规则》第14号至第20号文件，有力地规范了上市公司财务报告

---

① 《关于对企业会计核算制度改革征求意见的函》（财会函〔2000〕6号），2000年7月31日。
② 《关于对企业会计核算制度改革征求意见的函》（财会函〔2000〕6号），2000年7月31日。

的编制及信息披露行为。在此阶段，我国企业会计制度搭建了以《会计法》为顶层、《企业财务会计报告条例》为中层、《企业会计准则》和统一的《企业会计制度》为基层的三个层级会计制度体系，同时营造了以《企业会计准则》基本准则和具体准则为核心的企业会计准则体系，分行业企业会计制度演进为统一的企业会计制度并逐步让位于企业会计准则体系，企业会计制度体系基本形成。这一阶段主要的企业会计制度如表2-3所示。

表2-3 以统一企业会计制度为主要内容阶段的企业会计制度

时间	标志性制度	制度意义
2000年6月	《企业财务会计报告条例》	重新定义会计要素，强化企业财务报告的行为要求
2000年12月	《企业会计制度》	打破行业、所有制和组织形式的界限，建立企业统一的会计核算制度
2000年4月—2003年4月	《企业会计准则》7项具体准则和2项准则征求意见稿	进一步健全会计准则体系，规范企业会计行为
2004年4月	《小企业会计制度》	规范了小企业的会计行为，进一步充实企业制度规范体系

（四）以新企业会计准则体系颁布实施为主要内容的阶段（2006年至今）

我国2006年底顺利结束了加入世贸组织后的过渡期，完成了关税下降、非关税贸易壁垒逐步取消、实现贸易制度改革和市场经济建设四大任务（付磊等，2015），改革开放达到了历史新高度。伴随着中国特色社会主义理论体系的成熟与改革开放的深入，我国企业会计制度由形成时期迈入发展时期，开始构建与国际会计准则趋同的《企业会计准则》为核心、涵盖上市公司和非上市公司两个层级的企业会计准则体系。更为重要的是，随着认识的深化，我们在与国际会计组织的交往中愈加主动，从被动"接轨"转变为争取"等效"，开始为贯彻党中央提出"走出去"战略，提升中国企业的国际竞争力而作出会计上的努力（付磊，2007）。2006年2月，财政部正式发布的新企业会计准则体系由一项基本准则和38项具体准则组成，既有普遍适用的一般业务准则，还有专门规范财务报告问题的准则，如财务报表列报、现金流量表等，涉及工商企业、金融、保险、农业等众多领域，形成了一个层次分明、科学合理、全面系统完整的规范体系（徐玉德，2008）。其中，基本准则作为企业会计准则体系的概念基础，是具体准则制定的依据，在整个企业会计准则体系中起统驭作用（付磊等，2018）。2010

年4月，财政部发布《中国企业会计准则与国际财务报告准则持续趋同路线图》，路线图在全面回顾总结自2005年以来我国企业会计准则建设、趋同、实施和等效经验与成绩的基础之上，提出了我国企业会计准则与国际财务报告准则持续趋同的方向、策略和时间安排（刘玉廷，2010）。2012年9月14日，财政部宣布自2012年1月1日起，欧盟上市公司合并财务报表层面所采用的国际财务报告准则与中国企业会计准则等效。同年，财政部发布金融工具列报、长期股权投资、合并财务报表、合营安排、在其他主体中权益的披露和职工薪酬六项准则修订征求意见稿，预示着我国企业会计准则体系在整体框架、内涵等方面基本实现国际趋同。伴随着国际会计准则新一轮改革和我国在国际会计准则修订过程中话语权的提升，2014年财政部发布修订的《企业会计准则第30号——财务报表列报》《企业会计准则第9号——职工薪酬》《企业会计准则第33号——合并财务报表》《企业会计准则第2号——长期股权投资》《企业会计准则第37号——金融工具列报》，并印发新增的《企业会计准则第39号——公允价值计量》《企业会计准则第40号——合营安排》《企业会计准则第41号——在其他主体中权益的披露》。2017年，财政部印发修订的《企业会计准则第14号——收入》。2018年，财政部印发修订的《企业会计准则第21号——租赁》。

  与此同时，管理会计作为企业会计的重要组成部分，对全面提升会计工作总体水平、推动经济更有效率意义重大，管理会计制度建设成为近年来企业会计制度建设的新亮点。2014年，财政部印发《关于全面推进管理会计体系建设的指导意见》，力图构建与我国社会主义市场经济体制相适应的中国特色的管理会计体系，提升企业内部管理水平，实现财务活动与业务活动的有机融合。2016年6月，财政部印发《管理会计基本指引》。2017年，党的十九大提出新时代中国特色社会主义思想和基本方略，并要求深化供给侧结构性改革、建设现代化经济体系。截至2018年12月，财政部印发了《管理会计应用指引第100号——战略管理》等34项管理会计应用指引，按照遵循《管理会计基本指引》、坚持立足国情与借鉴国际、兼顾系统性与可操作性的原则，搭建了包含总体框架和应用指引框架两个层级的管理会计基本框架。此外，2011年财政部为促进小企业可持续发展，发挥小企业在国民经济和社会发展中的重要作用，颁布和实施了《小企业会计准则》，并与工业和信息化部、国家税务总局、工商总局和银监会联合印发

《关于贯彻实施〈小企业会计准则〉的指导意见》。2017 年,全国人大对《会计法》再次进行了修订,取消了会计从业资格内容,提升了对会计人员职业道德的要求。在此阶段,我国企业会计制度沿着规范会计行为、强化会计管理的方向深化发展,企业会计准则体系日益完善,管理会计体系加速构建,中国特色社会主义企业会计制度变迁呈现出国际融合、不失特色、内外兼修的新特点。这一阶段主要的企业会计制度如表 2-4 所示。

表 2-4 以新企业会计准则体系颁布实施为主要内容阶段的企业会计制度

时间	标志性制度	制度意义
2006 年 2 月	《企业会计准则——基本准则》和 38 项具体准则	形成了一个层次分明、科学合理、全面系统完整的企业会计准则体系
2011 年 10 月	《小企业会计准则》	将小企业会计行为纳入准则制度框架,促进小企业可持续发展
2014 年 12 月	修订《企业会计准则》5 项具体准则,新增 3 项具体准则	进一步推动企业会计准则体系国际趋同
2017 年 11 月	《全国人民代表大会常务委员会关于修改〈中华人民共和国会计法〉等十一部法律的决定》	提升了对会计人员职业道德的要求,进一步健全企业会计人员资质管理
2017 年 7 月	修订《企业会计准则第 14 号——收入》	深入推进会计国际趋同,提高会计信息质量
2018 年 12 月	修订《企业会计准则第 21 号——租赁》	

❖ 二、马克思主义唯物史观视角下我国企业会计制度变迁分析

(一) 马克思主义唯物史观视角下我国企业会计制度变迁的逻辑起点

习近平 (2018) 指出:"中国特色社会主义特就特在其道路、理论体系、制度上,特就特在其实现途径、行动指南、根本保障的内在联系上,特就特在这三者统一于中国特色社会主义伟大实践上。"立足于中国特色社会主义伟大实践之上的企业会计制度变迁,一以贯之地遵循着马克思主义哲学和政治经济学的理论指导并采取国家统一会计制度模式,向上通达于国家经济体制改革和对外开放,向下延展至社会主义市场经济的企业发展转型,自始至终呈现出旗帜鲜明的中国特色。不可否认,中国特色社会主义赋予了我国企业会计制度变迁崭新的灵魂,

改革开放以来我国企业会计制度变迁所展现出的时间和空间上的形态变化，实质上是中国特色社会主义所刻画的制度变迁在会计领域的形象表达。因此，改革开放以来我国企业会计制度变迁研究应标定为中国特色社会主义企业会计制度变迁，其基点与核心是准确理解和定义"中国特色社会主义企业会计制度"。

在马克思主义哲学和政治经济学视角下，我国企业会计制度变迁的逻辑起点是"会计两重性论"。"会计两重性论"是指在阶级社会里会计不但具有一定的技术性，而且还有阶级性（杨纪琬、阎达五，1980）[1]。马克思在《资本论》[2]第一卷第四篇第十一章《协作》中提出企业管理的两重性，即"一旦从属于资本的劳动成为协作劳动，这种管理、监督和调节的职能就成为资本的职能。这种管理的职能作为资本的特殊职能取得了特殊的性质"。进一步而言，马克思对企业管理两重性的论述也适用于会计管理，会计具有对一切社会劳动或共同劳动进行反应和监督的一般职能，但是一旦劳动从属于资本，会计反映和监督的职能就作为资本的特殊职能取得了特殊的性质（杨纪琬，1988）。故此，在"会计两重性论"的基础上构建中国特色社会主义企业会计制度概念，既避免了落入脱离制度背景和社会性质而单纯从技术角度阐释企业会计制度的误区，又兼容了会计的技术属性和社会属性进而摆脱了会计工具论[3]的桎梏。中国特色社会主义政治经济学是中国特色社会主义的政治经济学，而非中国特色的社会主义政治经济学，前者的重点在于中国特色社会主义经济，强调的是中国实践；后者的重点在社会主义经济，强调的是社会主义经济的一般（张宇，2017）。依此逻辑，我国企业会计制度并非是一般意义上的企业会计制度，而是根植于改革开放四十年以来的中国实践并内含于中国特色社会主义理论体系的企业会计制度，即中国特色社会主义企业会计制度。它并未仅仅局限在社会企业会计制度的理论框架下，而是涵盖改革开放四十年来推动我国会计改革与发展进程的企业会计制度体系，体现我国改革开放浪潮中会计国际交流与合作的重要成果。

---

[1] 20世纪80年代，经过争论，会计具有两重性成为比较一致的观点，典型的表述方法是，会计是带有阶级色彩的一门经济管理科学（娄尔行，1980）。

[2] 中共中央马克思、恩格斯、列宁、斯大林著作编译局编译：《马克思恩格斯全集》（第四十四卷），人民出版社2001年版。

[3] "会计工具论"只强调会计是服务于不同社会经济环境的一种工具而不具有阶级属性（项怀诚，1999）。

第二章 改革开放四十年我国企业会计制度演进与变迁

制度并非天然的，而是人造的工具，制度如何变迁很大程度上由思想左右①（科斯、王宁，2013）。进一步而言，意识形态是关于政治、经济、社会以及其他制度的一系列主义或信仰，其作为社会政治经济的制度基础最重要的功能是证明现有政治体制的合理性（林毅夫，2012）②。诺斯（1981）强调意识形态既是一种描绘理想社会蓝图的世界观，又是一种非常强的价值判断。中国特色社会主义是科学社会主义基本原理与当今时代特征和我国国情相结合的产物，是一种特殊的社会形态（吴元梁，2008）。中国特色社会主义的主体概念伴随着我国改革开放的伟大历史进程不断明确、丰富和发展。在时间轴线上，中国特色社会主义主体概念先后历经从"有中国特色的社会主义"阶段到"邓小平同志建设有中国特色社会主义理论"阶段，再至"中国特色社会主义"阶段的发展历程（王立胜，2013）。在"中国特色社会主义"的"企业会计制度"概念建构中，中国特色社会主义企业会计制度理论内涵实质是改革开放以来中国共产党领导下立足于中国特色社会主义伟大实践之上，内含于中国特色社会主义制度体系中的经济制度框架内，有关企业会计的法律、法令、法规等制度。中国特色社会主义企业会计制度不仅在时间层面体现中国特色社会主义的认识深化，还在空间层面体现中国特色社会主义的精神内核。在我国广义的会计制度可以解释为包括所有有关会计的法律、法令、法规等，而狭义的会计制度只包括财政部和其他部门依法制定的有关会计的规章、规则、办法和规定（杨纪琬，1988）。我国企业会计制度的设计从新中国成立初期开始，就是以工业企业为主导的，即以设计的工业企业会计制度为蓝本，比照设计其他行业的会计制度（项怀诚，1999）。改革开放以来，伴随着中国特色社会主义理论体系的深化发展，社会主义制度和市场机制有机融合形成的社会主义市场经济要求多种所有制经济以平等的市场主体身份，在自主经营和公平竞争的原则下共同发展，打破了计划经济体制下企业会计制度的工业企业主导模式，并将国际通行的会计核算模式重新引入中国。而在此进程中，我

---

① "在制度分析时，即使当学者注意到思想与意识形态的作用时，他们往往被视为非正式制度中的一部分。……非正式制度左右人类行为的影响力经常被轻视，人们往往认为它不像正式制度那样强大和直接。然而这种误读更大程度上反映了我们讨论制度时所使用的观念和有关理论上的偏见，而非制度的实际情况。"引自科斯、王宁：《变革中国：市场经济的中国之路》，中信出版社2013年版。

② 本书在此处引入意识形态是基于行文逻辑需要，同时也是将意识形态这种非常重要而又被学者有意或无意忽视的制度因素纳入理论分析之中。

国企业会计制度的历史演进与内容丰富始终坚持中国共产党的领导和对社会主义宪法制度的根本遵循。我国首部《会计法》中明确提出"国家统一的会计制度,由国务院财政部门根据本法制定",奠定了我国会计制度的法律地位,极大地体现了会计制度建设的中国特色(周守华等,2017)。社会主义市场经济基础上形成和发展的中国特色社会主义企业会计制度,逐步形成了以中国特色社会主义理论为指导,以会计改革与发展纲要为依据,以提高经济效益为中心,以加强经济管理和财务管理、维护社会主义市场经济秩序为目标,涵盖会计专门法律、会计行政法规、会计部门规章三个层级的企业会计制度体系。同时,通过不断改革和完善企业会计制度体系,有效地规范了社会主义市场经济中的企业会计行为,有力地推动了中国特色社会主义会计改革与发展。

(二) 马克思主义唯物史观视角下我国企业会计制度变迁的动力机制分析

会计的产生和发展既和生产力的发展有关系,又同生产关系的变革紧密联系,人们只要进行生产活动,就需要会计管理,生产越发展,会计越重要(杨纪琬、阎达五,1980)。进一步而言,劳动时间的节约程度决定生产力的发展水平,节约劳动时间规律推动生产力持续发展,在此过程中生产关系通过不断调整以适应生产力的发展水平,进而促进生产力的解放和发展。中国的经济改革是为了实现社会主义基本经济制度与市场经济有机结合,改革始终围绕生产力与生产关系的矛盾运动展开(刘伟、方敏,2016)。改革开放进程中,中国特色社会主义企业会计制度变迁始终遵循着生产力与生产关系矛盾运动的根本法则,在节约劳动时间规律的作用下沿着提升企业会计管理水平的逻辑主线向前发展,同时生产关系调整过程中所有制结构、产权关系、企业地位以及形式和制度的改革与发展进一步推动中国特色社会主义企业会计制度的历史演进。

1. 生产关系变革:改革开放以来我国会计制度变迁的直接动力

中国始终是在生产力与生产关系矛盾运动中推动改革,改革是生产关系的变革,生产关系变革的根本动因和检验标准是社会生产力的解放和发展(刘伟,2015)。所有制是生产关系中具有基础性的经济制度(吕政,2017),改革作为生产关系的变革,其本质体现为所有制改革(刘伟、方敏,2017)。维护生产资料所有者的利益，巩固和促进这种所有制的发展，是会计制度建设的根本原则，生产资料所有制的重大变革，必将引起会计制度相应地发生重大变化（杨纪琬，1988）。因此，生产关系变革构成中国特色社会主义企业会计制度变迁的直接动因，其本质上是所有制改革的直接推动。

一方面，所有制改革形成了社会主义市场经济最根本的制度特征，奠定了中国特色社会主义企业会计制度中以公有制为主体的产权保护主基调。作为产权制度的一种或者说是产权制度的一个组成部分，任何一种会计制度都体现了对某些特定主体产权的保护（徐玉德，2008）。伴随着改革开放以来社会主义市场经济的建立和资本市场的发展，股份制的缺失造成企业的产权结构单一，具有鲜明的分所有制特征的企业会计制度弱化了对产权保护的要求。党的十四大提出"股份制有利于促进政企分开、转换企业经营机制和积聚社会资金"，党的十五届四中全会提出"更要大力发展股份制，探索通过国有控股和参股来实现"。中国特色社会主义引领下的产权关系变革和产权结构调整推动了国有企业的股份制改革和我国资本市场股票自由交易政策的实施，多种所有制企业以股份制的形式互动共生、共同发展。在公有制为主体的产权制度变迁中，现代企业制度、较高的公司治理诉求和多元化产权主体的产权保护要求对企业会计管理和会计信息质量提出了新的挑战，这不仅进一步坚定了企业会计制度建设采用有利于保护产权的国际通行会计平衡公式，还直接推动了《股份制试点企业会计制度》的诞生和2000年打破划分行业的统一企业会计制度的出台，进一步促进了企业会计准则体系的发展，提升了企业会计制度的产权保护水平。

另一方面，所有制改革明确了企业公平参与竞争的市场主体地位，重塑了社会主义市场经济中的企业形式，丰富了中国特色社会主义企业会计制度内容。市场经济制度的基本前提就是存在多元的所有制主体（樊纲，1997），改革开放伊始所有制理论的突破与发展拉开了所有制改革的序幕，多种所有制经济的共同发展不仅极大地充实了社会主义市场经济的市场主体，还强化了市场在资源配置中的基础性作用。所有制改革相继催生了中外合营企业、乡镇企业、外资企业、私营企业等多种企业形式，对此财政部先后出台了《中外合资经营企业会计制度》《乡镇企业会计制度》《乡镇企业财务制度》《外商投资企业会计制度》等企业会计制度。同时，伴随着企业市场主体地位的确立，以国有企业为代表的公有制经济也从接受行政指令转而面向市场。计划经济体制下依靠行政指令垂直链接的企业间关系，转变为社会主义市场经济下水平链接的竞争关系，因此适应所有制改革带来的企业市场主体地位变化，突出企业作为市场主体的会计管理职能，促进市场中不同所有制企业间会计信息的横向流动构成了中国特色社会主义企业会计制度变迁的直接动力。我国首部《会计法》便强调了会计的管理职能，在此基础上颁布和修订的《企业会计准则》和《企业财务通则》进一步提升了会计信息的横向流动和企业会计管理水平。

2. 生产力发展：改革开放以来我国企业会计制度变迁的根本动力

马克思在《资本论》[①]第三卷中指出："社会生产过程一般既是人类生活的物质生存条件的生产过程，又是一个在特殊的历史经济生产关系内进行的过程，它生产并且再生产着这个生产关系本身。"单纯从生产关系角度阐释中国特色社会主义企业会计制度的变迁，忽视了生产力与生产关系矛盾运动的规律，容易落入生产关系决定生产力的陷阱，同时也无法发掘中国特色社会主义企业会计制度变迁的根本动因。那么，生产力决定生产关系背后推动生产力发展的内在动力是什么呢？答案是节约劳动时间规律。马克思在《资本论》[②]第一卷中指出："在一切社会状态下，人们对生产生活资料所耗费的劳动时间必然是关心的，一切经济最后都归结为时间的经济。"此外，他进一步指出"真正的经济——节约——是劳动时间的节约，而这种节约就等于发展生产力"。

既定的生产力水平是具体生产过程构成及其产量增长的基础，但生产的现实发展还必须取决于生产力实际发挥作用的程度，既定生产力发挥的程度具体体现在劳动的生产效率上，即劳动时间的节约（黄铁苗，2008）。进一步而言，节约劳动时间的规律，是生产力运动的根本规律，也是会计制度建设的出发点和归宿（杨纪琬，1988）。节约劳动时间规律是影响会计结构、本质、基本职能、基本目标的重要的客观规律，节约劳动时间规律要求并推动着以核算和控制为基本职能的会计的产生、促进会计工作的发展（李孝林，1999）。从劳动生产率与劳动时

[①] 中共中央马克思、恩格斯、列宁、斯大林著作编译局编译：《马克思恩格斯全集》（第四十六卷），人民出版社2001年版。

[②] 中共中央马克思、恩格斯、列宁、斯大林著作编译局编译：《马克思恩格斯全集》（第四十四卷），人民出版社2001年版。

间的角度切入，劳动生产率是生产主体的活劳动时间、生产资料中的物化劳动与对象化劳动的产品数量及质量之间投入和产出的效率关系（黄铁苗，2008），劳动生产率的提高本质上是效率关系的优化带来的劳动时间的节约，进而推动生产力的发展。生产主体为了利润和市场地位所追求低于社会必要劳动时间的个别劳动时间时最终导致社会必要劳动时间的节约。因此，生产主体生产成本的降低和利润的实现本质上反映的是劳动时间的节约。同时，市场经济是统一的、开放的，国际市场中生产主体需要核算和比较国际范围内的社会必要劳动时间以节约劳动时间来获得更高的利润和市场竞争地位。遵循此逻辑，改革开放历史进程中中国特色社会主义企业会计制度变迁的根本动力是节约劳动时间，首先体现在中国特色社会主义企业会计制度变迁中通过不断制定和实施提高企业会计管理水平的企业会计制度安排方面，以提升企业经济效益、实现企业价值创造为目标的企业会计制度安排，本质上是通过规范企业会计核算、优化企业会计管理促进企业节约劳动时间。其次体现在与国际通行的企业会计制度逐步趋同的过程中。会计核算方法的趋同有利于企业更好地核算商品或服务生产在世界范围内的社会必要劳动时间，进而在更大范围的市场中比较自身的劳动时间节约水平，并最终实现社会必要劳动时间的节约，进而推动生产力的发展。1992年《企业会计准则》对传统会计制度的突破转而采用国际通行的会计平衡公式以及2006年与国际财务报告准则实现实质趋同的《企业会计准则》实施背后的制度逻辑便在于此。

（三）马克思主义唯物史观视角下我国企业会计制度变迁的路径选择分析

"实践是检验真理的唯一标准"不仅是揭开改革开放大幕的时代宣言，更是贯穿改革开放四十年我国企业会计制度变迁的思想筋脉。在马克思主义的理论中，正确的理论和思想只能以实践为基础，实际上指导中国渐进式改革的理论思想既不是演进理性也不是建构理性，而是以马克思主义的唯物史观或实践唯物主义为基础的实践理性（张宇等，2013）。实践使人们从传统会计观的束缚下解脱出来，并从重新学习马克思关于会计职能的科学论断中，找到发展有中国特色的会计理论、方法体系的钥匙（杨纪琬，1988）。因此，实践理性成为推动中国特色社会主义企业会计制度变迁路径选择的指导思想和基本依据。

首先，中国特色社会主义企业会计制度变迁始终坚持对社会主义宪法制度的根本遵循。宪法是国家的根本法，规定了国家的根本制度和根本任务，具有最高的法律效力。我国现行《宪法》是根据党的十一届三中全会确定的路线方针政策、于1982年12月4日由五届全国人大五次会议通过并公布施行的（王晨，2018），此后我国宪法经历了1988年、1993年、1999年、2004年和2018年五次修正，在维护我国宪法社会主义性质的前提下实现了与市场经济的有机结合。我国宪法制度的内容决定着制度安排的内容，宪法制度变化的方式决定着制度变迁的方式（张宇等，2013）。我国宪法的发展与完善是将改革开放进程中在实践基础上获得的经验升华为理性认识并赋予其最高法律地位。遵循"上位法"的逻辑，当上位法发生变化时，下位法要适时调整以适应上位法的制度要求（曹越等，2014）。《会计法》作为中国特色社会主义企业会计制度体系的顶层设计内含于宪法框架体系中并鲜明地体现宪法意志，在《会计法》统驭下的会计行政法规、会计部门规章皆以我国社会主义宪法为根本遵循，一方面中国特色社会主义企业制度变迁始终坚持宪法规定的社会主义性质；另一方面中国特色社会主义会计制度变迁反映改革开放以来社会主义现代化建设中会计改革与发展的实践经验与认识。在中国共产党的领导下，坚持以马克思政治经济学为指导，以提高经济效益为中心，通过保证会计资料真实、完整和加强经济管理和财务管理，实现维护社会主义市场经济秩序的目标，具有鲜明的中国特色。

其次，中国特色社会主义企业会计制度变迁一贯遵循"实践—认识—再实践"的客观规律。一方面，社会的进化过程是独特的、不可逆的，具有很大的不确定性和易变性（Witt，1994），同时运用古典经济学方式对改革进行所谓的成本效益分析不能准确计量改革的不确定性，使用这样的范式无法从根本上摆脱激进式改革的思维逻辑（张宇等，2013），仅从建构主义静态地理解中国特色社会主义企业会计制度变迁是片面的。另一方面，利用演进主义观点将我国经济体制改革理解为哈耶克所谓的"人类行为意外结果理论的一个极佳案例"（科斯和王宁，2013），无法解释党和政府在推进改革开放历史进程中的重要作用。特别是在改革的初期，党和政府的政策与法令更是强烈地主导着改革的方向和路径（杨瑞龙，1996）。因此，从实践理性的角度理解，人的认识需要经历由感性认识上升理性认识的过程，并最终统一于实践。会计改革同样需要遵循"实践—认识—

第二章　改革开放四十年我国企业会计制度演进与变迁

再实践—再认识"的规律进行（杨纪琬，1988）。中国特色社会主义会计制度变迁是在以实践为基础的动态目标引导下进行的。1991年，财政部基于改革开放以来会计改革与发展实践印发《会计改革纲要（试行）》，试行纲要中结合国家"八五"计划明确了会计改革的指导思想、总体目标、基本原则及主要内容，指导了中国特色社会主义企业会计制度在过渡时期的发展。1995年，财政部在试行纲要的基础上，结合十四届五中全会精神印发了《会计改革与发展纲要》，明确了中国特色社会主义企业会计制度在形成期的任务与路径，并特别强调"既要勇于开拓，大胆探索，又要注意协调，慎重行事"，推动了中国特色社会主义企业会计制度的形成。此后，《会计改革与发展"十二五"规划纲要》和《会计改革与发展"十三五"规划纲要》分别在系统总结上一阶段会计改革与发展历史成就及突出问题的基础上，明确会计改革与发展的新方向和阶段性任务，指导和推动中国特色社会主义企业会计制度在发展期不断完善。

最后，中国特色社会主义企业会计制度变迁采取渐进式的改革路径。改革开放以来在中国特色社会主义企业会计制度变迁中，无论是具体的会计制度制定与实施，还是会计改革纲要的颁布与试行都体现了渐进式改革这一基于实践理性的原则方法。我国的渐进式改革是先通过增量改革来发展新体制，随着增量改革的积累，逐步改革整个经济的体制结构，为存量的最终改革创造条件（樊纲，1996）。中国特色社会主义企业会计制度变迁采取的是渐进式改革，其具体表现为"先立后破"原则和"先试验后推广"原则在企业会计制度变迁中的广泛运用。有"立"有"破"是制度建设的普遍规律，但是作为会计制度建设而言，绝不能"先破后立"，而只能"先立后破"（杨纪琬，1988）。"先立后破"的原则既保持了制度之间的连续性、稳定性，又提升了企业对会计制度变迁的适应性，在建立与生产力发展水平和生产关系改革相适应的新制度的同时，有效维护了社会主义市场经济中的会计工作秩序。我国众多企业会计制度都是在颁布实施较长一段时间后才将原有制度废止，如财政部2015年根据已发布的企业会计准则和小企业会计准则，对从"两则两制"（1992年）至企业会计准则颁布实施（2005年）之间相关准则制度类会计规范性文件进行了清理和废止。实际上，会计改革要经过实践的检验，在一段时间里甚至可以实行双轨制，即旧的先不取消，新的可以进行试点，经过一段时间实践以后，再比较优劣，然后选择而行

(杨纪琬，1986）。作为经济管理的一种手段，会计制度顺应了整个社会经济制度的变迁路径，这种从局部到整体的渐进式变迁因"边干边学""先试验后推广"，可以逐步取得制度替代或转换所需要的信息，从而减少信息的不确定性和非完备性，降低社会阻力和摩擦成本（徐玉德，2008）。改革开放伊始《中外合资经营企业会计制度》的制定与实施、《会计改革纲要（试行）》、《股份制试点企业会计制度》以及《信贷资产证券化试点会计处理会计规定》的颁布都是"先试验后推广"原则的生动写照。

❖ 三、产权制度视角下我国企业会计制度四十年变迁分析

（一）产权制度视角下我国企业会计制度变迁的逻辑起点

会计与产权的渊源由来已久，从若即若离到水乳交融可谓历尽沧桑（曹越等，2011）。事实上，会计的发展与产权经济的发展之间的关系既十分密切而又历史久远，无论是产权经济的发展对于会计所产生的重要影响，还是会计发展对于产权经济发展的重要贡献都是与生俱来的（伍中信，1998）。从会计与产权间关系发展的起源看，私人占有财产制度的出现与国家的产生，导致以产权为控制对象的会计思想的形成，产权会计思想与行为的演进，在社会经济基础性管理层面的作用越来越充分地得到发挥，对文明社会的有序发展具有决定性意义（郭道扬，2009）。然而，早期关于会计与产权间关系的理解相对零散和分散，缺乏坚实的理论基础，直至现代产权理论的形成。

现代产权理论[①]奠定了产权会计观的理论基础（郭道扬，2004b）。现代产权理论认为产权是一种通过社会强制而实现的对某种经济物品的多种用途进行选择的权利（Alchian，1987）[②]。从产权的功能看，首先，产权具有资源配置的功能。所谓产权的资源配置是指产权安排或产权结构直接形成资源配置状况或驱动资源配置状态改变或影响对资源配置的调节（黄少安，2016）；其次，产权能为完成

[①] 遵循郭道扬（2004b）的分析，现代产权理论主要涵盖现代西方产权理论和马克思关于产权的相关论述。

[②] 引自伊特韦尔等编：《新帕尔格雷夫经济学大辞典》，经济科学出版社1996年版。

一个更大程度的外部性内部化提供激励，而禁止产权的调整、禁止建立可供交易的所有权是外部成本和收益内部化的主要障碍（Demsetz，1967）。再次，产权为经济活动提供了激励和约束，通过清晰界定行为主体的权责利关系，有助于明确不同主体的产权边界，进而有效追求产权之利的最大化和成本的最小化（程启智，2003）。从产权的属性看，其所有者具有以下权利：（1）排除他人以保证自己能独立决定如何使用它们的权利；（2）从使用中索取排他性收入的权利；（3）转让财产（包括劳动）或者与他认为适合的任何人进行交换的权利，这种交换权即意味着契约权，而产权可通过广泛多样的契约安排来进行交易（Cheung，1983）。现代企业理论认为，企业是一系列（不完全）契约的有机组合，是人们之间交易产权的一种方式（曹越和伍中信，2016）。在多个具有平等所有权的所有者成为企业产权主体的产权关系中，共同所有权所形成的共同占有权构成产权关系的基础，而使用权、收益权和处分权的行使则形成企业的产权价值运动（施先旺，2006）。企业的产权价值运动有动态和静态之分，产权价值运动的静态表现形式体现为企业在某一特定时刻的产权主体关系和产权价值存在形态，产权价值运动的动态表现形式体现在某一特定时期企业产权主体权益增减变化的过程及其结果（施先旺，2010）。进一步而言，会计对产权经济发展的贡献主要表现在：（1）一个经济单位的产权价值运动过程及其结果，须依赖于会计的全面、系统、恰当和及时的反映与控制；（2）会计对产权价值运动过程及其结果的反映与控制所生成的信息对于投资决策与经营决策都具有十分重要的作用；（3）会计无论对于整个市场经济还是对于它的经济单元（企业或公司）都具有基础性反映与控制作用，它针对产权价值运动的每一个具体方面或经济事项及其变化，既有总括的反映，也有明细的反映，并最终体现出对产权价值运动过程及其结果的系统反映与控制（郭道扬，2004b）。

产权与会计的高度耦合是产权会计学派诞生的根本原因（伍中信等，2006），以公司组织形式所进行的产权价值运动是市场经济形成与发展的基础，而产权价值运动过程及其结果又决定着市场经济运行的基本规律。因此，产权会计观是建立在对"市场经济是产权经济""市场经济是法制经济""市场经济是诚信经济（或信用经济）"这三种与产权的本质相联系的认识基础之上的（郭道扬，2004b）。产权会计观（郭道扬，2004a，2004b；施先旺，2006；伍中信等，

2006)认为,现代会计是会计管理者通过会计信息系统与会计控制系统的协同性运作,实现对市场经济中的产权关系与价值运动过程及结果系统控制的一种具有社会性意义的控制活动(郭道扬,2004a)。传统会计理论视域下,会计被理解为是一种价值运动的管理①,这种价值运动在社会主义经济中表现为资金运动(杨纪琬和阎达五,1984)。然而,从产权会计观来看,企业的各产权主体所拥有的各项财产权构成产权价值的主要内容和载体,企业的价值运动被理解为产权价值运动。具体而言,产权价值运动形式可以分为两类,一类是反映产权主体与企业之间所形成的产权关系的价值运动,它又包括两种情况:一是反映财产所有者将财产投入企业而与企业其他所有者所形成的产权经济关系,二是反映企业的某一产权主体从企业中抽回投入的财产而与企业其他产权主体解除产权经济关系;另一类是反映产权价值存在形态之间相互转化的价值运动,即反映企业各种经济资源的具体使用或耗费情况(施先旺,2006)。产权会计观认为,会计的本质是一项对产权经济具有基础性控制功能与社会性意义的管理活动(郭道扬,2004b),会计的对象是产权价值运动,即产权价值运动的过程和结果以及所体现的产权经济关系(施先旺,2006),会计的职能可以概括为对产权价值运动过程及结果的反映与控制(郭道扬,2004b)。

产权会计观视角下,会计制度变迁实质上是调整产权的界定规则,涉及利益相关者财产权益的变更(曹越、伍中信,2016)。1985年正式实施的《会计法》中关于保障所有者财产权益方面的内容,集中体现了宪法中以公有制为主体的总原则,创造性地建立了具有中国特色的会计模式,它对社会主义产权会计观的确立具有决定性作用,其立法后果直接影响到以产权会计思想确立为首要表现的整个会计改革(郭道扬,2008)。1992年以国际通行的"资产=负债+所有者权益"会计等式取代"资产占用=资金来源"为显著特征的"两则两制"的发布实施便是对这一时期的产权制度改革作出的有力回应(徐玉德,2008)。此后,伴随着以产权清晰、权责明确、政企分开、管理科学为主要特征的现代企业制度和以归属清晰、权责明确、保护严格、流转顺畅为主要内容的现代产权制度的建

---

① 例如,葛家澍和唐予华在《关于会计定义的探讨》(《会计研究》,1983年第5期)一文中及杨纪琬和阎达五在《会计管理是一种价值运动的管理》(《财贸经济》,1984年第10期)一文中的论述。

立和完善，旨在准确反映企业产权关系、有效控制企业产权价值运动的企业会计制度不断发展和健全，并最终形成了以《会计法》为顶层设计、以《企业会计准则》为制度基础、涵盖不同产权性质企业的产权会计法律制度体系。由此可见，产权会计观构成产权制度视角下我国企业会计制度变迁的逻辑起点。

（二）产权制度视角下我国企业会计制度变迁的动力机制分析

制度之所以重要，就是因为它是决定经济效率和社会进步的最重要的因素（樊纲，1996）。在历史发展的长镜头中，我们不难发现制度选择及其变迁，既受历史环境与社会发展的巨大影响，又深深镶嵌在历史进化的基因中，刻画着一个社会不同发展阶段的"精神风貌"。诺斯（1990）曾指出："制度对经济绩效的影响是无可争议的，不同经济的长期绩效差异从根本上受制度演化方式的影响，这是毋庸置疑的。"中国经济体制的改革，归根结底是解决产权问题，改革的过程实际上是明晰产权的过程（曹越、伍中信，2016）。产权是人们（主体）围绕或通过财产（客体）而形成的经济权利关系（黄少安，2004），而制度是界定、调整人们之间经济权利关系或经济利益的规则，因此所有的制度都是关于产权的制度（黄少安，2010）。党的十六届三中全会提出，"产权是所有制的核心和主要内容。建立归属清晰、权责明确、保护严格、流转顺畅的现代产权制度，有利于维护公有财产权，巩固公有制经济的主体地位；有利于保护私有财产权，促进非公有制经济发展；有利于各类资本的流动和重组，推动混合所有制经济发展；有利于增强企业和公众创业创新的动力，形成良好的信用基础和市场秩序。这是完善基本经济制度的内在要求，是构建现代企业制度的重要基础。"中国经济体制改革的本质是实现资源配置由"等级规则"向"产权规则"过渡，明晰产权和保护产权是这一过程的基本价值取向（曹越、伍中信，2016）。改革开放中产权制度改革始终是我国经济体制改革的中心环节，作为产权制度的一种或者说是产权制度的一个组成部分，任何一种会计规范都体现了对某些特定主体产权的保护（徐玉德，2008），企业会计制度也是一种产权制度。

进一步而言，产权涉及人与人和人与物之间的关系，涵盖绝对产权和相对产权两个部分。所谓绝对产权是指特定的个人（权利人）针对所有其他人（责任人）的要求权；相对产权是指一个特定的个人（权利人）针对一个或一个以上的其他人（责任人）的要求权（Furubotn and Richter，2006）。企业本质上是不完备要素使用权资本化交易契约履行过程，从价值角度可以描述为财务资本、人力资本、组织资本与社会资本的一个不完全契约组合（王仲兵，2005）。财务资本属"绝对产权"资本，人力资本、组织资本和社会资本因具有合约性质而属于"相对产权"资本（伍中信等，2006）。因此，立足产权会计观，会计的本质是一项对产权经济具有基础性控制功能与社会性意义的管理活动（郭道扬，2004b），其职能是对绝对产权和相对产权的保护。会计对产权的贡献是与生俱来的，其产生、发展和变更的根本使命是：体现产权结构、反映产权关系、维护产权意志（伍中信，1998）。因此，在产权制度视角下，改革开放以来我国会计改革与发展进程中产权保护的价值取向内化为推动我国企业会计制度变迁的主要动力。

改革开放伊始，随着企业自主权的扩大，政企职责分开，横向经济联系的发展，多种所有制形式、多种经营方式并存，对于搞活生产和流通、促进社会主义有计划的商品经济的发展产生了积极的作用（杨纪琬，1988）。1985年1月27日，第六届全国人大第九次会议审议并通过了《中华人民共和国会计法》，并于1985年5月1日起正式实施。《会计法》在第一章总则中开宗明义"为了加强会计工作，保障会计人员依法行使职权，发挥会计工作在维护国家财政制度和财务制度、保护社会主义公共财产、加强经济管理、提高经济效益中的作用，特制定本法"。其中"保障会计人员依法行使职权""保护社会主义公共财产"鲜明地体现了作为企业会计制度顶层设计的《会计法》对绝对产权和相对产权的保护。1993年对《会计法》的第一次修订，将实施范围拓展至个体工商户和其他组织，进一步扩大了企业会计制度的产权保护范围。同时，进一步明确单位领导人执行《会计法》的责任，增加了"单位领导人领导会计机构、会计人员和其他人员执行本法，保证会计资料合法、真实、准确、完整，保障会计人员的职权不受侵犯"，强化了企业会计制度对人力资本等相对产权资本的保护力度。1999年对《会计法》的第二次修订，强调了对会计造假的治理力度，细化了违反《会计法》所应承担的法律责任，并进一步明确了会计人员的职权边界。2017年对《会计法》进行第三次修订，将原吊销会计从业资格证的处罚措施变更为不得从事会计工作。2018年6月，财政部发布《财政部关于就〈中华人民共和国会计法〉修订重点问题征询社会意见的通知》。由此可见，《会计法》作为我国企业会计制度体系的重中之重，对社会主义产权会计观的确立具有决定性作用，其立法后果直接影响到以产权会计思想确立为首要表现的整个会计改革（郭道扬，2008），产权保护的价值取向体现在此后历次《会计法》的修订中，推动着我国企业会计制度顶层设计的不断完善。

在我国的会计改革中，采用会计准则形式的统一会计制度建设，完成了我国产权会计法律制度体系基础层次的构建，它是会计改革的又一重大成就（郭道扬，2008）。20世纪80年代以前的会计制度变迁主要是围绕服务高度集中统一的计划经济体制进行的，会计信息仅是为宏观经济计划管理和内部管理服务（徐玉德，2008）。1987年，党的十三大提出"国家控股和部门、地区、企业间参股以及个人入股的股份制形式是社会主义企业财产的一种重要组织方式"。股份制改革所带来的产权结构变化催生了1992年《股份制试点企业会计制度》。由于投资主体多元化，投入资本的性质多元化，再以传统会计制度的"资金来源"来笼统地概括全部不同性质的权益就绝对行不通了，为体现股份制企业的特征，必须严格区别债权人权益和股东权益，并为税后利润的按资分配提供依据（杨纪琬，1992）。1992年底，新中国历史上第一个《企业会计准则》发布。《企业会计准则》以马克思主义的价值观为指导，把握现代产权经济学的基本原理，在会计准则体系的建立中实现了制度性理论体系与方法技术规范体系的统一，使会计准则具有中国特色（郭道扬，2008）。在具体设计中，以"资产＝负债＋所有者权益"的国际通用会计等式取代了长期使用的"资金占用＝资金来源"会计等式，更为清晰地界定了企业产权主体的产权边界，更为准确地核算企业产权主体所享有的权益，并为税后利润的分配提供了依据。此后，伴随着股份制改革的逐步深入，多种所有制经济快速发展，企业跨地区、跨行业多元化经营与日俱增，1992年分行业、分所有制的"两则两制"在多元化经营企业中核算多元化主体产权方面存在的问题日益凸显。建立打破行业、所有制和组织形式界限的企业统一会计核算制度，进而更好地保护多元化企业主体的产权成为必然趋势，2000年《企业会计制度》（2001年1月1日实施）呼之欲出。2000年企业会计制度的颁布实施为国家加强宏观经济的监管和调控，统一确认、计量并反映企业经营业绩和管理效率，保护相关者合法权益作出了制度安排（徐玉德，2008）。2006

年，在我国改革开放日益融入经济全球化的宏观背景下，适应资本市场发展、与国际惯例接轨的一套全新《企业会计准则》实施。以 2006 年《企业会计准则》实施为标志的新一轮企业会计制度变迁的突出特点是与国际会计惯例逐步趋同。而在此背后，会计准则国际趋同的产权基础是依据会计国际惯例来准确界定产权、等价交换产权和有效保护产权，该产权基础根源于市场经济中人类的相互依赖性与合作激励的意识形态（曹越、伍中信，2016）。

（三）产权制度视角下我国企业会计制度变迁的路径选择分析

技术变迁和制度变迁是社会与经济演进的基本核心（黄少安，2016），当一个社会的制度出现不均衡的时候，制度变迁可以促进效率的提高、社会财富的增加以及个人福利的增进。制度变迁分为两种方式，一种是诱致性变迁，即现行制度安排的变更或替代，或者是新制度安排的创造，由个人或一群人在响应获利机会时自发倡导、组织和实行；另一种是强制性制度变迁，即依赖于政府的强制力，运用政治力量进行制度变革（林毅夫，2012）。当强制性制度变迁和诱致性制度变迁相互补充、紧密结合时，制度的实施效率通常最优，变迁的效果也最理想。这种强制性制度变迁与诱致性制度变迁的协调配合主要表现为，在会计改革中把政府自上而下的领导、组织和协调与基层自下而上的探索和试验相结合，在政府主导的前提下，充分发挥专家、会计人员在制度创新中的积极性和创造性，最终达到会计制度改革的目标（徐玉德，2008）。改革开放四十年来，我国企业会计制度变迁是在强制性制度变迁为主并带有一定诱致性制度变迁的路径上展开的。

1. 企业会计制度的强制性制度变迁体现在政府主导的制度供给方面[①]，在宪法秩序的约束下，政府通过完善企业产权保护制度，监督市场经济中企业产权行为，推进我国企业会计制度变迁

---

① "与以市场经济为基础的分散决策型体制相适应，西方发达国家的制度演变一般表现为'由一个人或一群人在响应活力机会时自发倡导、组织和实行的'自下而上的制度变迁（林毅夫，1989）。也就是说，制度的重新安排是在单个行为主体谋求在现存制度下得不到的利益而产生制度变迁的需求所引发的。所以，西方的制度经济学偏重于从需求角度研究制度安排。"引自杨瑞龙："论制度供给"，《经济研究》，1993 年第 8 期。

第二章 改革开放四十年我国企业会计制度演进与变迁

由于国家具有暴力上的比较优势，它能够规定和实施产权，因此国家最终要对造成经济增长、停滞和衰退的产权结构的效率负责（North，1981）。在我国，政府不仅在政治力量的对比中处于绝对优势地位，而且它还拥有很大的资源配置权利，它能通过行政、经济、法律手段在不同程度上约束非政府主体的行为，这就不难推断出政府是制度供给最主要主体的逻辑结论（杨瑞龙，1993）。以政府作为制度供给主体的最大优势是政府可以利用其行政权力，集中人员进行专门的研究，解决制度制定过程中涉及的众多技术问题，保证会计制度的权威性；同时，还可以减少制度制定过程中的交易费用，缩短制定过程和实施推广过程，使其更具时效性，避免会计规范的真空和与其他制度的不适应（徐玉德，2008）。政府在宏观调控、税收征管、参与利润分配、国有资产管理、考核和监督等方面的巨大需求，推动了中国的会计改革，加入WTO和推动企业实施"走出去"的战略，加快了中国会计与国际趋同（冯淑萍，2002）。具体而言，无论是全国统一的会计制度，还是行业性、地区性的会计制度都是由政府有关部门制定，会计制度要不要变迁、变迁什么以及如何变迁也都是由政府职能部门最后决定，即它是由政府命令和法律法规引入实施的自上而下的制度变迁（徐玉德，2008）。因此，我国会计制度的制定和变迁主体是以政府为主导的经济改革系统工程的一个子系统，是一个政府主导的改革历程（杨丹等，2009）。

宪法秩序是政府主导的强制性企业会计制度变迁的约束条件，通过历次宪法修正不断强化的产权保护原则，引领了我国企业会计制度在产权保护的动力驱动下于产权制度路径上向前演进。1988年4月12日，《中华人民共和国宪法修正案》在《宪法》第十一条中增加规定："国家保护私营经济的合法的权利和利益，对私营经济实行引导、监督和管理。"1993年，《中华人民共和国宪法修正案》将《宪法》第十六条修改为"国有企业在法律规定的范围内有权自主经营"。依照宪法修正中的产权保护内容，1993年我国《会计法》将实施范围拓展至个体工商户和其他组织。这种打破所有权性质局限性的立法变革，实际上从会计法律层面将非公有制经济产权主体的权益也纳入保护范围，实现了会计法规产权保护范围的初步泛化，同时在其会计核算对象中新引入了"资本"这一最重要的产权数量标志，则充分体现了会计法律层面对于产权主体地位的确认（龚翔、许家林，2008）。1992年，财政部制定的《企业会计准则》也采取了能够更清晰界定企业产权主体权益的"资产＝负债＋所有者权益"这一国际通行的会计等式。此外，赋予自主经营权的国有企业与其他所有制形式的企业成为平等竞争的产权主体，在此背景下，财政部自1997年至1999年间陆续发布9项《企业会计准则》具体准则，推动了企业会计准则向打破行业和所有制方向迈进。1999年，《中华人民共和国宪法修正案》将《宪法》第十一条修改为"国家保护个体经济、私营经济的合法的权利和利益。国家对个体经济、私营经济实行引导、监督和管理。"1999年修订的《会计法》一再强调要建立统一的会计制度，要求企业提供真实、完整的会计信息（付磊等，2015）。2000年12月，为打破行业、所有制和组织形式的界限，建立企业统一的会计核算制度，财政部颁布实施《企业会计制度》。2004年《中华人民共和国宪法修正案》将《宪法》第十一条第二款修改为："国家保护个体经济、私营经济等非公有制经济的合法的权利和利益。国家鼓励、支持和引导非公有制经济的发展，并对非公有制经济依法实行监督和管理。"这便充分体现了在坚持社会主义经济制度的基础是生产资料公有制的前提下，具有社会主义特质的"权利法案"的建立与健全，它极其深刻地影响到进入新世纪之后产权会计观念的进一步巩固，影响到会计改革持续进行的大方向（郭道扬，2008）。不可否认，宪法对多种所有制产权主体的保护，奠定了政府主导的强制企业会计制度变迁的产权基础。2006年，财政部制定新的《企业会计准则》，并按照与国际会计准则趋同的路线图完善企业会计准则体系。中国会计准则与国际财务报告准则的趋同，降低了分别按照该两项准则编制的财务报告的差异性，促使海内外投资者的信息环境趋于一致，从而为不同地域的投资者构建了一个平等的产权保护平台（龚翔、许家林，2008）。

2. 企业会计制度的诱致性制度变迁体现在企业产权主体的制度需求方面，在政府主导的强制性制度变迁下，企业通过积极参与会计制度制定和修订，及时传递自发性的制度需求，提升实际制度供给水平

一种有效的政府强制性制度变迁方式是以诱致性的制度变迁作为基础，这样的制度推进的过程会更加顺利，中国改革开放特别是家庭联产承包责任制的制度变迁案例说明，对于政策所致力的制度变迁来说，以诱致性变迁为基础时，政府推动的强制性制度变迁才会最优效率（林毅夫，2012）。在产权制度视角下，新旧制度规则的替代最终又必须通过对企业产权关系的重新界定来完成，从而企业

第二章 改革开放四十年我国企业会计制度演进与变迁

行为必定影响制度的实际供给，企业在执行新规则时，也常常会使实际制度供给偏离意愿制度供给（杨瑞龙，1993）。在经济社会演进中，任何一种单一力量难以完全决定会计准则的制定，各种因素均会对会计准则制定产生影响，并且新形成的会计准则随即成为下一次会计准则变迁的基础条件（盖地、杜静然，2010）。一方面，经济体制改革所带动的产权关系调整以及对外开放中"引进来""走出去"战略的实施使社会主义市场经济建设中企业产权主体日益多元，产权关系日益复杂，通过企业会计制度清晰界定和准确核算各个产权主体的权力和利益为政府的制度供给奠定了制度需求基础。同时，在政府主导的强制性企业会计制度变迁过程中，企业在执行会计制度时由于产权主体间的利益冲突往往出现实际制度供给偏离意愿制度供给的情况。因此，针对企业在执行企业会计制度中产生的新问题对企业会计制度不断进行修订和完善，实现企业会计制度中各个产权主体的利益均衡，成为推动了企业会计制度体系的发展与完善的重要路径。例如，在我国企业会计制度体系建设中，会计制度的强制实施若损害了某些企业的利益，他们会对企业会计制度采取抵制态度、不进行规范的会计处理和信息披露、制造虚假的会计信息致使会计规范的执行效率降低，因而在实务上，某些企业出现了"假账林立"的对抗局面，"上有政策，下有对策"也发挥到极致（徐玉德，2008）。1993年对《会计法》第一次修订的主要内容是明确单位负责人执行《会计法》的责任，进而对会计从业人员的人力资本产权进行强有力的保护。1999年《会计法》第二次修订和2000年国务院颁布的《企业财务会计报告条例》都是为了有效应对企业在执行会计制度过程中存在的会计造假行为，规范企业会计行为，进而有效维护企业各个产权主体的合法权益。另一方面，虽然在政府主导的强制性制度变迁中，制度安排实施比较严格的"进入许可制"，即非政府主体只有经政府主体的批准才能从事制度创新（杨瑞龙，1993），但是，这并不意味着企业作为重要的产权主体其诱致性的制度需求对制度变迁无足轻重。相反，在政府主导的强制性企业制度变迁过程中，企业的诱致性制度需求在我国企业会计制度制定和征求意见中得到充分体现，并大大减少了自上而下的整体会计改革过程中由于信息不足可能出现的风险（徐玉德，2008）。1983年，在我国《会计法》的制定过程中，国务院办公厅将财政部草拟的会计法草案印发29个省、市、自治区和39个中央部、委征求意见。1992年8月，财政部印发《关于进一步修订〈会计法〉调查研究的通知》。1998年8月,财政部印发《中华人民共和国会计法改革草案(讨论稿)》,征求意见。2018年6月,为推动我国会计法制建设,充分听取社会各界人士对修订《会计法》的意见建议,财政部发布《关于就〈中华人民共和国会计法〉修订重点问题征询社会意见的通知》。同时,自2006年《企业会计准则》实施以来,考虑到我国社会主义市场经济发展实际情况和企业对会计制度的制度需求,财政部在企业会计准则各项具体准则颁布前的一段时间印发征求意见稿,并收集社会各界的反馈意见,进而对相关企业会计准则进行调整。同时,针对企业在执行会计准则过程中发现的新问题针对性地印发企业会计准则解释。

❖ 四、改革开放四十年我国企业会计制度变迁评述与展望

制度的选择及其变迁,作为穿越浩瀚时空的永恒主题,行走在960多万平方千米的华夏大地上,挥洒在中华民族改革发展的历史画卷中。它是历史的烙印,是时代的缩影,是思想的奏鸣。在马克思主义政治经济学原理中,制度属于生产关系的组成部分,由社会生产力发展水平决定,并能动地反作用于社会生产力。在新古典经济学的框架里,它是一种受均衡机制左右的"特殊商品",是宏观环境递变的产物,是不断向前的历史车轮留下的车辙。在新制度经济学的阐释下,它作为社会的博弈规则,塑造了历史发展进程中的社会群像,它的变迁决定了人类社会演化的形式。会计制度是对经济活动规律认识程度的反映,是对会计工作实践经验的总结(杨纪琬,1988)。改革开放四十年来,社会主义市场经济的确立及对外开放的实施奠定了中国特色社会主义企业会计制度形成和发展的经济基础,造就了企业会计变迁与经济体制改革和对外开放三者间的多维互动,同时也涵养了中国特色会计理论与方法体系的实践根基。

(一)坚持马克思主义唯物史观,遵循生产力与生产关系矛盾运动规律,以渐进方式推进企业会计制度改革与发展

会计是人们管理生产过程的一种社会活动(杨纪琬、阎达五,1980)。会计制度的建设必须和生产力发展水平以及生产关系的调整相适应,会计制度是经济

管理制度的组成部分，归根结底也是由社会生产力发展水平决定的，同时生产关系的调整和变革，必然引起会计制度相应的调整和变革（杨纪琬，1988）。改革开放四十年来，我国企业会计制度遵循着生产力与生产关系矛盾运动规律，在生产力发展和生产关系变革的推动下沿着提升企业会计管理水平的逻辑主线不断延展。在马克思主义唯物史观下，就企业会计制度变迁适应生产力发展而言，劳动者、劳动工具、劳动对象三个要素是生产力的主要内容，也构成了企业会计制度管理的客观对象。进一步来说，管理科学是现代企业制度的基本特征[①]，与生产力水平相适应的企业会计制度是企业进行科学管理的制度基础，对现代化企业的可持续发展至关重要。脱离了劳动者、劳动工具和劳动对象的实际情况，超前或落后于社会生产力的发展水平，不仅无法有效地发挥企业会计制度的管理作用，还可能造成企业的管理混乱，阻碍生产力进一步的解放和发展。就企业会计制度变迁适应生产关系调整而言，维护生产资料所有者的利益，巩固和促进这种所有制的发展，是会计制度建设的根本原则（杨纪琬，1984）。企业生产经营管理是生产关系在微观主体层面的具体体现，与生产关系调整相协调的企业会计制度才能更好地实现现代化企业的科学管理。与此同时，改革开放四十年来我国企业会计制度变迁一直在遵循生产力与生产关系矛盾运动规律的基础上，采取"先立后破""先试验后推广"的从局部到整体的渐进方式，有效地降低了企业会计制度变迁过程中的社会阻力和制度改革成本。党的十八大以来，"我国社会生产力水平总体上显著提高，社会生产能力在很多方面进入世界前列，更加突出的问题是发展不平衡不充分"[②]，我国企业会计制度改革应遵循生产力与生产关系矛盾运动规律，进一步体现中国特色社会主义新时代的生产力创新发展内容，沿用"先立后破""先试验后推广"等渐进改革方式高效、稳妥地推动企业会计制度体系不断健全和完善。

[①] 1993年11月14日，党的十四届三中全会提出"建立适应市场经济要求，产权清晰、权责明确、政企分开、管理科学的现代企业制度"。

[②] 引自习近平：《决胜全面建成小康社会 夺取新时代中国特色社会主义伟大胜利——在中国共产党第十九次全国代表大会上的报告》，人民出版社2017年版。

(二) 坚持社会主义产权保护导向，政府主导下强制性变迁与诱致性变迁协调配合，彰显企业会计制度的中国特色

我国实行社会主义市场经济，"产权制度是社会主义市场经济的基石，保护产权是坚持社会主义基本经济制度的必然要求"①。我国宪法规定"中华人民共和国的社会主义经济制度的基础是生产资料的社会主义公有制"，"国家在社会主义初级阶段，坚持公有制为主体、多种所有制经济共同发展的基本经济制度"。宪法规定了我国基本经济制度具有鲜明的以公有制为主体的社会主义性质，进而我国基本经济制度决定了独具中国特色的以公有制为主体、多种所有制共存的产权结构，也决定了具有社会主义性质的产权保护导向。而产权保护导向的市场化改革必然要求产权保护导向的会计改革与之步调一致（曹越、伍中信，2016）。事实上，改革开放中产权制度改革始终是我国经济体制改革的中心环节，作为产权制度的一种或者说是产权制度的一个组成部分，任何一种会计规范都体现了对某些特定主体产权的保护（徐玉德，2008）。中国特色社会主义产权结构不仅决定了社会主义产权保护导向，还决定了国家实施统一的企业会计制度以及政府在企业会计制度变迁中发挥主导作用。进一步而言，在我国企业会计制度变迁中，政府的主导作用主要表现在由政府设置制度变迁的内容、实施制度供给、限制微观主体的制度创新活动和促进诱致性制度变迁的发生（徐玉德，2008）。改革开放四十年来，我国企业会计制度变迁一直在政府的主导下，以强制性变迁与诱致性变迁协调配合的方式向前演进，形成了扎根社会主义市场经济建设实践、具有中国特色的企业会计制度体系。党的十八届三中全会指出，"经济体制改革是全面深化改革的重点，核心问题是处理好政府和市场的关系，使市场在资源配置中起决定性作用和更好发挥政府作用"。党的十九大报告进一步指出，"经济体制改革必须以完善产权制度和要素市场化配置为重点，实现产权有效激励、要素自由流动、价格反应灵活、竞争公平有序、企业优胜劣汰"。因此，在中国特色社会主义新时代推动我国企业会计制度变迁的进程中，政府应以完善产权制度、保护产权权益为目标，在企业会计制度的顶层设计中进一步明确产权保护和约束边

---

① 引自2016年11月4日《中共中央、国务院关于完善产权保护制度依法保护产权的意见》。

界并将国家统一会计制度落到实处,同时继续使用企业会计制度改革中征求意见的做法,持续跟踪企业会计制度执行过程中的新问题,及时获取高质量的反馈意见,结合我国实际情况推进企业会计制度体系建设。

(三)坚持立足国情、面向世界,理性推动会计准则体系国际趋同,充分发挥企业会计制度促进国际经济合作作用

改革开放初期,以《中外合资经营企业会计制度》《外商投资企业制度》为代表的会计制度规范在便利国家对外招商引资战略实施、支持中外财经交流合作、助力中国加入世界贸易组织进程中发挥了重要作用(徐玉德,2017)。此后,伴随着经济体制改革与对外开放的不断深化,我国企业会计制度在变迁过程中充分吸收了国际先进的会计理论认识与实践经验,建立起了与国际会计准则实质趋同的企业会计准则体系,有力地推动了经济全球化与国际经济合作。然而,我们应该清醒地认识到会计具有技术性和社会性双重属性。在会计改革中,只有承认会计的技术性,才能借鉴国际经验为我所用,只有承认会计的社会性,才不会照搬、照抄,才能批判地吸收,才能真正建立起符合社会主义市场经济和国情的会计理论和方法体系(王世定,1993)。一个具有中国特色的社会主义会计制度体系,主要由三个方面组成的:一是创新,二是继承,三是借鉴,创新是从总结自己的时间经验中产生;继承是对旧制度的批判、扬弃后的吸取;借鉴是从学习国外到"洋为中用",最后融为一体,成为我们自己的东西(杨纪琬,1988)。不可否认,经济全球化发展带来一系列十分严重的全球性问题,客观上确实需要通过建立全球性法律制度加以治理(郭道扬,2013),建立全球统一的高质量会计准则有利于推动国际经济治理。但是在现实中,国际会计准则是公共会计师行业为在证券市场上市的公众公司量身定做的信息披露规则(周华等,2017),同时国际会计准则在事实上存在侵害国家权益的"趋同陷阱",就连美国等许多大国也没有完全采用国际会计准则理事会的准则(郭道扬,2013)。因此,在中国特色社会主义新时代,我国企业会计变迁应始终坚持立足国情、面向世界的原则,理性推动会计准则体系国际趋同,并在基础上充分发挥企业会计制度促进国际经济合作的作用。在政府主导的我国企业会计制度变迁中,一方面应以我国宪法为根本遵循,以服务国家战略为宗旨,注重我国企业会计制度顶层设计与基层会计准则国际化之间的目标融合与制度衔接，在《会计法》的指导下逐步推动会计准则国际趋同。另一方面，应理性看待国际会计准则中的缺陷与问题，以我国社会主义经济建设的实践为基础强化企业会计准则的国际协调，努力提升我国在国际会计准则制定和修订过程中的话语权，将我国企业会计制度建设中取得的有益经验反映在会计制度的全球性变革中。

"乐土乐土，爱得我所"，四十载气势恢宏的改革开放伟大历程，叙述着栉风沐雨的春天故事，蕴染着独树一帜的绚烂底色，凝结着升腾跌宕的历史风云，镌刻着逐梦踏浪的时代风华。古语云："所当乘者势也，不可失者时也。"我国企业会计制度乘改革开放之势崛起，立足中国特色社会主义伟大实践，以中国特色社会主义理论体系为理论基础，以节约劳动时间为根本动力，在所有制改革的直接推动下，运用实践理性指导制度变迁路径选择，形成与我国生产力发展水平相适应的企业会计制度体系。四十载中国特色社会主义企业会计制度变迁历程，在社会主义市场经济建立、发展和完善中砥砺向前，在我国经济体制改革与转型升级中有序延展，标注了我国会计制度变迁的制度基点，展现了会计助力国家治理与经济腾飞的宏大诗篇，绘就了前景壮丽的会计改革与发展时代画卷。党的十九大以来中国特色社会主义步入新时代，我国主要社会矛盾发生深刻变化，新矛盾激荡新征程，中国特色社会主义企业会计制度变迁也将在中国共产党的领导下于崭新的云台上深化发展，虽远不怠。

主要参考文献：

［1］习近平．习近平谈治国理政［M］．外文出版社，2018．

［2］杨纪琬．社会主义会计理论建设［M］．中国财政经济出版社，1988．

［3］樊纲．渐进改革的政治经济学分析［M］．上海远东出版社，1997．

［4］樊纲．渐进改革的政治经济学分析［M］．上海远东出版社，1997．

［5］伍中信．产权与会计［M］．立信会计出版社，1998．

［6］项怀诚．新中国会计五十年［M］．中国财政经济出版社，1999．

［7］郭道扬．会计史研究［M］．中国财政经济出版社，2004．

［8］埃里克·弗鲁博顿，鲁道夫·芮切特．新制度经济学：一个交易费用分析范式［M］．上海人民出版社，2006．

[9] 林毅夫. 中国经济专题 [M]. 北京大学出版社, 2012.

[10] 科斯, 王宁. 变革中国: 市场经济的中国之路 [M]. 中信出版社, 2013.

[11] 曹越, 伍中信. 产权、制度与会计变迁 [M]. 中国财政经济出版社, 2016.

[12] 诺思. 制度、制度变迁与经济绩效 [M]. 格致出版社, 2014.

[13] 付磊. 新中国会计制度史 [M]. 立信会计出版社, 2015.

[14] 杨纪琬, 阎达五. 论"会计管理" [J]. 经济理论与经济管理, 1982, 8 (4): 53-54.

[15] 曹越, 张肖飞. 产权保护、公共领域与会计制度变迁 [J]. 会计研究, 2013 (6): 26-32.

[16] 谢德仁. 会计信息的真实性与会计规则制定权合约安排 [J]. 经济研究, 2000 (5): 47-51.

[17] 杜静然. 会计准则变迁的自组织演化机理研究 [J]. 会计研究, 2010 (6): 77-83.

[18] 陈旭东, 逯东, 等. 中国会计改革30年——经济和会计互动的中国路径 [J]. 会计研究, 2009 (1): 43-47.

[19] 赵鸣骥. "十三五"时期会计改革任务与会计理论研究 [J]. 会计研究, 2016 (10): 3-8.

[20] 冯巧根. 制度变迁的成本分析: 以会计制度为例 [J]. 财经理论与实践, 2008, 29 (3): 34-39.

[21] 付磊. 企业制度演变与会计发展 [J]. 会计研究, 2012 (7): 3-7.

[22] 杨纪琬, 阎达五. 开展我国会计理论研究的几点意见——兼论会计学的科学属性 [J]. 会计研究, 1980 (1): 2-10.

[23] 杨春学. 社会主义政治经济学的"中国特色"问题 [J]. 经济研究, 2016 (8): 4-16.

[24] 张宇. 努力探索和完善中国特色社会主义政治经济学理论体系 [J]. 政治经济学评论, 2017, 8 (2): 3-12.

[25] 吴元梁. 比较视野下的中国特色社会主义 [J]. 中国社会科学, 2008

(1): 18-23.

[26] 王立胜. 中国特色社会主义: 概念的演变与内涵的拓展 [J]. 理论导刊, 2013 (4): 23-26.

[27] 吕政. 中国经济改革的实践丰富和发展了马克思主义政治经济学 [J]. 中国工业经济, 2017 (10): 5-14.

[28] 刘伟, 方敏. 中国经济改革历史进程的政治经济学分析 [J]. 政治经济学评论, 2016, 7 (2): 3-48.

[29] 郭道扬. 论统一会计制度 [J]. 会计研究, 2005 (1): 11-24.

[30] 徐玉德. 中国企业会计规范的历史变迁与现实选择 [J]. 经济与管理研究, 2008 (9): 86-91.

[31] 付磊. 我国企业会计改革的回顾与思考 [J]. 会计研究, 2007 (12): 1-8.

[32] 黄铁苗. 马克思的节约理论及其现实意义 [J]. 中国社会科学, 2008 (4): 36-51.

[33] 李孝林. 会计产生和发展的动因探析——兼议会计理论体系的逻辑起点 [J]. 四川会计, 1999 (1): 10-12.

[34] 徐玉德, 韩彬. 中国特色社会主义企业会计制度变迁研究 [J]. 财政研究, 2018 (7): 119-129.

[35] 张宇. 中国特色社会主义政治经济学的科学内涵 [J]. 经济研究, 2017 (5): 17-19.

[36] 曹越, 伍中信, 张肖飞, 等. 两大法系会计法律制度: 架构、特征与适应性效率 [J]. 会计研究, 2014 (10): 13-19.

[37] Witt U. Evolution in markets and institutions [J]. Journal of Economic Behavior & Organization, 1994, 24 (3): 387-389.

[38] 王晨. 关于《中华人民共和国宪法修正案 (草案)》的说明 (摘要) [EB/OL]. 新华网, http://www.xinhuanet.com/politics/2018-03/06/c_1122496003.htm.

[39] 杨纪琬. 关于会计改革 [J]. 财经问题研究, 1986 (2): 10-18.

[40] 李增泉. 关系型交易的会计治理——关于中国会计研究国际化的范式探析 [J]. 财经研究, 2017, 43 (2): 4-33.

[41] 郭道扬. 论中国会计改革三十年 [J]. 会计研究, 2008 (11): 3-10.

[42] 周守华, 徐玉德, 刘国强, 韩彬. 缅怀会计大师谱写时代新篇——中国会计改革与发展2017学术论坛暨杨纪琬学术思想研讨会会议综述 [J]. 会计研究, 2017 (11): 26-30.

[43] 周密, 朱俊丰, 郭佳宏. 供给侧结构性改革的实施条件与动力机制 [J]. 管理世界, 2018 (3): 11-26.

[44] North D. C. Structure and Change in Economic History [M]. New York: Norton, 1981.

[45] 黄少安. 现代经济学大典（制度经济学分册）. [M] 经济科学出版社, 2016.

[46] 曹越, 伍中信, 赵西卜. 现代会计理论的产权基础 [J]. 财经理论与实践, 2011 (5): 60-64.

[47] 郭道扬. 论产权会计观与产权会计变革 [J]. 会计研究, 2004 (2): 8-15.

[48] 程启智. 现代产权理论及其对会计学的启示 [J]. 会计论坛, 2003 (1): 42-51.

[49] Cheung Steven N. S. The contractual nature of the firm [J]. Journal of Law & Economics, 1983, 26 (1): 1-21.

[50] 施先旺. 产权价值运动: 基于会计对象视角的分析 [J]. 会计研究, 2006 (6).

[51] 施先旺. 财务会计基础概念: 基于产权价值运动视角的分析 [J]. 会计研究, 2010 (1): 35-42.

[52] 伍中信, 张荣武, 曹越. 产权范式的会计研究: 回顾与展望 [J]. 会计研究, 2006 (7): 83-89.

[53] 王仲兵. 论企业本质、公司治理与财务会计理论的契合: 资本保全视角 [J]. 中央财经大学学报, 2005 (2): 76-80.

[54] 杨纪琬. 股份制与会计改革 [J]. 会计研究, 1992 (6): 1-9.

[55] 杨瑞龙. 论制度供给 [J]. 经济研究, 1993 (8): 45-52.

[56] 杨丹, 陈旭东, 逯东, 等. 中国会计改革30年——经济和会计互动的中国路径 [J]. 会计研究, 2009 (1): 43-47.

[57] 龚翔,许家林. 会计法规变迁与产权保护机制演进[J]. 会计研究,2008(10):9-17.

[58] 盖地,杜静然. 会计准则变迁的自组织演化机理研究[J]. 会计研究,2010(6):77-83.

[59] 王世定."管理活动论"的哲学基础[J]. 会计研究,1993(4):34-39.

[60] 徐玉德. 传承泰斗会计学术思想推进新时代会计法治建设[J]. 财政科学,2017(11):123-128.

[61] 郭道扬. 会计制度全球性变革研究[J]. 中国社会科学,2013(6):72-90.

[62] 周华,戴德明,刘俊海,等. 国际会计准则的困境与财务报表的改进——马克思虚拟资本理论的视角[J]. 中国社会科学,2017(3):4-25.

第三章
改革开放四十年国有企业管理会计应用实践及变迁

国有企业是"中国特色社会主义的重要物质基础和政治基础",我国为了夯实这一基础,从 1978 年以来对国有企业进行了持续不断的经营权改革和所有权改革(程俊杰等,2018),使其基本实现了从计划经济体制下的政府附属物向市场经济体制下的经营主体的转变,加上全球化进程的逐步推进和科技的飞速发展,使得引进国外管理会计方法成为国有企业适应时代发展和突破体制束缚的重要途径。在我国经济体制改革的不同阶段,国有企业引进、应用和改进了多种管理会计工具,形成了与经济发展环境相适应的管理会计应用实践。本书拟在分析国有企业管理会计发展制度背景的基础上,以改革开放四十年来国有企业管理会计的变迁轨迹为切入口,探寻国有企业管理会计应用和变革的影响因素及面临的挑战,并对未来我国管理会计的发展作出展望。

❖ 一、改革开放四十年国有企业管理会计实践应用的历史脉络

1978 年改革开放以来,伴随我国经济逐步从计划经济体制转向市场经济体制,国有企业改革大体经历了扩大经营自主权(1979—1993 年)、制度创新和结构调整(1993—2003 年)、规范治理(2003—2013 年)、全面深化改革(2013 年至今)四个阶段。在此过程中,国有企业管理会计的实践应用也随之发生了一系列深刻的变化。

(一) 以经济责任制为基础引入管理会计方法(1979—1993 年)

改革开放以前,中国实行高度集中的计划经济,国家对企业管得过多过死,

政企不分造成经营效率低下，竞争和激励机制的缺乏导致企业和员工没有积极性，国民经济发展始终在较低水平徘徊。十一届三中全会决议明确提出权力大胆下放，使地方和工农业企业在国家统一计划的指导下有更多的经营自主权。改革首先在国营工业交通企业中进行试点，通过对国营企业的扩权让利，打破了传统计划经济体制的束缚，改进了企业的微观经营机制，建立起激励约束机制，国营企业的经营效率得到提高。但由于体制机制不健全，信息不对称下的扩权让利造成国营企业"内部人控制"的问题，在此背景下，国家开始在国营企业中推广实行工业经济责任制。经济责任制是扩权的继续和发展，总原则仍然是计划经济为主、市场调节为辅，工作重点是落实企业内部经济责任制，要求企业按照权、责、利结合，"责"字当头的原则建立起一套纵横配套、上下结合得比较完整的岗位经济责任制；切实加强企业的各项基础工作和专业管理工作；在严格考核的基础上整顿奖励制度；整顿劳动组织，合理解决超员问题，调整领导班子。

国营企业扩权让利时期的经济责任制使责任会计在中国的应用达到了一个高峰，加之成本会计和成本管理制度日渐完善，我国在这一阶段初步形成了以内部经济责任制为核心的富有中国特色的管理会计体系。从这一时期的相关制度建设来看，1983年颁布的《国营工业企业暂行条例》要求企业实行经济责任制，明确了企业内外部的权利义务关系；1984年颁布的《国营企业成本管理条例》要求企业用成本计划、标准成本、决策技术、差异分析等方法进行成本管理；1987年又在前文基础上颁布了《国营工业企业成本核算办法》，详细规定了工业企业生产费用、产成品和在产品成本、销售成本的核算办法。上述制度促进了国营企业内部经济责任制的完善，以提高成本管理水平和成本核算质量为重点推动了国营企业管理会计的规范化。

在此期间，中国会计学界对西方管理会计理论和方法进行了大量的引进、消化和吸收工作，本量利分析、边际贡献表、成本性态分析、预算、责任中心等基本概念和方法首先引入，从20世纪80年代开始，公司战略管理理论开始进入中国，极大地促进了我国管理会计实践的发展。但是，这一进程并不是一帆风顺的，在管理会计引进初期，对于企业会计是否要划分为管理会计和财务会计等问题，学界存在不同的认识。概念不清阻碍了管理会计的发展，杨纪琬教授在《关于"会计管理"概念的再认识》一文中明确指出："管理会计"是与"财务会计"平行的一个概念，是会计的一部分（杨纪琬，1984），从而确立了管理会计的独立地位，为管理会计的发展扫清了障碍。

（二）建立市场导向的管理会计决策控制体系（1993—2003 年）

"国营企业"这个名词伴随 1993 年 3 月宪法修正案的出台正式成为历史，从"国营"到"国有"，一字之差意味着所有权和经营权的彻底分离。同年 11 月，党的十四届三中全会通过《关于社会主义市场经济体制若干问题的决定》提出建立"产权清晰、权责明确、政企分开、管理科学"的现代企业制度，并于年底颁布了《公司法》，为公司制企业组织结构和权责范围提供了法律依据，以保证国有企业经营权的落实。上述举措促进了我国国有企业所有权和经营权的分离和对建立现代企业制度的探索，提高了国有企业的市场化程度。随着市场经济体制的建立和国有企业法人地位的确立，国有企业管理会计的实践范畴不再限于成本领域，企业计划与预算的意识逐渐深入人心，全面预算管理与内部会计控制成为这一时期国有企业管理会计应用的两大热点。在全面预算管理方面，国家经贸委从 1999 年开始要求国有大中型企业建立全面预算管理制度、推行全面预算管理，财政部于 2001 年和 2002 年将这一要求扩大到全部国有企业。政府主管部门四年内连续发文对全面预算管理提出指导意见，充分说明了全面预算管理在国有企业管理会计决策体系中的重要地位，在这一时期国有企业开始从原先的生产计划和成本预算逐步过渡到全面预算管理。在内部会计控制方面，2000 年 7 月开始实施的《会计法》要求各单位应当建立、健全本单位内部会计监督制度，从职责分离的原则出发，提出了经济业务事项决策与执行、审批与记账相互监督和制约的要求。根据《会计法》的这一要求，从 2001 年到 2004 年，财政部陆续颁布了一系列《内部会计控制规范（试行）》，涵盖了基本规范、货币资金、工程项目、采购与付款、销售与收款、对外投资、担保七项内容，尽管仍然使用"内部会计控制"的名词，但实质上已经深入经济事项的业务管理。另外，除了全面预算管理和内部会计控制，平衡计分卡作为一种新型绩效评价体系，也在这一阶段开始在国内企业中得到应用。

全面预算管理、平衡计分卡等战略管理工具的运用促进了管理理念的变革，从追求短期的利润最大化转向更为长远的公司战略目标。20 世纪 90 年代以来，中国管理会计学界在战略导向管理会计方面作了大量研究工作，这些研究不同于 80 年代的管理会计概念框架研究，更注重管理会计的实务应用，使管理会计开始真正服务于国有企业的经营管理和战略管理，在推动国有企业改革、形成长期核心竞争力和参与市场化竞争中发挥了重要作用。国有企业管理会计的应用也反过来为相关理论研究提供了大量实践案例和现实经验,在一定程度上推动了这一时期我国国有企业管理会计的理论探索。

(三) 逐步与国际管理会计实现接轨 (2003—2013 年)

公司制改革落实了国有企业的经营权,但政府如何有效行使所有权的问题仍未在制度上得到解决,国有资本管理职能分散在国家经济贸易委员会、中央企业工委、财政部、劳动和社会保障部等政府部门中,缺乏统一的国资监管部门,而出资人缺位加大了国有资产流失的风险。针对这一现象,党的十六大报告提出要改革国有资产管理体制,中央和地方两级政府设立国有资产管理机构。2003 年国资委成立,将原先分散在各政府部门的职能统一管理,"规范治理"成为国有企业改革的主题。除了设立国资委统一履行出资人职责外,国有企业的产权改革继续沿着公司制股份制改革的方向发展,现代企业制度建设有了新的进展,进一步激发了国有经济活力。2005 年和 2010 年,国有企业利润总额分别为 9047 亿元和 19870.6 亿元,体现了此番国企改革的巨大成效。

随着国有企业市场化程度的加深,学习国际先进管理经验成为国企提升竞争力的重要途径,国际先进管理会计理念和方法[①]被引入国内,管理会计实践开始与国际接轨。一是全面预算管理逐渐成为国企管理会计体系的核心工具。2007 年《企业财务通则》和 2010 年《企业内部控制应用指引第 15 号——全面预算》强调了全面预算管理在加强内部控制方面的重要作用;2012 年国资委《关于中央企业开展管理提升活动的指导意见》将全面预算管理作为中央企业管理提升的主要内容。二是作业成本法开始推行。这一时期国有企业经营管理的完善使得 1987 年的《国营工业企业成本核算办法》已不能满足实践需要,为了提高产品成本科学化、精细化管理,财政部在 2012 年的《企业产品成本核算制度(征求意见稿)》中引入了作业成本法。三是经济增加值(EVA)考核方式逐步引入。国资委在 2007 年的《中央企业负责人经营业绩考核暂行办法(第一次修订版)》

---

① 20 世纪 80 年代,随着企业分权日益复杂和新技术在制造业和服务业的广泛应用,西方学者对传统的成本管理进行了反思,提出了作业成本法,在复杂分权经营组织中使用平衡计分卡和经济附加值等进行业绩评价,创新出 BSC、EVA、ABC、全面预算管理等管理会计工具,确立了统筹效率和效益的综合管理会计目标。

中鼓励企业使用 EVA,在 2010 年第二次修订版中正式将 EVA 列为年度基本考核指标。四是有效利用境外会计组织的带动作用,包括英国皇家特许管理会计师公会(CIMA)、英国特许公认会计师工会(ACCA)等,这些组织的资格认证考试及培训包含了管理会计相关科目,促进了先进管理会计理念和方法在高级财务人员中的普及。在与国际接轨的过程中,我国国有企业管理会计应用与国际先进水平的差距不断缩小。特别值得一提的是,许继电气等国有企业开始在国际舞台上展现来自中国的管理会计创新实践。

(四) 全面推进管理会计体系建设(2013 年至今)

改革开放以来,围绕国有企业改革问题,一直存在着做大做强做优国企,还是缩小国企实行私有化的争论(周新城,2016)。党的十八大提出深化改革加快完善社会主义市场经济体制和加快转变经济发展方式,使公有制经济和非公有制经济公平参与市场竞争。2013 年《中共中央关于全面深化改革若干重大问题的决定》提出"积极发展混合所有制经济",使国有经济的控制力和影响力与非公经济的活力和创造力相结合,同时允许员工持股,在所有权上实现股权多元化,在经营权上实现政府与市场的优势互补,经营决策机制更加规范,国有资产监管思路开始从"管经营"转向"管资本"。2017 年《国务院国资委以管资本为主推进职能转变方案的通知》的颁布标志着"管资本"的改革取得了阶段性成果,国企获得了更多的经营自主权。

为了推进与全面深化改革相适应的管理会计体系建设,财政部在 2014 年 10 月 27 日颁布了《关于全面推进管理会计体系建设的指导意见》,提出了理论、指引、人才、信息化加咨询服务"4+1"的管理会计有机发展模式,首次为我国管理会计的发展作出了全局性的长期规划,这是我国会计领域在企业会计准则国际趋同改革基本完成后的又一重大改革,对我国乃至世界管理会计发展作出了重大贡献,具有里程碑意义。作为管理会计指引体系的重要内容,财政部于 2016 年 6 月颁布的《管理会计基本指引》,总结提炼了管理会计的目标、原则和要素,构建了管理会计概念框架(见图 3-1)。管理会计概念框架是对管理会计普遍规律和基本认识的总结升华,在管理会计应用实践基础上总结、提炼形成普遍适用的指导性标准,明确了应用环境、管理会计活动、工具方法、信息与报告四项管理会计要素,为制定应用指引奠定了基础。2018 年财政部颁布的 34 项《管理会计应用指引》，对应不同的管理会计领域，对各领域所使用的管理会计工具作出了说明（见表3-1）。以《关于全面推进管理会计体系建设的指导意见》的颁布为标志，中国管理会计进入了兼收并蓄世界各国先进的管理会计理论与实践经验、积极探索管理会计本土化与国际化融合的全新阶段。

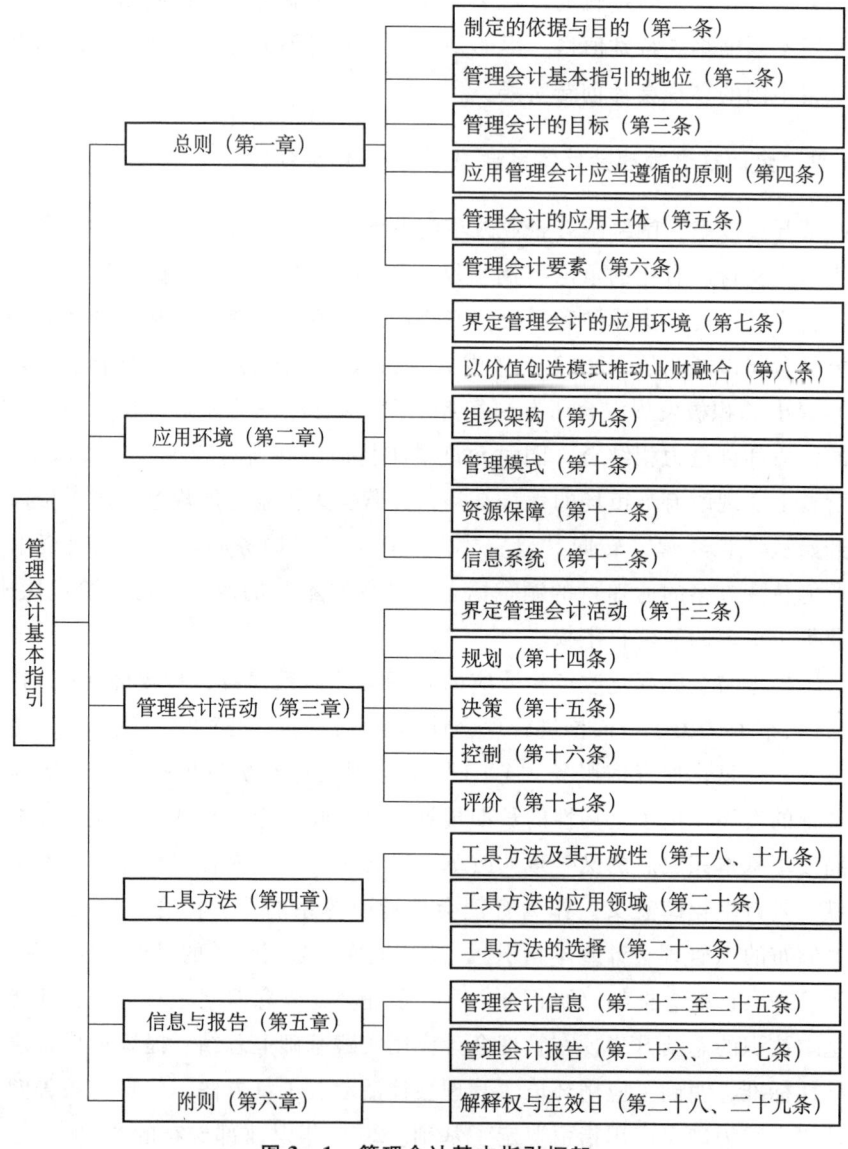

图3-1 管理会计基本指引框架

表 3-1　　　　　　　　　34 项管理会计应用指引目录

领域	第一批	第二批	第三批
1. 战略管理	第 100 号战略管理		
	第 101 号战略地图		
2. 预算管理	第 200 号预算管理	第 202 号零基预算	第 204 号作业预算
	第 201 号滚动预算	第 203 号弹性预算	
3. 成本管理	第 300 号成本管理		
	第 301 号目标成本法		
	第 302 号标准成本法		
	第 303 号变动成本法		
	第 304 号作业成本法		
4. 营运管理	第 400 号营运管理		第 404 号内部转移定价
	第 401 号本量利分析		第 405 号多维度盈利能力分析
	第 402 号敏感性分析		
	第 403 号边际分析		
5. 投融资管理	第 500 号投融资管理	第 503 号情景分析	
	第 501 号贴现现金流法	第 504 号约束资源优化	
	第 502 号项目管理		
6. 绩效管理	第 600 号绩效管理	第 604 号绩效棱柱模型	
	第 601 号关键绩效指标法		
	第 602 号经济增加值法		
7. 风险管理	第 603 号平衡计分卡	第 700 号风险管理	第 702 号风险清单
		第 701 号风险矩阵	
8. 其他	第 801 号企业管理会计报告		第 803 号行政事业单位
	第 802 号管理会计信息系统		

❖ 二、我国国有企业管理会计应用的实践经验及其成效

改革开放以来，国有企业将西方先进的管理会计工具和方法与本土化实践有机结合，创造出了邯钢目标成本管理、宝钢全面预算管理、许继电气作业成本法等经典案例，在推动管理会计实践上发挥了引领作用，获得了广泛关注和赞誉。

（一）成本管理助力企业成本控制和价值创造

1. 改革开放初期以降低成本为核心的标准成本法和目标成本法

在改革开放初期，国有企业的一切管理活动都是以成本为核心开展的，成本管理主要采用了标准成本法和目标成本法两种方法。目标成本法和标准成本法最

大的区别是成本管理的起点不同：标准成本法的起点是对生产过程的记录、测量和观察，在数据可得的情况下也会和其他企业进行对标；目标成本法则首先要确定可接受的产品售价，综合运用市场环境分析、跨部门协作、价值工程等多种方法。目标成本法的管理视角是由外而内的，比标准成本法的应用更复杂。我国国有企业成本管理最早采用的方法是标准成本法，标准成本法的应用体现在强化优化定额、层层落实指标、加强差异分析和考核兑现奖惩等方面。这一时期，我国国有企业在标准成本法实践方面涌现了一些典型案例，例如郑州纺织机械厂用当年工料费用定额计算的标准成本作为目标成本，加强成本管理（陈家元，1981）；首都钢铁公司的"按旬预测、分析成本"制度，根据预测情况采取管理措施，将成本控制到计划成本之内（杜昂，1982）；北京特殊钢厂运用量本利分析法和价值分析，降低钢锭成本（卢品章，1983）。在目标成本法应用方面，我国国有企业也有一些成功实践，例如朝阳重型机器厂通过确立目标成本、控制目标成本、考核与奖励三个步骤构建了完整的目标成本管理循环（徐会武，1984）；北京第一机床厂结合目标成本和定额成本控制实际成本，并以此进行考核（王荣九等，1982）。

成本核算是成本管理的基础，没有基本准确的成本核算，标准成本和目标成本就不具备应用前提。这一时期，我国企业在成本核算方面存在着乱挤成本、任意改变成本费用摊提方法、用估计成本、计划成本代替实际成本甚至用倒轧的方法来计算实际成本等"算而不实、管而不当"的问题。在总结了几年成本管理的经验后，财政部于1984年颁布了《国营企业成本管理条例》，对成本开支范围、成本核算、成本管理责任制作出了明确的规定，将成本管理分为预测、计划、控制、核算、分析和考核六个环节。该条例的颁布是我国成本管理发展史上重要的里程碑。

2. 法人地位确立后以提高利润为核心的全面成本管理

国有企业独立法人地位确立后，国有企业被赋予更大程度的经营自主权，经营业绩因此日益受到重视，管理者开始从市场、组织和流程上全方位思考提高利润降低成本的手段，成本管理的核心从降低成本转为提高利润，结合目标成本、标准成本、质量成本管理的全面成本管理逐渐在实践中得到应用。例如，华北制药厂建立质量成本管理体系（仲殿华等，1986）；江汉钻头厂运用三维成本管理走出困境,即对生产部门实行纵向的目标成本管理、对职能部门实行责任成本管理、对科研技术部门实行质量成本管理(龙邦诚等,1990)。

1993 年 7 月 1 日开始实施的《企业会计准则》将成本核算由完全成本法改为国际通行的制造成本法,将期间费用从产品成本中分离出来,使成本计算更为科学和精确,为企业成本管理带来了深刻的影响。首先,分清了成本与费用的关系,有利于加强成本管理;其次,将责任成本落实到位,生产人员不再承担无法控制的期间费用责任;最后,期间费用不再以不合理的分摊方式计入成本,提高了产品成本的准确性。《企业会计准则》的实施是我国会计发展史上的里程碑,标志着我国传统会计制度向现代化会计制度的转变。

3. 现代企业制度下以价值创造为核心的作业成本法

现代企业制度建立后,以托马斯·约翰逊和罗伯特·卡普兰为代表的西方学者对传统的成本管理系统进行了反思,如直接人工工时等进行成本分配,造成了产品之间的多种交叉补贴和成本扭曲,误导了管理决策。要实现成本系统的过程控制和产品成本的准确计算,必须明确定义成本中心的边界并理解成本中心的成本驱动因素,重新认识一般性管理成本发生的根源。对传统成本管理系统的反思促使管理者深入探究成本驱动因素,强调成本过程控制,而非标准成本法下的结果导向,在此基础上产生了作业成本法(也称 ABC 成本法)。作业成本法理念非常先进,被称之为成本会计的第三次革命(吴革,1996),但是由于企业同时维持基于财务报告需要的成本系统和基于过程控制的作业成本系统带来的收益可能小于成本,在 1999 年以前,尽管介绍作业成本法的文章已经很多,但几乎还没有被企业应用(童卫华,2005)。对 1985—1999 年有关企业成本管理方法的研究发现,目标成本管理(包含标准成本、定额成本、计划成本)仍然是运用最多的管理工具,为 85.19%;作业成本管理仅占 3.17%,仅指运用了类似作业管理的管理经验,未发现有意识运用作业成本法的案例。许继电气对企业的业务流程和信息系统进行改造后,在 2001 年至 2003 年实现了按月提供 ABC 产品成本报表(潘飞等,2008)。许继电气的案例表明:ABC 成本法能够提供更加完整的产品信息,反映了每个合同应承担的期间费用信息;提供了更加准确的成本数据,有利于了解产品的真实盈利水平;促进管理水平提高,增强了产品决策的科学性。

(二) 绩效管理引领企业实现经营目标和战略目标

1. 改革开放初期基于经济核算制的经济责任考核

改革开放初期，我国企业管理打破了人财物高度集中的旧有供给制，建立了经济核算制。经济核算制以利润为企业经营的追求目标，遵循等价交换的商业原则，运用物质激励来促进企业生产经营的提升。根据经济核算制"统一领导，分级管理"的原则，部分企业实行了厂内经济核算制，赋予企业生产车间和经营科室经营管理独立性，承担经济责任，分享经济利益（王庆成等，1980）。在厂内经济核算制基础上进一步细化，有班组经济核算制，在企业最基层单位——生产班组对其生产活动进行的记录、计算、分析、比较，以期用最少的劳动消耗取得最大的经济效果（欧阳清和韩殿文，1980）。有条件的企业使用了内部经济合同来规范内部权利义务管理，有的使用内部结算价格对各分厂、各车间单独计算并考核盈亏。典型案例有湘乡水泥厂的"五定竞赛奖励办法"（胡载琪，1982）、鞍钢的内部利润分成制度和奖励办法（朱德惠，1984）。

在物质利益的刺激下，企业开始关注利润，考核体系成为分配物质奖励的工具得到了普遍应用和强化，有效促进了劳动生产率的提升。但是，对于建立在厂内经济核算制基础上的考核体系的否定意见仍然存在，特别是反对内部利润的核算和应用，认为内部利润在理论上站不住脚、在实践中行不通、在工作上带来麻烦，企业内部各核算单位的考核应该以成本为核心，即以最省的劳动消耗和资金占用，取得最大的经济效果（李兴福，1982）。

2. 法人地位确立后基于责任会计的绩效考核

为了进一步增强企业活力，我国国企改革曾选择承包制作为两权分离的方向，到1987年11月末，全国大中型工业企业中73.8%都实行了承包制（倪所冠等，1987）。企业内部承包经济责任制涉及的管理会计工作主要有：分解指标，建立目标考核体系；划小核算单位，通过"厂内银行"监督、控制和结算各核算单位之间的内部交易，在此基础上对各核算单位的承包指标进行监督考核；推行计件工资、定额工资、岗位工资、浮动工资等办法，将考核奖惩落到实处。责任会计着重于对经济活动的控制和对效果的考核，满足了承包制下企业管理者的需要，典型案例主要为邯郸钢铁综合运用目标成本、标杆管理和责任会计等管理会计工具的"模拟市场核算,成本否决"经营机制(刘汉章,1996)。邯钢经验的推广极大地提升了管理会计工具在国有企业应用的重要性,激发了越来越多的国有企业应用先进的管理会计工具改善组织运营,提高企业绩效。

承包制推动了责任会计的快速发展,与厂内银行一起构成了有中国特色的管理会计。但承包制没有解决国企改革深层次的问题,如代表政府行使国有资产所有权的政府官员面临的"廉价投票权"问题、承包人在承包基数上进行博弈而忽视企业内部治理、价格机制不合理的问题等。从1993年开始的价格改革使市场价格不断变化,动摇了责任会计内部定价的基础,众多企业的责任会计机构名存实亡,内外部环境的剧烈变动使责任会计陷入了困境。随着公司制改造的推进,国企拥有了更多自主权,"代理问题"存在的范围更广、程度更深,使受托人最大限度增进委托人的利益,需要借助责任会计进行分析、评价和考核(冯巧根,1996),诸如年薪制等管理者薪酬方案开始进入市场经济环境下的责任会计体系。

3. 现代企业制度下基于战略目标的绩效体系

基于战略目标的绩效评价是从公司的战略目标出发,对经营者的业绩评价以长短期目标并重的综合指标体系为基础,结合财务指标和非财务指标,将短期行动和长期目标联系起来的一种评价方法。基于战略的绩效评价方法中,应用最广泛的是平衡计分卡(BSC)和经济增加值(EVA)。平衡计分卡通过财务、顾客、内部业务以及学习和成长四个维度的指标将企业的财务指标和非财务指标有机结合,但在实践过程中,BSC也暴露出诸多缺点。例如,四个维度的指标之间缺乏逻辑联系导致战略指导意义不强,单个维度内的指标数量过少导致无法落实管理意图,传统的财务维度指标没有考虑权益资本成本且易被人为操纵。在财务指标的选择上,EVA考虑了股东投入资本的成本,与利润总额相结合,能够兼顾利润的数量和质量,真实反映生产经营为股东创造的剩余财富。但是,由于存在代理成本和信息不对称,EVA容易导致短期投资行为,管理层在任期内倾向于选择投资少、风险低、见效快的短期项目,而忽略甚至损害了企业的长期发展潜力。由于两种绩效评价方法各有短板,因此,企业在实践中逐步探索出了将EVA和BSC相结合的新型企业绩效模式。例如宝钢钢管公司运用BSC和EVA等价值管理工具构建了价值贡献模型(范松林等,2004);五矿集团和中化集团围绕预算制度变革,将 EVA 与 BSC 等方法与传统的预算管理进行整合,增强了全面预算的管理功能。

(三) 预算管理推动企业管理水平全面提升

1. 基于责任成本管理制度的预算管理

1978 年以前,国有企业通过编制"生产技术财务综合计划"来落实上级主管部门下达的计划指标。"生产技术财务综合计划"包含了生产计划、财务计划、料工费计划等内容,在预算编制环节相当于"全面预算",但是由于在考核方面另有一套指标,因此未能实现预算管理的闭环。改革开放之后,标准成本、目标成本、定额成本等管理会计工具在国企中的大量运用促进了成本预算管理的发展,典型案例有山西省临汾地区通用机械厂"集中式责任会计"(王吉顺等,1989)、河北涿鹿化肥厂"责任成本管理"(于增彪等,1997)、邯郸钢铁厂的"成本否决"(王世定等,1997)。这些案例的共同特点是,预算指标以成本为核心设定,在生产经营过程中对预算指标完成情况进行持续监控并据以进行考核奖惩,实现了预算"编制—执行—考核"的闭环管理,起到了加强成本控制的作用。结合 1978 年以前的生产计划,尽管这时的预算管理内容比较单一,但已经具备了"全面预算"的雏形,之后的预算管理都在这个基本框架上,通过增加编制内容、强化执行监督、提高分析技术、完善考核体系等方法逐步丰富预算管理的内涵,使之"涉及管理会计的方方面面"(Covaleski,2003)。

2. 现代企业制度下的全面预算管理

全面预算管理在国有企业中的应用,一方面是政府推动的结果,另一方面是国有企业自身发展的需要。从政策层面看,自 1998 年开始,国家经贸委、财政部、国资委陆续发布了一系列文件要求国有企业加强全面预算管理;从国有企业自身发展来看,随着企业规模扩大,面临的内外部环境愈加复杂,管理者需要平衡的利益关系更加多元化,这就要求企业预算在编制起点上开始承接企业战略目标、在编制和执行过程中强调全员参与,预算结果与业绩考核和薪酬计划衔接更加紧密。在上一阶段业务预算和财务预算的基础上,全面预算增加了资金预算、投资预算和采购预算,覆盖面从原先的生产和销售环节拓宽至企业价值链的全部活动,管理体系更加完善,包含了预算组织体系、预算目标指标体系、反馈报告体系以及预算考核体系,预算管理从以完成利润或成本控制为目标的管理会计工具进化为战略目标导向的企业核心管理平台,管理者通过这个平台沟通、协调、平衡各方利益关系,下达生产经营计划,识别和控制风险。

单纯的成本控制指标或者利润指标过于强调预算的控制职能,忽略了预算的战略规划职能;既不能兼顾客户、员工及其他利益相关者的需要,又不能反映企业内部管理能力及发展潜力。全面预算管理在大型国企中的应用推动了国企管理向国际先进水平靠拢,形成了以战略目标为指引,以预算管理为龙头,以运营管理为主体,以风险管理为保障的管理体系,使国企具备了参与国际竞争的能力。

(四) 财务共享促进企业财务效率提升和转型发展

企业管理的核心是财务管理,但财务人员在企业中的话语权并不高,这与其传统职能主要是会计核算和成本管理有关,容易使其"算小账不算大账",陷入微观控制的陷阱。现代企业要为各利益相关方创造价值,对财务的要求也超越了"算对账,管好钱"的范畴,明确了以价值创造为目标的财务转型方向,在财政部的鼓励下,财务共享成为近年财务领域的热点。国内外很多大型企业集团纷纷将财务共享作为财务转型的第一步。例如,20世纪90年代,美国的一些企业如福特汽车和通用电气等最先开始实现信息共享,而会计和财务是其信息共享最早涉及的领域;摩托罗拉于1999年在天津成立的亚洲财务结算中心是国内最早的财务共享服务中心(Financial Shared Service Center, FSSC);中兴通讯于2005年建立了FSSC,是最早设立FSSC的中国本土企业,其财务共享建设经历了财务统一、财务集中、财务共享三个阶段。从现有案例来看,FSSC能够在先进的信息系统支持下,通过流程再造对财务流程、规则进行标准化的改造来提升效率,通过人员效率的提升实现降低成本,通过集中的会计核算服务对业务的快速扩张提供支持。

FSSC成立初期效率会得到较大的提升,在达到一个峰值后,如果没有及时对FSSC进行优化,将迎来效率拐点,随即FSSC进入退步期(许汉友等,2017)。有研究发现,我国对FSSC后续优化的重视程度明显不足,并且集团公司财务共享服务的规模效率没有得到充分发挥。FSSC既是我国人口红利消失后、信息化技术发展到一定阶段的必然产物,也是管理会计信息化建设的重要内容。除此之外,更加重要的是,FSSC 释放了财务人力资源,使财务部门能更好地发挥财务的管理职能,是促进财务组织向业务财务和战略财务[①]转型以实现业财融合、发展战略导向管理会计的必经途径。

❖ 三、四十年来国有企业管理会计实践应用变迁的影响因素

纵观四十年改革开放过程中管理会计的发展及其在国有企业中的应用,可以看出,管理会计作为现代化企业管理的重要组成部分,在推动国有企业管理理念革新、管理方式转变和管理绩效提升方面起到了巨大作用。国有企业管理会计变迁随着国有企业内外部环境变化而不断向前发展,总体来看,经济体制改革、政府制度、企业自身发展需要和信息技术的发展等都是我国国有企业管理会计变迁的主要影响因素。

(一)经济体制改革是推动国有企业管理会计变迁的首要因素

我国经济体制改革的独特性在于:它没有彻底抛弃计划体制,而是将计划体制进行着日益深入的市场化改造;社会主义市场经济体制改革的成功,既对传统计划经济体制进行了创新,又对传统市场经济体制进行了创新(胡鞍钢等,2013)。伴随着经济体制改革的进行,国企管理会计呈现出循序渐进的特征。以预算管理为例,改革开放前,计划经济体制下,国有企业编制的"生产技术财务综合计划"可以视为计划经济下的预算管理,生产是计划的出发点和归宿,财务计划只是陪衬,也不与企业奖惩挂钩;1978 年至 1997 年期间,我国开始逐步从计划经济走向市场经济,先后对国有企业实施了简政放权、两权分离、建立现代企业制度等改革,使国有企业变成"自主经营,自负盈亏"的实体。面对激烈的市场竞争,国有企业面临着内部降低成本、外部开拓市场的双重压力,生产计

[①] 业务财务是实现业财融合的关键,有利于管理会计更好地服务于企业的经营管理。国有企业在推进业财融合方面已有成功案例,例如,中国移动通过建设业财团队,在收入保障、成本管控和决策支持体系中实现了业财融合,为企业创造了价值(何瑛等,2014);管理会计最终要为实现公司战略服务,管理会计系统提供的信息要与企业战略决策相关,战略财务促进了战略导向管理会计的发展。

划发展为成本预算和财务收支计划；1998年国有经济战略布局调整使国有企业的发展和国家战略更紧密结合在一起，财务收支计划发展为全面预算管理，并且与平衡计分卡、EVA、KPI等绩效管理工具结合使用，成本预算变成基层单位基本管理工具。预算管理的变迁说明了制度化的实现是通过进化式的阶段变革过程来完成的（周琳等，2012），我国经济体制改革进程是管理会计变迁最主要的影响因素。

经济体制变革带来市场竞争的加剧，市场竞争加剧加快管理会计工具的更新换代。改革开放初期，商品供给严重不足，市场供不应求，企业关心的不是市场需求而是扩大生产，首要任务是控制成本，使用的管理会计工具是标准成本和目标成本。当商品供给极大丰富，市场供过于求时，企业需要更多地考虑满足客户需求才能实现预算目标，这个阶段的管理会计不单纯以控制成本为目标，而是考虑投入与产出的关系，目标是提高资源的使用效率，使用的管理会计工具主要有全面预算管理和作业成本法。随后，经济发展带动消费升级，个性化需求大量涌现，原有的供给体系积累的强大生产能力无法有效匹配市场需求，供需失衡加剧，供给侧结构性改革成为必然。这就要求企业主动适应市场需求，调整生产方式，从大规模工业化生产转向小规模定制化生产，或者通过创新引领需求，其首要任务是为股东和利益相关方创造价值，使用的管理会计工具主要是全面预算管理、BSC、EVA等。

（二）政府制度安排是加速国有企业管理会计变迁的外部推力

首先，政府将大量国有资本投入国有企业，在其中占全资或者控股地位。2016年国有控股企业固定资产投资总额为21.38万亿元，占全社会固定资产投资总额的35%，国有企业运营的绩效不仅影响其上缴财政的利润，还关乎其占用的国有资产能否得到有效利用。维持国家财政收入的持续增长，促进国有资产的保值增值，是政府推动国有企业管理会计发展的内生动机。其次，国企高管的准官员身份和政治晋升的激励因素使国企的委托代理问题与众不同，反映到管理会计的应用上，政府通过文件规定对国企管理进行指引和规范更为有效，这与西方国家通过行业协会来推动管理会计的做法有很大不同。通过政府推动管理会计容易引起国企高管的重视，更易获得组织资源，加快了管理会计在企业中的应用普及。例如在央企绩效考核指标上，国资委从 1999 年到 2016 年对考核体系进行了 7 次调整，在 2007 年的《中央企业负责人经营业绩考核暂行办法（第一次修订版）》中首次鼓励使用 EVA，在 2010 年第二次修订时明确了使用 EVA 作为基本考核指标。国资委以增加股东价值为目标，引导国有企业关注资本所创造的增加值，促进了 EVA 在国企中的普及。为了完成 EVA 指标，企业必须加强全面预算管理、严格控制成本、对新增投资进行评估等，又促进了相关管理会计工具的应用。最后，2014 年的《财政部关于全面推进管理会计体系建设的指导意见》标志着政府层面已经将管理会计提升到建设现代财政制度和完善现代企业制度的高度，从 2016 年起相继发布了《管理会计基本指引》和《管理会计应用指引》，是国际上首次由政府颁发的管理会计指引体系。在政府的推动下，管理会计在国企中的普及应用与发展将进入加速期。

（三）自身发展是国有企业管理会计水平提升的内在动力

改革开放四十年来，从中央集权计划式管理下没有自身利润追求的"国家工厂"，到"包"字进城后与国家收入支出密切联系的"租赁工厂"，再到社会主义市场经济改革施行后广泛吸收社会资本的"海绵工厂"，国有企业的"国家和政府色彩"逐渐淡化，市场竞争参与度不断提升，这就要求其不断改进自身经营管理以在激烈的市场环境中谋求生存与发展。伴随企业规模、经营机制、股权结构和治理结构等方面的显著变化，国有企业财务管理工作的关注重点、方式和内容等日渐复杂，需要国有企业不断探索、借鉴和运用符合自身管理需求的日趋综合性的管理会计工具以提升自身财务管理水平，使管理会计工作更好地服务于国有企业的价值管理和价值创造，促进国有企业的提质增效。改革开放初期，作为"国家工厂"的国有企业完全没有经营自主权，其生产经营完全是在政府的行政命令下进行，这就决定了其管理会计工作仅限于成本管控；扩权让利政策下国有企业转变为"租赁工厂"，这促使国有企业开始关注产品和利润，但由于扩权让利力度有限，国有企业管理会计工作重点仍在成本方面。为了降低成本、增强产品竞争力，国有企业在该阶段主要引进了目标成本和标准成本等成本管理工具；随着社会主义市场经济改革工作的全面开展，国有企业规模不断扩大，经营自主权日益提高，这对国有企业管理会计工作不断提出新要求。当企业规模扩大为企业集团时，为了协调整体的经营活动、准确评价各成员单位的绩效、构建企业核心竞争力，管理会计实践形成了对内部交易定价、全面预算管理和 BSC 等工具的需求；当企业逐步发展成为供应链核心单位时，为了实现供应链成员共赢，供应链预算管理、财务共享服务中心等逐渐受到重视。另外，企业生产自动化水平的提高改变了企业向用户交付产品的渠道和方式，成本源流发生了变化，从根本上改变企业的成本结构，成本控制的内涵和外延不断扩展，成本动因和相关性概念不断演进，也推动了成本管理工具的变迁。

（四）基于信息技术发展的商业智能（BI）是国有企业管理会计发展的催化因素

商业智能（BI）是对商业信息的搜集、管理和分析过程，其目的是使企业的各级决策者获得知识和洞察力，促使其作出正确的决策（曹海雄，2015）。[①] 随着企业信息化程度的提高，BI 在国企中的应用得到不断创新，经历了基于 ERP 系统的传统 BI、基于高性能计算能力和大数据分析技术的大数据 BI 和基于人工智能技术的智能 BI 三个发展阶段。BI 的应用提升了企业的数据洞察力和价值管理能力，从而促进了企业管理会计的智能化发展。

1. 基于 ERP 系统的传统 BI

20 世纪 90 年代，ERP 的诞生和计算机网络的普及使财务管理进入了信息化阶段（周金华，2003），国外先进的 ERP 系统如 ORACLE 和 SAP 在国企得到大量应用，不仅为财务核算带来了 GL、AP、AR 等模块化、流程化概念，完整的 ERP 还整合了业务模块和财务模块，能够提供完整的业务数据和财务数据，从而使财务管理覆盖整个业务流程。ERP 为国企带来了先进的管理理念和工具，但实施 ERP 需要对内部流程作出大量改动，在某种程度上要求管理层有"削足适履"的勇气，而国有企业积淀已久的企业文化和效率低下的决策机制导致 ERP 实施初期普遍出现了投资大、实施难度大、见效慢的情况，经过一定时间的磨合后才开始逐渐出现效益，典型案例如康佳公司利用 ERP 优化业务模式（王雯，2000）。ERP 发展初期的传统 BI，其数据源以财务数据为主、业务数据为辅，没

---

① BI 的基本架构包括数据源、数据仓库、数据集市和前端呈现，它从企业各业务系统和财务系统中提取数据并进行清洗，再经过抽取、转换和装载（ETL）的过程，形成数据仓库，在此基础上运用数据分析和挖掘工具对其进行分析，最后将结果呈现给管理者以供决策使用。

有集中的数据仓库,数据定义不清晰,只有简单的数据分析功能,数据呈现以实时自动报表为主。

2. 基于高性能计算能力和大数据分析技术的大数据 BI

随着 ERP 系统的推广应用,精益生产、敏捷制造等先进的管理理念在企业中落地生根。企业不仅上线了成熟的 ERP 套装软件,还定制化开发了大量业务软件,企业的每名员工、每台设备、每个流程都在产生数据,财务管理进入了大数据时代。大数据 BI 的数据源以结构化的业务数据为主、财务数据为辅,为了避免不同系统产生的数据由于数据定义不统一、数据接口不完善等问题导致数据相互验证时产生逻辑错误,数据必须经过清洗后存入集中的数据仓库,再利用高性能的计算能力对数据进行挖掘和分析,最终生成内容丰富、形式多样的管理会计报表,提供诸如管理驾驶舱等流行的管理工具。大数据 BI 是当前国企 BI 应用的主流,典型案例如宝钢金属利用 BI 实时监控和反映企业的运作状态,帮助企业寻找价值驱动因素,使之成为价值管理的一大助力(于跃,2015)。另外,利用大数据 BI 还可以创新商业模式、开拓新市场,例如,阿里巴巴通过对支付宝用户行为数据的分析创造出芝麻信用,并在此基础上衍生出一系列的金融产品,如虚拟信用卡类产品"蚂蚁花呗"和小贷产品"蚂蚁借呗",取得了良好的商业效益。阿里巴巴在大数据 BI 方面的成功应用对国企在风险控制、信用政策安排和供应链金融方面都有很强的借鉴意义。

3. 基于人工智能技术的智能 BI

2016 年 Alpha Go 击败韩国顶尖围棋棋手李世石引爆了人工智能话题,仿佛一夜之间人工智能超越人类智慧已不再是遥不可及。人工智能技术能够获取非结构化数据并进行分析,例如无人驾驶汽车通过雷达和摄像头获取环境数据,Siri 等智能助手通过麦克风获取语音数据与人类进行互动。智能 BI 的数据源大量来自于图像、语音等非结构化数据,将其转化为计算机可以识别和处理的结构化数据,不仅能够对数据进行分析,还能根据设定的条件作出决策;最终结果不仅表现为图形和表格,还能够直接操作机器和设备。

在智能化条件下,管理会计决策基于结构化和非结构化数据,没有事先精确的编程,从人、机、环境三者的交互中学习和推理,人工智能的快速发展为管理会计带来新一轮变革。首先,将快速提高信息处理的效率、效益和智能化程度，将财务人员从机械琐碎的工作中解放出来，促使其把工作精力转向更具难度和价值的工作，将使财务转型为智能型组织，提高管理会计工作的质量和效益；其次，人工智能将使算法成为企业的核心资产，这就要求企业管理会计加强对此类无形资产的监督与管理。目前，隶属于全球四大会计师事务所的毕马威、普华永道和安永都已推出自己的财务机器人，其在大型跨国企业中已得到初步应用。

❖ 四、国有企业管理会计实践应用面临的挑战与展望

（一）国有企业管理会计应用面临的挑战

1. 管理会计信息化、智能化水平不高

虽然我国管理会计信息化建设已取得一定成效，但仍存在诸多不足之处。首先，企业本身信息化水平不高。企业一般会投资财务会计信息系统，因为依法设置会计账簿是《会计法》规定的法定义务，简单的会计电算化可以单独实施，投资小见效快。但是，企业信息化覆盖的业务部门比较少，作为管理会计基础数据来源的运营管理和生产制造流程信息化程度较低，受此限制，财务部门的高信息化比率并不会明显改善财务管理效率。其次，企业在管理会计信息系统建设方面投入过少，管理会计信息化水平不高。管理会计信息系统需要依托于完善的业务系统①，构建管理会计信息系统的常见方式是基于前期信息化的成果，在核算层和业务层的基础上建设管控层。然而，大量的中小企业无力负担信息化建设所需的巨额投资，大型企业有财务负担能力，但投资的经济效益却很难量化评估，导致决策层对投资心存疑虑，望而却步。另外，前期信息化过程中单独建设的财务系统和业务系统之间，各业务系统之间必然存在数据源不同、数据定义不统一、数据接口不规范等问题，系统之间的深度集成较少，信息孤岛的存在降低了管理会计信息的及时性和有效性。最后，缺少跨学科的专业人才也是导致管理会

---

① 例如宝钢集团对每一个钢卷的生产过程搜集1000多个数据，没有先进的业务信息系统支持是无法实现的。

计信息化水平低下的一个重要原因。例如为了实现管理会计的预测功能，需要运用大量的统计和数学模型，如线性规划、非线性回归、投入产出模型等，会计人员普遍缺乏专业的统计知识，无法深入数学模型的建模过程，需求不明确，管理会计信息系统就无法开发。

智能化是建立在信息化基础上的进阶形态，管理会计信息化建设的不足不仅阻碍了智能化软件的应用，而且使企业难以借助大数据技术的东风以加强信息共享，缺少统一的管理会计智能化体系，拖慢了企业管理会计的智能化进程。

2. 国有企业制度环境一定程度上影响了管理会计作用的发挥

国有企业特殊的制度环境限制了其管理会计作用的发挥空间。首先，国有企业承担了社会稳定和增加就业的责任，经常呈现出结构性的冗员和缺员，使国有企业人工成本的调整能力远远低于民营企业。同时，国有企业实行工资总额控制，国有企业绩效管理只能在既定的工资总盘中分配，必然出现部分员工受益、部分员工受损的局面。冗员和工资总额控制使国企薪酬缺乏竞争力，造成人才流失，虽然国有企业也局部试行了市场化薪酬和职业经理人制度，但如果工资总额不放开，同样是"拆东墙补西墙"的局面。其次，国有企业的融资优势在帮助国企实现发展的同时也使大量亏损企业和僵尸企业占用大量资源，造成了资源使用的低效率。再次，政府关系成为国有企业经营环境的重要变量，政府既可以通过政策安排给予企业经营便利，也可以直接通过财政补贴给予企业经营补偿[①]。企业的战略决策基于从政府获取更多"租金"的角度考虑，并非完全基于管理会计提供的信息。最后，国务院对行政任命的国有企业高管人员薪酬水平实行限高，通过行政手段干预了企业绩效管理的效果，晋升预期特别是政治晋升代替了经济手段成为国企高管激励的主要因素。因此他们的业绩目标设定，既不是短期的利润目标，更不是长期的股权激励，而是定位于职位晋升。国资委对央企的考核，形成了"利润增长—评级提高—职位晋升"的职业路径。国企高管薪酬受限催生了超额在职消费动机，相比非国有企业，国有企业的超额在职消费规模更大，对货币薪酬业绩敏感性的削弱作用更为显著（耿云江等，2016）。

---

① 地方政府为吸引航空公司开辟航线，改善招商引资环境，在航线经营初期给予航空公司巨额补贴已经成为常态。

3. 管理会计理论和工具无法满足供应链管理需要

随着国企改革尤其是混合所有制改革的不断深入，国有企业规模日益壮大，加上信息技术、交通的快速发展，供应链模式逐渐成为国有企业商业模式的重点，一些国有企业凭借其强大的资本实力，在供应链中占据核心地位并发挥主导作用。互联网时代和共享经济带来了组织和生产方式变革，管理创新的内容包括建立平台型组织、打造企业生态圈、企业扁平化改造、全面推进管理提升等；商业模式创新通过优化和重构价值链，优化资源配置能力，提升企业价值创造能力，确立新的竞争优势。以移动互联网科技为基础的平台型组织，使用创新商业模式在短短几年内就能够改变一个行业的格局，这对传统的管理会计理论提出了挑战，为了更好地反映经济业务的实质，需要在财务信息和非财务信息的披露、管理会计理论和实践的创新上作出重大改进。为了应对随时可能发生的"跨界降维"打击，从全局和战略高度对供应链进行管理变得更加重要，管理会计信息需要识别和反映跨越传统组织边界的成本和增值过程，并及时发现来自外部的威胁。当前我国国有企业管理会计的应用研究仍局限在对传统管理会计工具的应用与改进上，对适应供应链模式的管理工具研究较少，传统的管理会计工具大多一定程度上限制了国有企业管理会计在新型发展方式和运营模式下作用的发挥。

（二）国有企业管理会计应用的未来展望

1. 大力推进管理会计信息化建设

大力推进管理会计信息化建设，需要政府、企业和财务人员三方面共同努力，从环境建设、政策引导、人才培养、规范制定等多方面发力。首先，政府应持续增加信息基础设施的投资，提高网络速度，降低网络资费，普及智能终端和智能硬件，加快物联网建设，为管理会计信息化的应用创造便利的外部环境。引导企业重视管理会计信息化发展，帮助企业提高管理水平，既要鼓励企业学习和引进国外先进财务管理会计软件，也要加强对国内财务软件供应商的扶持，为国有企业提供更适合本土需求的财务会计和管理会计软件。政府牵头制定管理会计信息系统技术标准和规范，提供数据分析、趋势预测等基本组件，快速提升企业管理会计信息化水平。其次，企业应积极贯彻和落实《国家创新驱动发展战略纲要》等战略，加大对人工智能技术研究和应用的投入，加速科技创新和转型，提升信息化和智能化水平，从而为管理会计信息化和智能化应用奠定坚实的基础。企业管理人员应充分认识管理会计信息化的重要性，接受管理会计信息化所包含的管理理念和价值取向，将管理会计信息化纳入总体规划，增加对管理会计信息系统的投资，避免形成信息孤岛。"财务云＋财务共享"是企业管理会计信息化的重要基础，有条件的企业可以建立私有云并提供财务共享服务，中小企业可以利用公有云和购买外包服务快速提高信息化水平。企业不仅要重视大数据分析等软件技术的应用，也要关注智能制造等硬件系统的发展，未来还可以使用"报账机器人"等人工智能技术代替前台财务人员的工作。最后，财务人员要顺应管理会计信息化的发展趋势，充分认识到人工智能技术在财务领域大量应用后产生的替代效应，加快自身从基础核算型财务向管理支持型财务转型。培养大数据分析的能力，从战略视角对结构化和非结构化数据进行分析，运用先进管理信息系统进行实时数据分析，以提高管理会计信息的及时性和有用性，帮助企业进行决策。在大数据时代，财务人员不仅要精通财务知识，还要具备信息技术、大数据分析整合能力、运用大数据进行风险控制的能力，必须努力提高自身素质，成长为财务和IT跨界复合型人才。

2. 完善现代企业制度，优化国有企业管控方式

管理会计的直接服务对象是公司治理，有序的公司治理和管控反过来也会提升管理会计工作的质量和效率。我国应继续深入推进国有企业改革，积极推动国有企业现代企业制度建设并不断改善国有企业管控方式，从而为国有企业管理会计工作创造良好的实施环境以促进其进一步完善和发展。在现代企业制度建设方面，应不断健全国有企业的法人治理结构，让董事会充分发挥作用，并承担相应的责任。董事会应充分重视管理会计的作用，发挥管理会计的战略规划、资源配置和业绩评价功能，可以考虑将建立健全管理会计体系的要求列入董事会职责，管理层定期向董事会汇报管理会计执行情况。改革外部董事管理制度，制定完善外部董事选聘和管理档案。深化企业内部人事和分配制度改革，引入外部职业经理人，打破薪酬平均化，发挥岗位薪酬制度的激励作用。推进信息公开，及时披露国有企业公司治理以及管理架构、经营情况、财务状况、关联交易、高管薪酬等信息，发挥公共舆论监督作用，与内部财务监督、外部审计监督一起形成全方位的立体监督机制。在管控方式方面，应尽快推进对国有企业以管资本为主的转

变,监管重点放在规划投资和国有资本运营上,既要防止国有资产流失,实现资产保值增值,又要精简监管事项,提高监管效能,增强企业活力。要使国企真正成为独立的市场经济主体,国资监管部门对属于企业自主经营权范围的事项应充分授权,尤其在激励约束机制的制定方面,因为管理会计的效果最终要通过对员工的奖惩兑现。一是应取消工资总额管控,消除成本扭曲,使薪酬对国企员工的激励作用得以充分发挥。二是要完善国企领导人薪酬激励政策。限薪使国企领导缺少经济激励从而将注意力转向职位晋升,而职位晋升跟企业评级有关,企业评级提高要求企业实现利润增长,因此国企领导人的理性选择是增加企业利润,减少对员工的激励支出,对国企领导的限薪最终限制了全体员工的薪酬增长。三是优化国企考核方案。国企的贡献除了创造利润之外,还包括稳定提供就业岗位和缴纳的税费,三方面的贡献分别对应不同的政府主管部门,应协调不同主管部门利益,全面反映其对国民经济所作贡献。目前,国资委下达的考核指标只关注利润,而重要的考核指标 EVA 在资本成本率的设定上一直存在缺陷,虽然从固定资本成本率到用债权和股权加权计算资本成本率是一个进步,但 EVA 指标仍然没有体现不同分类、不同行业国企在资本结构和盈利能力上存在的巨大差异。应按照国有企业分类和行业设定 EVA 资本成本率,使 EVA 的考核结果更具有可比性,对国资委监管的中央企业甚至可以考虑为每个企业单独制定资本成本率。

3. 基于财务会计和管理会计的融合,拓展新经济下管理会计应用场景

企业经营的外部环境已经发生了翻天覆地的变化。从经济环境上,中国经济进入了新发展阶段,供给侧结构性改革是经济体制改革的主要内容;从技术环境上,信息技术的发展使新的商业模式和组织形式不断涌现,大数据技术提升了数据的处理和分析能力,数据正在成为企业最宝贵的资产;从组织环境上,基础设施的互通互联、贸易全球化进程通过供应链将不同的企业连接在一起,不仅模糊了企业的边界,甚至淡化了国家的地理边界。在新经济条件下,借助于计算机和网络技术及现代企业管理理论和人员素质的普遍提高,财务会计和管理会计出现了融合的迹象(徐玉德,2002)[1],信息技术的发展将加快两者之间的融合。财

---

[1] 许继电气 2003 年实施了 ABC,在 2010 年实施 ORACLE 信息系统时,将作业成本核算和管理理念融入了 ORACLE 信息系统,实现了 ABC 和 ORACLE 的无缝整合(周琳等,2012),就是财务会计和管理会计融合的典型案例。

务会计和管理会计都是通过对数据的处理实现各自的目标，不同之处在于，财务会计的对象为财务数据，而管理会计的对象不仅有财务数据，还有生产数据；不仅有自身数据，还有外部数据；不仅有结构化数据，还有非结构化数据。信息技术的发展大大增强了企业收集、整理、分析、使用数据的能力，这将加快财务会计和管理会计之间的融合。理想的数据处理系统可以设想为一个数据库和一个规则库，所有的数据存在数据库中，财务会计和管理会计根据各自的规则从数据库中取对应的数据，这个过程在信息系统的支持下，当一项作业发生时即可同时处理完毕，从而实现"作业产生数据，规则生成信息"的作业驱动的财务会计和管理会计（见图 3-2），同时满足企业内部和外部的信息需求。

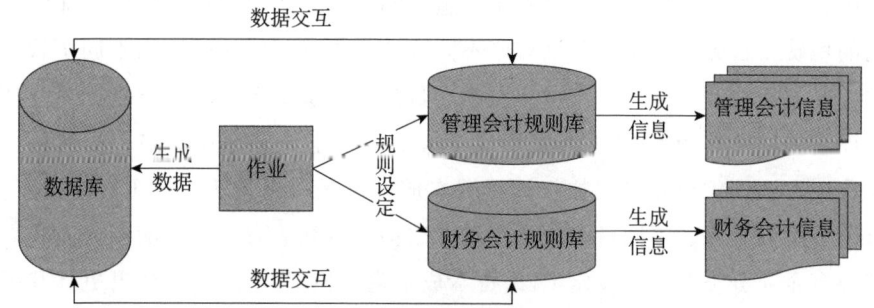

图 3-2 作业驱动的财务会计和管理会计

这一融合使管理会计能够适应当前新经济的发展。首先，电商、O2O、共享经济等商业模式本质上并没有创造需求，而是更有效地连接了供给与需求，是将企业的价值链延伸到上下游，围绕终端用户的需求构成一个能够提供多种产品和服务的生态圈。财务会计和管理会计在底层数据上的融合能够大幅提高供需匹配的精准度和预测能力，使供需连接更为高效。其次，是否能够成为生态圈的核心企业，对企业未来的发展至关重要，核心企业将攫取最大份额的利益，而维护整个生态圈的利益平衡和结构稳定是核心企业的首要任务。财务会计和管理会计融合实现了数据在二者之间的实时共享，使核心企业有能力通过供应链成本管理、预算管理和管理报告对整个生态圈进行管理。最后，新经济下企业的核心竞争力包含对大数据的应用能力，即构建独特算法的能力。财务会计和管理会计的融合打通了业务数据和财务数据，财务人员和业务人员成为从不同角度对数据加以应用的管理人员，为构建核心算法创造了基础。

主要参考文献:

[1] 胡静林. 管理会计在中国: 回顾与展望 [R]. 北京: 2014 中国管理会计论坛.

[2] 谢志华, 敖小波. 管理会计价值创造的历史演进与逻辑起点 [J]. 会计研究, 2018 (2): 3-10.

[3] 白肇鲁. 对会计领域中吸取国外经验的几点看法 [J]. 会计研究, 1981 (2): 25-31.

[4] 杨纪琬. 关于"会计管理"概念的再认识 [J]. 会计研究, 1984 (6): 7-12.

[5] 王庆成, 阎金锷, 贺南轩. 试论厂内经济核算制 [J]. 会计研究, 1980 (2): 6-12.

[6] 欧阳清, 韩殿文. 关于工业企业班组经济核算问题的探讨 [J]. 财经问题研究, 1980 (2): 65-69.

[7] 胡载琪. 实行厂内经济核算制的几点体会 [J]. 会计研究, 1982 (1): 46-51.

[8] 朱德惠. 从鞍钢实践经验看会计管理对提高经济效益的重要作用 [J]. 会计研究, 1984 (3): 26-29.

[9] 冯巧根. 责任会计创新——现代企业管理的必然要求 [J]. 会计研究, 1996 (6): 41-43.

[10] 童卫华. 作业成本法在许继电气的实施经验与效果 [J]. 财务与会计, 2005 (5): 13-14.

[11] 中央企业开展管理提升活动领导小组. 企业全面预算管理辅导手册 [M]. 北京教育出版社, 2012.

[12] 托马斯·约翰逊, 罗伯特·卡普兰. 管理会计兴衰史: 相关性的遗失 [M]. 清华大学出版社, 2004.

[13] 罗伯特·S. 卡普兰, 安东尼·A. 阿特金森, 卡普兰, 等. 高级管理会计 [M]. 东北财经大学出版社, 2012.

[14] 宋丹,黄旭. 信息科技视角下商业智能的发展现状、趋势及创新应用 [J]. 科技创新与应用, 2016 (23): 3-5.

[15] 刘汉章. 模拟市场核算 实行成本否决 [J]. 经济与管理, 1996 (2): 28-35.

[16] 阿尔文·托夫勒. 第三次浪潮 [M]. 三联书店, 1983.

[17] 张超. 管理会计信息化国内研究综述 [J]. 财会月刊: 上·财富, 2015 (10): 101-105.

[18] 杨时展. 从管理会计学看近三十年西方国家会计科学的演变 [J]. 会计研究, 1980 (4): 39-42.

[19] 陈家元. 多品种机器制造企业加强成本管理的探讨 [J]. 会计研究, 1981 (2): 44-50.

[20] 杜昂. 降低成本是冶金企业生财之道 [J]. 会计研究, 1982 (4): 30-33.

[21] 卢品章. 在财会工作中运用量本利分析等管理方法促进增收节支,增加盈利 [J]. 会计研究, 1983 (4): 43-45.

[22] 徐会武. 实行目标成本管理改革会计工作 [J]. 会计研究, 1984 (6): 23-24.

[23] 王荣九,姜焕章. 试论成本经营和目标成本 [J]. 会计研究, 1982 (2): 18-21.

[24] 潘飞,王悦,李倩,等. 改革开放30年中国管理会计的发展与创新——许继电气与宝钢的成本管理实践与启示 [J]. 会计研究, 2008 (9): 10-16.

[25] 范松林,李文娟. 宝钢钢管公司构建价值贡献模型探索 [J]. 会计研究, 2004 (5): 57-61.

[26] 王玉红,王丽竹. 华润集团战略导向预算管理的创新与实践 [J]. 财务与会计(理财版), 2014 (5).

[27] 徐玉德. 财务会计与管理会计融合的理论基础 [J]. 会计研究, 2002 (8): 50-53.

[28] 程俊杰，章敏，黄速建. 改革开放四十年国有企业产权改革的演进与创新 [J]. 经济体制改革，2018（5）：85-92.

[29] 周新城. 拨开新自由主义对国企改革制造的迷雾——读中共中央、国务院《关于深化国有企业改革的指导意见》的感想 [J]. 贵州师范大学学报（社会科学版），2016（2）：1-15.

第四章
我国注册会计师制度四十年变迁回顾与展望

我国改革开放伟大事业，以1978年党的十一届三中全会为开端，至今已走过四十年光辉岁月。四十年来，伴随着经济体制的逐步转变，我国注册会计师制度变迁也取得了丰硕成果。注册会计师制度是在一定经济环境下调节注册会计师执业中各种关系的一种制度规范，是我国会计监督体系的重要组成部分，主要包括与所规范各主体相关的法律法规等。建立健全注册会计师制度是国家有效制止和防范利用会计报表弄虚作假、提高会计质量的重要手段。回顾梳理和深入分析改革开放四十年来注册会计师制度变迁的历程及不足，将为新时期全面推进改革探索提供有益借鉴。

❖ 一、我国注册会计师制度演进与变迁历程

1978年，党的十一届三中全会召开，决定开始我国改革开放伟大历史征程，在"对外开放、对内搞活"总方针的指导下，国民经济建设呈现出蓬勃生机和活力。我国注册会计师制度也由此开启了恢复重建之路。从经济学的供需理论来说，改革开放所形成的企业所有权和经营权的分离，构成了注册会计师制度的需求。而另一方面在改革开放的历史变革中，国家根据时代的需要，权衡了恢复注册会计师制度的利弊，确定了恢复注册会计师制度能够带来成本效益，由此构成了改革开放后我国注册会计师制度的供给。根据时间序列并以重要事件为节点，可以将我国注册会计师制度的变迁依次划分为恢复重建、初步确立、体制创新、快速发展、深化改革五个阶段（见图4-1）。

图 4-1 我国注册会计师制度变迁历程

（一）恢复重建阶段（1980—1991 年）

改革开放初期，我国经济基础较为薄弱，大力推进国内经济建设急需引进外资，作为相关配套制度，按照国际惯例恢复重建注册会计师制度为外资企业提供验资、查账和清算等服务，成为我国吸引外资进行经济建设、营造稳定投资环境的迫切需要。伴随着 1980 年 8 月全国人大常委会批准成立经济特区，各种形式的外方投资企业设立。新中国成立后注册会计师审计业务首次出现于财政部 1980 年 12 月 14 日公布的《中国中外合资经营企业所得税法实施细则》中，该细则明确规定了中外合资经营企业在向企业所在地税务机关报送所得税申报表申报纳税时，需附送在我国境内登记注册的公证会计师的查账报告。关于公证会计师工作的组织形式选择方面，囿于历史因素，杨纪琬教授等人建议在我国从事会计师事务所业务工作的组织先采用"会计顾问处"的名义。为更好引导行业重建，财政部于 1980 年 12 月正式印发了由杨纪琬教授主持起草的《关于成立会计顾问处的暂行规定》，明确了注册会计师行业承办会计公证、咨询的组织形式为会计顾问处，其业务开展受我国各级财政部门的监督。该暂行规定的颁布实施在我国注册会计师行业发展历史上具有里程碑意义，由此正式拉开了我国注册会计师制度恢复重建的序幕，开启了我国注册会计师制度的新篇章。

1. 颁布法规促进制度重建

由于我国注册会计师制度中断时间较长，改革开放后较长一段时间里，社会对于注册会计师行业理解认可程度较低，这一情况较大程度上影响了行业发展。为加快行业重建进程，杨纪琬教授等人建议，应积极总结国外注册会计师行业先进管理经验，同时充分考虑限制我国注册会计师行业发展的主要因素，在此基础上制定一部我国注册会计师行业的专门行政法规，为我国注册会计师行业发展提供法制保障。在杨纪琬教授等人的积极推动下，1986 年 7 月 3 日国务院发布了新中国成立后注册会计师行业首部专门性行政法规——《注册会计师条例》。条例明确指出，注册会计师是经国家批准执行会计查账验证业务和会计咨询业务的人员，同时对注册会计师考试和注册、业务范围，注册会计师协会成立等事项也进行了明确规定。自此，我国注册会计师行业步入了法制的轨道。

2. 成立协会承担行业管理职能

随着改革开放的不断深入，注册会计师行业迅猛发展，会计师事务所的规模、业务范围等也相应不断扩大。为加强行业纪律，更好进行行业管理，杨纪琬教授建议依据《注册会计师条例》的规范性要求，参照国际行业成熟经验，成立我国注册会计师职业组织——注册会计师协会。1988年11月财政部批准成立了以杨纪琬教授为首任会长的中国注册会计师协会，之后，各省注册会计师协会也相继成立。各级注册会计师协会的成立不仅推动了行业规范管理的进程，同时也为注册会计师制度恢复重建及后续发展提供了可靠的组织保障。

3. 以挂靠方式设立会计师事务所

基于特定时代背景，在制度恢复重建的早期，我国注册会计师执业机构称为"会计顾问处"。从名称中可以看出，其带有较强的政府职能部门的意义，后来尽管名称上改为"会计师事务所"，但是实质上会计师事务所仍是其挂靠单位下属的一个附属机构，其设立需由所挂靠上级主管单位发起。

4. 采用考核办法选拔注册会计师

改革开放初期，由于注册会计师制度中断时间较长，为有效应对人才紧缺问题，根据我国注册会计师条例中相关规定，该阶段主要是从担任过高级会计师的人员、担任过会计学教授、副教授、研究员、副研究员并有会计工作实践经验等条件的财务人员中考核选拔注册会计师。

（二）初步确立阶段（1991—1998年）

1. 完善行业法制建设

党的十四大确立了社会主义市场经济体制的改革目标，为完善注册会计师行业建设法制保障，加强注册会计师行业管理，维护社会公众利益，更好保障经济体制改革顺利进行提供了有利条件。1993年10月，全国人大常委会通过了注册会计师行业法律法规的核心——《注册会计师法》，其中系统规范了诸如中注协的职能定位、会计师事务所设立方式、业务范围以及注册会计师资格方式等注会计师制度的核心问题。为更好贯彻落实《注册会计师法》,财政部、中注协先后制定颁布了多项行业管理制度,具体规范涉及事务所设立审批、业务检查以及注册会计师注册管理、继续教育等事项,初步形成了围绕《注册会计师法》这一核心的较为完善的行业管理制度体系。

2. 实现两会联合

由于历史的原因,当时我国的独立审计行业形成了一种由审计部门主管的注册审计师以及由财政部门主管的注册会计师两师并存的格局,两师分别对应注册审计师协会及注册会计师协会两个行业自律组织。这种情况使得政府部门无法对行业实施统一的监管,从而不利于行业内的有序竞争,阻碍了行业的持续健康发展。鉴于此,1995年6月,财政部联合审计署共同发出《关于中国注册会计师协会、中国注册审计师协会实行联合的有关问题的通知》,决定对之前分属两部门管理的注册会计师协会与注册审计师协会予以联合。1996年6月,在中国注册会计师全国特别代表大会上,通过了新的《中国注册会计师协会章程》,其中对注册会计师协会的定位及工作职责进行了具体的规范,新章程的颁布实施标志着两会的成功联合,此举实现了行业在协会、资格、机构、市场、管理等方面的统一,推动着注册会计师行业管理迈入了新阶段。

3. 确立行业考试制度

在制度恢复重建阶段,我国明确规定注册会计师资格获取采取考核评审方式,因此当时通过考核的主要是符合一定条件的财务人员或相关学者等。考核评审制为我国注册会计师人才队伍的迅速恢复发挥了巨大作用,但同时也造成了注册会计师行业恢复初期执业队伍人员年龄偏老等问题。随着上海、深圳两个证券交易所的相继成立,我国资本市场逐渐繁荣发展起来,相应对注册会计师行业的规范发展和执业人员的专业素质提出了新的更高要求。为建立我国注册会计师考试制度以更加科学地遴选行业人才且更好地满足资本市场需求,在充分吸收国外注册会计师考试及国内类似考试有益经验的基础上,中注协研究制定了合理且更适应我国经济社会发展需要的行业人才选拔制度。1991年财政部颁布了《注册会计师全国第一次考试、考核办法》,办法明确了我国注册会计师考试组织等方面的工作由财政部下属的注册会计师考试委员会负责。同年12月,我国注册会计师首次全国统一考试的成功举行,标志着我国注册会计师考试制度的正式确立,开启了我国通过高标准、严规范的考试途径选拔注册会计师的新篇章。1994年颁布实施的《注册会计师法》,通过法条形式将举办注册会计师考试的职能赋予了中注协,明确了通过全国统一注册会计师考试是获取注册会计师资格的唯一途径。此后,作为考试的组织管理者,中注协发布了涉及规范考务组织、评卷管理、成绩管理等具体环节的注册会计师考试组织管理制度体系,规范了考试组织管理,有效保证了后续注册会计师考试工作的顺利进行。

4. 确立行业继续教育制度

为持续保持和提高注册会计师的专业素质,1992年7月中注协发布了《注册会计师教育要求和培训制度(试行)》,其中明确提出了"提高注册会计师专业素质,是提高注册会计师业务质量的基础,提高专业素质的途径,主要有教育培训和实践锻炼两个方面",这是我国注册会计师继续教育首次以专门制度规范的形式出现。1996年,中注协根据《注册会计师法》发布实施了《注册会计师后续教育培训制度(试行)》。其中明确了注册会计师必须接受后续教育培训,注册会计师后续教育培训对象分为主任会计师、部门经理、项目经理和一般执业人员等四类,后续教育的方式为脱产后续教育和非脱产后续教育两类,同时制度对各级地方注协及中注协在继续教育中需履行的职责进行了明确规定,指出各级中注协及地方注协应对注册会计师后续教育培训工作实施检查。该制度的颁布实施对于注册会计师执业素质和执业质量的提高发挥了积极的作用,同时也为后续行业继续教育制度变迁积累了经验。

5. 建立注册会计师执业标准体系

为更好规范注册会计师执业行为,提高注册会计师行业公信力,我国积极借鉴学习国际先进经验,于1994年10月成立了我国注册会计师独立审计准则组,准则组担负着研究制定具有我国特色的独立审计准则的光荣任务。次年12月,中注协正式颁布了第一批共10个准则,其中明确了独立审计准则是中国注册会计师职业规范体系的重要组成部分,其包括基本准则、具体准则与实务公告、执业规范指南等三部分。为更好规范注册会计师的执业行为,进一步促进注册会计师行业健康发展,1996年12月,中注协又颁布了第二批包括《独立审计具体准则第9号——内部控制与审计风险》《中国注册会计师职业道德基本准则》等在内的共11个准则。至此,在以杨纪琬教授等为代表的老一辈会计学者的不懈努力下，我国注册会计师执业规范基本框架初步形成。

（三）体制创新阶段（1998—2004年）

1. 事务所脱钩改制

囿于历史因素，在制度恢复重建期，我国会计师事务所主要实行挂靠体制。随着改革的深化、行业的发展，政府部门办事务所的热情也随之高涨，当时几乎所有的政府部门都挂靠有会计师事务所。挂靠体制使得事务所在实质上成了政府部门的子机构，并引致了行业中一系列影响注册会计师行业发展的突出问题。一方面，在具体业务承接时，事务所往往依靠其背后的政府部门的公权力去进行不正当竞争，此举严重破坏了市场的公平性；另一方面，挂靠体制使得注册会计师的独立性受到影响。为消除上述弊端，1999年4月，财政部下发了《会计师（审计）事务所脱钩改制实施意见》，指导我国会计师事务所与所挂靠部门脱钩，实现会计师事务所与挂靠单位的人员脱钩、财务脱钩、业务脱钩、名称脱钩。脱钩改制使会计师事务所真正成为以注册会计师为投资主体发起设立、独立承担法律责任的市场中介组织，使注册会计师增强了风险意识，为后续注册会计师行业做大做强打下了坚实的基础。

2. 行业监管机制创新

2001年，国内发生了"银广夏"等一系列财务造假案件及与之关联的注册会计师审计失败案件；国际上，"安然事件"的爆发使得民众对注册会计师行业的自律管制模式产生了极大不信任感，并对注册会计师的公信力产生了极大怀疑。国内外行业形势的变化在客观上要求我国要加强对注册会计师行业管理并创新监督方式，以更好地满足公众对行业执业质量的期待，使注册会计师更好地担负起经济警察的职责。2002年11月，财政部下发了《关于进一步加强注册会计师行业管理的意见》，明确了由财政部相关职能机构行使原委托给中注协行使的行业行政管理职能，此后注册会计师协会专注实现其行业自律管理职能。具体而言，财政部门加强履行审批会计师事务所、审批注册会计师执业准则和规则、对违法的会计师事务所和注册会计师实施行政处罚等行政职能；注册会计师协会则主要在加强自律性管理、维护注册会计师合法权益、提供专业支持和法律援助等方面起作用。自此，我国注册会计师行业进入了政府管制为主、行业自律为辅的新时期。行业监管机制的创新,促进了行业危机期的平稳过渡,更好保障了行业持续健康发展。

3. 实现注协运行机制创新

事务所完成脱钩改制后,中注协通过加快自身变革,加强对事务所以及注册会计师的监督,提升行业管理效率成为应有之举。为更好规范行业自律发展,在认真调研、紧密联系实际的基础上,中注协进行了行业运行机制的创新,明确把自律管理体制归纳为以下三个方面,即组织决策以协会理事会和常务理事会为核心,行业日常管理及服务以会员为中心,具体执行层面以协会秘书处为主体。在此基础上,各级地方注协大力创新并完善了行业管理和服务职能,通过不断变革管理方式方法,使得行业运行机制实现重大创新,运行效率不断提升,行业整体管理水平显著提高。

(四)快速发展阶段(2004—2012年)

1. 大力推进事务所做大做强

2007年5月,中注协发布和实施了《关于推动事务所做大做强的意见》,旨在推动事务所做大做强,提高行业发展质量,更好地服务于经济社会发展。同年12月,财政部等九部委联合发布了《关于支持会计师事务所扩大服务出口的若干意见》,其中明确指出鼓励注册会计师行业扩大会计服务出口,鼓励事务所通过新设、收购等方式设立境外业务机构,积极树立好事务所国际品牌,更好地服务我国企业"走出去"战略。2009年10月,国务院办公厅转发了财政部《关于加快发展我国注册会计师行业的若干意见》,意见中提出了力争用5年左右时间实现会计师事务所的规模结构优化合理、执业领域大幅度拓展、执业环境显著改善等发展目标。其后为更好实践行业发展理念,财政部发布了《会计师事务所财务管理暂行办法》等规章,对民众关心的事务所财务管理等重点问题作出了系统规定,从制度方面进一步对会计师事务所内部治理机制予以优化。2010年7月,财政部等部委联合发布了《关于推动大中型会计师事务所采用特殊普通合伙组织形式的暂行规定》,规定的颁布实施有助于事务所突破发展过程中组织形式选择所带来的瓶颈,促使我国大中型会计师事务所的组织形式全面迈进特殊普通合伙时代,使得行业做大做强战略有了完善的组织制度保障。

2. 深入推进准则国际趋同战略

中注协在第四次全国代表大会上成立了包括审计准则委员会在内的7个专门委员会，标志着我国审计准则建设进入了新阶段。2006年，中注协正式发布了48项注册会计师执业准则，准则的实施标志着充分结合我国经济实际、顺应国际趋势的执业准则体系正式建立。2010年，中注协借鉴国际审计准则的最新成果，对38项中国注册会计师审计准则及应用指南进行修订。其后中注协又修订了《财务报表审计工作底稿编制指南（第二版）》及《小型企业财务报表审计工作底稿编制指南》，为新准则的顺利实施打下坚实基础。同年11月，在吉隆坡签署的我国审计准则委员会与国际审计与鉴证准则理事会的联合声明明确了我国最新修订的审计准则已实现与国际审计准则的持续全面趋同。

3. 全面实施行业人才战略

随着我国社会主义市场经济体制改革的不断深化，经济社会对注册会计师行业的要求越来越高，原来的注册会计师培训制度已经难以满足市场对注册会计师继续教育工作的要求。鉴于此，2005年6月中注协发布了《关于加强行业人才培养工作的指导意见》，其中明确提出了要充分调动各方力量，全面提升继续教育水平、大力培养高层次行业人才、培养高质量后备人才等意见。次年9月，中注协发布了《中国注册会计师继续教育制度》，该制度在原《注册会计师后续教育培训制度（试行）》的基础上进行了诸多修订，包括增加了对培训机构的规定，指出专业培训机构是承办培训项目的主要力量之一；作为原则类规范，继续教育制度不再规定具体的培训内容；明确了继续教育的形式分为"有组织形式"和"其他形式"两类；缩短了继续教育考核的周期，将周期由3年改为2年等。2007年10月，中注协发布实施《中国注册会计师胜任能力指南》，从专业知识、职业技能、职业价值观等方面对注册会计师行业人才培养工作作出了全面的规划和指导。2010年9月21日，财政部制定了新中国成立以来第一个全国中长期会计人才发展规划——《会计行业中长期人才发展规划（2010—2020年）》，对注册会计师行业未来十年人才发展目标等进行了详细规划，如提出到2020年培养造就2600名具有国际认可度的中国注册会计师，推荐其中50名左右的高端人才到国际性或区域性会计审计组织任职或服务等行业人才发展具体目标，规划的颁布为注册会计师行业人才发展提供了清晰的行动纲领。

4. 改革行业考试制度助力行业做大做强

为适应经济发展新形势，更好选拔注册会计师行业人才，中注协于2009年1月制定发布了《注册会计师考试制度改革方案》，明确了考试制度改革的目标及内容等主要方面。2009年3月，财政部发布了修订版的《注册会计师全国统一考试办法》，办法对注册会计师考试阶段类型、科目设置、合格成绩有效期等内容进行了具体修改。改革对旧考试制度规定的科目进行了科学合理的分拆及整合，主要体现为将原有考试制度规定一个阶段的考试调整为专业阶段和综合阶段两个阶段，专业阶段设会计、审计、税法等6科，为适应社会经济发展需要，较之前考试科目增加了公司战略与风险管理1科，重点考察注册会计师行业基础知识；综合阶段设职业能力综合测试1科，主要以案例题目的形式，重点考察考生在模拟执业环境中整合运用专业知识解决具体问题的能力。此次改革对创新注册会计师执业理念和技术、增强注册会计师职业判断能力，促进注册会计师行业做大做强有着重大意义。

（五）深化改革阶段（2012年至今）

2012年党的十八大召开，标志着我国改革开放事业进入了新时期，注册会计师行业也迈入了全面深化改革的新阶段。时代发展促进了我国注册会计师行业进一步深化改革，从而不断满足日益扩大的行业需求，为我国经济持续平稳健康发展发挥了有效的专业支持作用。

1. 修订法律法规，完善行业制度保障

2014年8月，全国人大常委会通过了关于修订《注册会计师法》的决定。本次《注册会计师法》的修订主要包括以下三方面内容：一是因中外合作会计师事务所已经退出历史舞台而删除了注册会计师法中有关合作会计师事务所的相关规定；二是将会计师事务所的设立审批权限下放到省级财政部门；三是将外国会计师事务所在我国内地设立常驻代表机构所需的审批事项予以取消。深化改革阶段，为更好适应经济社会发展新趋势、应对行业出现的新问题，我国制定了涉及行业相关问题的各类制度及管理规范，主要涉及延长事务所轮换期限、强化事务所内部治理等方面。伴随着相关制度规范的实施，我国注册会计师行业已基本形成了以《注册会计师法》等法律法规为核心，以部门规章为基础，以行业执

业规范为保障的较为完善的行业制度体系（见图4-2）。

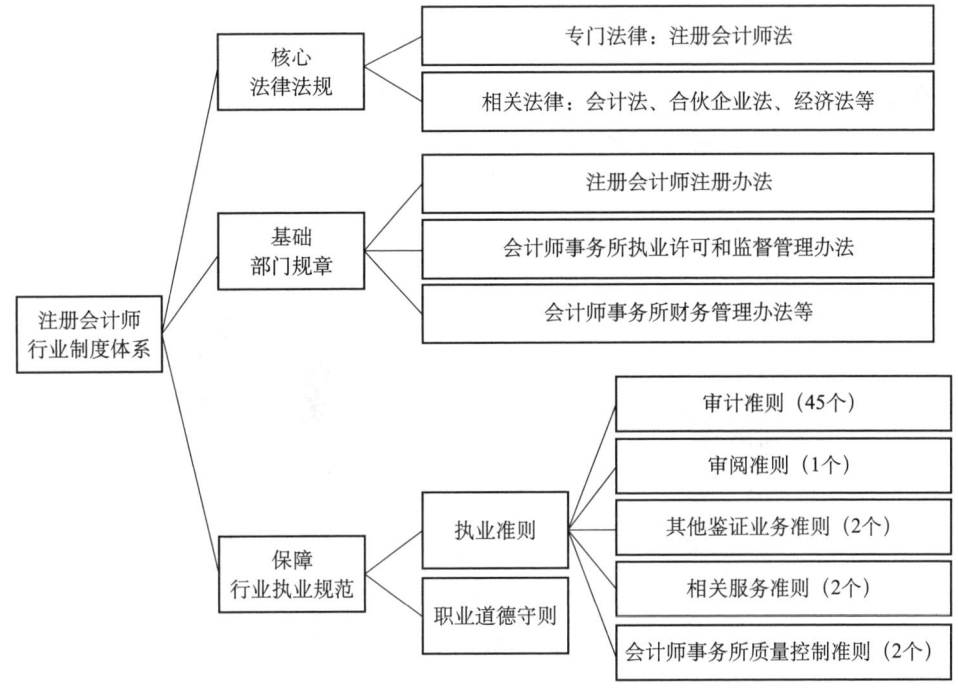

图4-2 我国注册会计师行业制度体系

2. 深入推进事务所做强做大

在"总结过去、立足当下、着眼未来"理念的指引下，2012年，中注协制定并发布了《关于支持会计师事务所进一步做强做大的若干政策措施》。措施中针对行业做强做大最突出、最迫切、最需要解决的重大问题，明确了各项专门举措。主要包括：采取系列奖金扶持激励政策，激励和支持事务所做大做强；加大行业高端人才培养力度，助力事务所做大做强；大力引导事务所拓展新业务，针对市场需求和行业实际，有的放矢，重点施教，提高事务所对境内外上市公司、特大型企业集团等的专业服务水平；大力引导事务所拓展新业务，鼓励事务所大力开发诸如管理咨询、企业破产重组等非审计业务。2013年，中注协制定发布了《关于提升注册会计师行业服务金融业发展能力的若干意见》，进一步促进了事务所做强做大战略的深入实施。深化改革以来，我国注册会计师行业发展成果显著,从2012—2017年我国注册会计师行业业务收入增长趋势可见一斑(见图4-3)。截至2018年12月31日,全国共有执业注册会计师109352人,注册会计师行业2018年度业务收入预计达到人民币1000亿元(财政部,2018)。同时在行业整体规模不断扩大的同时,会计师事务所不断巩固和拓展审计鉴证业务,开发咨询业务,优化行业结构布局,提高非审计收入占比,努力实现行业做强做大战略。

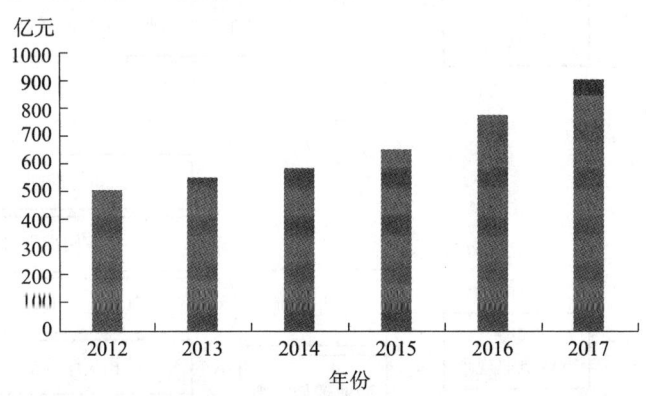

图4-3 深化改革阶段我国注册会计师行业业务收入情况

3. 放管结合优化行业服务

为更好解决内地企业海外上市面临的财务报告审计问题,提升我国内地企业境外上市审计质量,更好地支持和服务我国企业"走出去"战略。2015年5月,财政部出台了《会计师事务所从事中国内地企业境外上市审计业务暂行规定》。同时,随着我国市场经济的不断发展,注册会计师行业违法违规行为以一些新的形式显现,例如通过关闭事务所及转移主要责任人员等方式逃避相应的执业处罚、借用冒用其他单位名义承办业务等。为加强注册会计师行业管理,促进行业规范健康发展,2017年8月,财政部发布了新修订的《会计师事务所执业许可和监督管理办法》。此办法的颁布实施使注册会计师行业在社会主义市场经济中得以发挥更大的作用。为进一步激发会计服务市场活力,2018年2月,财政部印发了《其他专业资格人员担任特殊普通合伙会计师事务所合伙人暂行办法》和《财政部国家市场监督管理总局关于推动有限责任会计师事务所转制为合伙制会计师事务所的暂行规定》两个配套办法。两个办法首次在部门规章层面明确了其他专业资格人员可以担任特殊普通合伙会计师事务所的合伙人,并通过规范性文件作了具体规范,这不仅有利于会计师事务所在巩固传统审计鉴证业务的基础上拓展业务领域、不断提高服务水平和综合实力;还有利于会计师事务所特别是大中型会计师事务所优先选择特殊普通合伙组织形式,进一步提升行业社会公信力。

4. 准则趋同,助力"一带一路"

2015年初,国际审计与鉴证准则理事会发布了修订后的新国际审计报告准则,新准则改革了沿用多年的审计报告标准模式,进一步丰富了审计报告所能提供给相关使用者的信息。2018年1月1日起,与国际准则趋同的我国新审计报告准则全面实施,为更好体现企业风险等因素,新准则的主要变革有:要求在上市公司审计报告中加入关键审计事项段,该段落的增加使报告使用者得以更好地了解注册会计师审计工作中遇到的相关企业重难点问题,增强了审计报告对于使用者的决策有用性;在执业过程中充分强调注册会计师对企业持续经营等方面的关注,从而充分满足报告使用者对上述重点事项的关注。通过审计准则的不断修订,我国注册会计师行业更好承担起了"走出去"战略所要求的职责,更好地完成"一带一路"建设所赋予的光荣使命。同时,我国建立了意见反馈机制和委员支持机制,就相关国际准则征求意见稿及时研究反馈意见,积极参与国际标准的制定工作,提高了我国注册会计师行业在国际标准制定中的话语权。

回顾四十年改革开放伟大历程,在紧紧围绕服务改革开放大局和经济建设初衷的指引下,我国注册会计师行业在优化业务布局、扩大行业规模、提高社会影响等方面取得了丰硕成果。中注协统计资料显示,全国会计师事务所2017年度实现业务收入711.35亿元;包括会计师事务所统一经营的其他专业机构的业务收入在内,全行业2017年度实现业务收入918.41亿元。在行业规模方面,截至2017年12月31日,全国共有会计师事务所8605家,其中分所1082家;有注册会计师105570人。40家具备证券期货业务资格的事务所为沪深两市3000多家上市公司和10000多家新三板挂牌公司提供审计鉴证和管理咨询服务。11家获财政部、证监会推荐从事H股企业审计业务的事务所主审与参审的H股企业客户数超过300家。伴随改革开放的持续深入,作为社会主义市场经济监督体系中的一项举足轻重的内容,注册会计师行业的作用日益得到社会的广泛认可。

❖ 二、我国注册会计师制度变迁动因、特征及方式

（一）注册会计师制度变迁的动因

制度经济学家韦森指出："从人类社会制度变迁的基本分析思路上来看，要弄清从一种社会秩序向另一种社会秩序的过渡或转型，关键在于理解制度变迁机制的动力源在哪里。"历史制度主义相关理论将制度变迁的动力分为内生性动力和外生性动力，其中内生性动力是指制度内部的各种因素互相干扰，或者是不能配合制度的要求，进而产生了制度调整的需要并且形成了制度变迁的动力。而外生性动力则是指制度本身面临的外部环境的变化，其中主要包括政治经济文化等方面的变化。改革开放四十年来，我国注册会计师制度作为市场化经济改革进程中一项重要国家治理制度安排，经历了从无到有、从无序到规范的演变过程。总结我国注册会计师制度变迁历程，可以看出其变迁动力也分为影响注册会计师制度变迁的内生性动力和外生性动力。其中外生性动力主要包括产权制度的变迁、科技进步，而内生性动力主要是知识学习。

1. 经济体制改革及其引致的产权制度变革是根本性外生动力

产权制度变迁作为重要的外生性动力，引致并推动了注册会计师行业的持续发展。制度变迁理论认为，一系列彼此间相关联系的复杂制度构成了人类社会政治经济体制，在纷繁复杂的制度安排中产权是最根本的制度规范。综观我国四十年改革开放历程，产权制度的变迁诱致社会主义制度结构中其他具体制度的变化，而注册会计师制度变迁也是在这样的大背景下进行的，且其步伐与产权制度变迁的步伐高度一致。郭道扬（2008）指出："从本质上考察，市场经济是产权经济。中国三十年改革开放的宗旨，在于从根本上解决社会主义市场经济体制建立中的产权问题。"从1982年宪法中以公有制为主体的总原则到1993年党的十四届三中全会决定建立现代企业产权制度；从2004年宪法修正案明确了国家对非公有制经济的支持及对私有财产的保护到党的十八届四中全会提出要"健全以公平为核心原则的产权保护制度，加强对各种所有制经济组织和自然人财产权的保护，清理有违公平的法律法规条款"；从2016年《中共中央、国务院关于完善

产权保护制度依法保护产权的意见》提出的"产权制度是社会主义市场经济的基石,保护产权是坚持社会主义基本经济制度的必然要求"到2018年习近平总书记在民营企业座谈会上的讲话中指出"民营经济是我国经济制度的内在要素,民营企业和民营企业家是我们自己人"。我国日渐明晰的产权制度安排使人们在进行经济活动或交易时,形成了一种稳定的预期,从而更好地规范人们的经济行为,实现资源的合理配置和有效利用,促进生产效率的提高,带动经济持续发展。随着改革开放的不断进行,产权制度变迁的深化使得产权主体呈现复杂化、多元化的特征,通过公司制、股份制改革,我国逐步建立起现代企业制度,使得企业成为自主经营、参与竞争的市场主体,这令注册会计师行业服务的主体产权背景不断丰富,同时也使得注册会计师相关配套制度建设趋于完善。作为产权制度的重要辅助,注册会计师制度与产权制度天然不可分割,每一次社会产权观念的进步、产权制度的变迁,同时也带来了对注册会计师行业持续的新需求,各产权主体为更好保护自己的产权利益,对注册会计师制度有了更高的要求,注协成立、两会联合、脱钩改制等一系列注册会计师制度变迁,正是产权制度变迁逐渐完善所引致。因此,改革开放四十年以来各阶段成功的产权制度变迁形成了我国注册会计师制度变迁的重要外生性动力。

2. 科技进步为我国注册会计师制度变迁提供了技术支撑和保障

"科学技术是第一生产力",历史上重大的科技进步,都引起了社会经济基础的变化,并导致不同的社会组织方式和相应的制度变迁。科技进步既包括狭义的技术本身的进步,又包括商业模式、经济管理过程的进步。改革开放以来,我国科技水平显著提升,信息技术等新技术的快速发展使得我国市场经济得以迅猛发展,同时各种商业新模式新应用的出现促进着注册会计师制度不断发展变迁。具体而言,科技进步引致了企业的经营方式、盈利方式、账务处理模式的转变,由此产生了注册会计师制度中如审计模式、审计方法、审计监管等变迁的需要,从而促进了注册会计师组织制度及其理论建设的发展。以信息技术进步为例,随着信息技术的发展,我国由传统的手工记账转向电算化,相应的注册会计师审计的信息化程度也大幅提升。再如,近年来大数据等新技术的出现,对小至企业产品生产流通大至经济运行机制等方面均产生了重要影响。大数据技术使得事务所及注册会计师在信息收集、处理及使用的模式和成本上发生了重大变化,一方面大数据技术的出现降低了注册会计师查账所耗费的人力和时间成本，增强了注册会计师执业所需的技术支撑，极大地提高了注册会计师执业效率及执业质量；而另一方面，大数据时代的来临使得注册会计师执业时需面对海量的数据，大数据的采集及运用过程中可能遇到的数据安全及整体数据层面的舞弊等问题使注册会计师行业面临新的巨大挑战。在这种形势下，注册会计师行业积极适应并主动作为，大力提升行业信息化水平，持续增强对数据的敏锐性和感知力，深度挖掘、系统分析和充分运用执业过程中能够搜集获取的数据，实现从整体视角对执业对象进行全面立体式的多角度、多维度数据分析。这充分体现了科技进步背景下大数据应用引致注册会计师行业制度变迁的作用机理。

3. 知识学习是我国注册会计师制度变迁的内生性动因

正如西奥多·舒尔茨在《制度和不断增长的人的经济价值》一文中提到的"随着经济增长越来越有赖于实用知识的进步，对创造和分配这种实用知识的制度之需求也不断增加"，随着改革开放的深入，经济不断发展，对注册会计师制度的需求也不断增加。而注册会计师作为一门实践性强的学科，自身具有"干中学"的特点，人们对注册会计师制度的认识随着制度的颁布实施逐步加深，往往知识学习得越快，注册会计师制度变迁越频繁。通常，当一项注册会计师制度投入实践后，经过一段时间的应用和检验，注册会计师行业相关人员需要对其适用性和应用效果进行总结，逐步加深对制度的认识和理解，进而内生地推动和实现注册会计师制度变迁。具体实践中，行业中每一次新制度实施达成的良性效果，亦或行业中每次失败的案例带来的经验教训，都会被相关人员用来学习。实践中，我国注册会计师执业准则的颁布实施及不断修订完善的过程，充分体现了知识学习对注册会计师制度变迁所带来的深刻印记。1995年及1996年，中注协先后发布了包括《中国注册会计师独立审计准则序言》《独立审计基本准则》在内的第一批共10项及包括《独立审计具体准则第8号——错误与舞弊》《独立审计实务公告第2号——管理建议书》在内的第二批共11项中国注册会计师独立审计准则，两批准则分别自1996年1月1日及1997年1月1日起施行。自独立审计准则实施之日起，会计师事务所及注册会计师在执业过程中不断学习并应用新准则指导着注册会计师的执业实践，同时在实践中也发现了新的问题，如随着互联网的发展，越来越多的企业利用电子商务进行商品购销、提供或接受劳务，新

第四章 我国注册会计师制度四十年变迁回顾与展望

情况的出现使得注册会计师需在审计时考虑被审计单位在电子商务等方面的运用及相关系统可能带来的风险;同时随着改革开放的不断发展,越来越多综合性集团的出现,使得集团审计中重要组成部分的确认及集团审计师和组成部分审计师之间的沟通愈发为注册会计师所关注;再如,随着上市公司财务造假的逐渐增多,注册会计师在执业时考虑舞弊导致的财务报表重大错报风险显得越来越重要,执业中注册会计师需要更多地考虑管理层等舞弊的动机、机会和借口等,以便针对舞弊实施必要的审计程序。鉴于此,为更好地应对企业实际经营活动中出现的新情况,注册会计师对已有的准则进行充分学习、总结运用,从而产生了推动准则升级、推动相应注册会计师执业准则变迁的内生动力。2006年2月,财政部发布了48项中国注册会计师执业准则,自2007年1月1日起在中国境内会计师事务所施行。其中新增了《中国注册会计师审计准则第1633号——电子商务对财务报表审计的影响》《中国注册会计师审计准则第1111号——审计业务约定书》《中国注册会计师审计准则第1141号——财务报表审计中对舞弊的考虑》等准则对上述情况予以规范,有效推动了注册会计师制度的变迁。因此,除了对由于产权制度变迁、科技进步的被动适应之外,注册会计师行业自身的知识学习形成的内生性动因也为注册会计师制度变迁贡献着巨大的推动力量。

综上所述,政府、企业以及注册会计师行业等方面的积极参与,对注册会计师制度变迁起着重要的影响和推动作用,外生性动因和内生性动因共同作用促进了我国注册会计师制度变迁。两者在注册会计师制度变迁中的主要作用范围有着很大不同,其中,外生性动力对注册会计师制度变迁的影响侧重于宏观关系层面,对注册会计师整体性变迁均有着鲜明的指导性;而内生性动力对注册会计师制度变迁的驱动则往往侧重于微观关系层面,对注册会计师制度具体层面变迁更具有指导性。从价值取向看,外生性动力驱动侧重于注册会计师制度变迁的普遍性秩序,体现了对共性秩序的价值;内生性动力驱动则侧重于注册会计师制度变迁的特殊性秩序,体现了对特性秩序的价值。两者在推动注册会计师制度变迁演化过程中承担了不同的角色,它们依据自身特征来调整注册会计师制度主体与客体关系,充分发挥其变迁动力效应。其中,内生性动力通过制度自身的内部变化推动注册会计师制度的变迁发展,其为注册会计师制度变迁演化的原动力;外生性驱动通过注册会计师制度外部的政治经济环境变化来推动制度变迁发展,是注册会计师制度变迁演化的外动力，两者共同推进形成了我国当前较为完备的注册会计师制度。因此，未来我国应继续积极引导和鼓励注册会计师行业参与制定注册会计师制度的积极性与主动性，同时应继续完善和加强立法部门、政府及监管机构等推动注册会计师制度的权威性与指导性，充分发挥内生性动力与外生性动力的协同促进作用，共同推进我国注册会计师制度变迁取得更加丰硕的成果。

（二）注册会计师制度变迁的方式

根据制度经济学相关观点，可以将制度变迁方式分为诱致性变迁和强制性变迁。诱致性制度变迁是指经由环境自发力量产生的诱导力推行的制度变革，而强制性制度变迁通常是指通过政府行政权力等外在强制力推行的制度变革。

诱致性制度变迁的一个典型例子是美国注册会计师制度的形成，正是随着资本市场的不断发展，股东及潜在投资者对公司独立审计的需求日益增多，使得注册会计师作为一个行业逐渐形成并发展壮大起来。与美国注册会计师制度变迁方式不同，从我国注册会计师制度变迁历程不难发现，我国注册会计师行业的制度变迁主要采取的是强制性制度变迁方式。从恢复我国注册会计师制度到成立中国注册会计师协会，从与挂靠部门脱钩改制到促进事务所转制，从行业做大做强到更好地服务"走出去"战略，我国注册会计师制度变迁的历程中时刻伴随着国家的强制性。采取强制性制度变迁的方式，主要是由我国国情决定的。改革开放初期，由于我国刚从计划经济体制向市场经济体制转轨，市场体制还不够完善，相关各方面配套还不健全，如果此时采用诱致性变迁的方式去恢复重建注册会计师制度，必然难以满足迅速发展的市场经济需求。为了保证短期内达成制度恢复的效果，由政府出面主导相关制度的形成，以此达到保障经济建设和民生改善的目标无疑是最优的选择。

采用强制性制度变迁的方式极大地减少了我国注册会计师制度变迁所需时间，我国充分利用了后发优势，减少了在变迁过程中所需的制度设计及学习成本。但强制的渐进式制度变迁的缺点也是显而易见的。一方面，政府作为注册会计师制度的制定者，其未能充分预测到该制度在未来执行过程中及与相关制度磨合中可能出现的全部问题，从而使得注册会计师制度不仅天然存在着缺陷，同时在与各相关制度的协调方面也不尽如人意。例如，美国的注册会计师制度是对公司内部治理结构的补充，两者的有序结合更好地促进了资本市场的繁荣。而具体到我国实际，我国许多公司不存在科学的内部治理结构，就上市公司而言，也大多存在着监事会监督无力、内部审计流于形式等问题，因此在制度实施伊始，我国的注册会计师制度便缺少能与之形成合力的配套制度，这使得注册会计师制度在保护产权、促进我国经济持续健康发展的目标执行上大打折扣。另一方面，制度的强制推行使得制度执行者执行制度的主观能动性低，同时由于沟通效率的问题，在制度执行过程中相关参与者可能歪曲或误解制度制定者的本意，从而使制度难以达到其设计效果。正是由于强制性制度变迁的弊端逐渐显现，随着改革开放的不断深入，我国经济建设方面相关体制机制不断完善，注册会计师制度变迁逐渐采取了以强制性为主，同时带有一定程度的诱致性的新方式。具体而言，注册会计师制度变迁中，在政府为主导的同时，注册会计师行业人员对新制度自发进行积极的探索和实践，过程中诱致产生新的制度需求，以此促成注册会计师制度的变迁。在这个新的变迁过程中，诱致性变迁降低了改革中由于信息不充分所带来的风险。正是强制性和诱致性变迁的相辅相成，才使得当前阶段我国注册会计师制度达到相对完善的地步。尽管由于制度变迁的路径依赖，强制性制度变迁在我国注册会计师制度变迁方式选择中仍占据绝对主导地位，相应的诱致性变迁显得没有那么重要，但是随着我国新时代社会主义经济体制的不断完善，在未来一段时间内，必将出现诱致性变迁协同强制性变迁共同影响我国注册会计师制度变迁、更好完善我国注册会计师制度的局面。

（三）注册会计师制度变迁的特征

诺斯提出了制度变迁具有路径依赖性这一特征，其指出制度变迁之中存在着报酬逐渐增加，这种制度变迁如果适应环境之后，其既定方向会在变迁之路上自我强化，这种现象被称为制度变迁的路径依赖。具体到我国注册会计师制度变迁实践，其也具有很强的路径依赖的特征。由于我国注册会计师制度自恢复重建之日起便由政府强制性推动，因此在后续制度变迁中很多方面都延续依靠政府的强制性干预。在我国改革开放面临复杂国际国内状况的背景下，这种路径依赖为我国注册会计师制度顺利实施起到了强有力的保障作用。但是，路径依赖可能会促进变迁向着积极的方向一路前进，也有可能会阻碍制度变迁的顺利进行。具体体现在两方面：一方面，在改革过程中，新制度替换旧制度的时候，旧的注册会计师制度主体对旧的制度环境有非常强的依赖，所以当制度变迁完成之后，相关主体对为适应新制度去做出较大改变的行为缺乏原动力。例如，我国事务所脱钩改制后的较长一段时间里，事务所与之前挂靠的部门之间仍有剪不断理还乱的关系，造成了注册会计师行业一定程度上的无序竞争。再如，注册会计师行业相关从业人员的知识、素质等没有及时跟上制度变迁的步伐，仍会按照旧制度的模式工作。如在出台新的执业准则的一段时间内，仍有部分注册会计师未能及时学习应用，因此也就未能充分利用新准则对面临的新情况予以合理处理。另一方面，我国经济体制各方面的改革也不是同步的，各个子系统之间达到共鸣共振也需要一定过程，因此所有尚未改革的相关联旧制度都会对注册会计师制度的变迁产生负面影响，进而阻碍制度变迁。具体来看，我国注册会计师制度变迁具有较强的路径依赖性特征，它使得制度变迁保持着承前启后的连续性，这使得之前制度变迁形成的经验，一方面构成了后续制度变迁的制度资源，降低了制度变迁成本；另一方面又有可能阻碍着后续制度变迁中新特性、新变革的实施。展望未来，我国注册会计师制度变迁如果要继续取得辉煌成果，不仅需要改革者的强烈主观愿望和明确目标，还需要制度变迁进程中解决好路径依赖问题，即一方面要充分利用好之前制度安排的经验，另一方面要解决好路径依赖所带来的限制等因素，保障好后续制度的新特性的实施。正如诺斯在《制度、制度变迁与经济绩效》一书中说的那样，"人们过去作出的选择决定了他们现在可能的选择"。当前，我们只有认真研究我国注册会计师行业制度变迁历史，清楚知悉我国注册会计师制度的变迁轨迹以及因以前制度选择所造成的当前面临的制度困境，才有可能制定出下一步制度变迁的清晰路径，从而打破旧制度所带来的低效率路径依赖，实现我国富有效率的注册会计师行业制度选择。

我国注册会计师制度变迁另一个显著特征是与经济改革总体上同步。在我国改革开放四十年历程里，我国经济体制和经济结构已经发生了翻天覆地的变化。而我国注册会计师制度变迁作为由政府主导和推动的改革过程，与我国经济改革总体上同步。具体来说，当我国经济体制由计划经济向社会主义市场经济转变时，注册会计师制度的服务主体和方式也随之变化。当国内资本市场逐渐繁荣，需要独立中介机构对财务报告予以审计时，注册会计师制度变迁使得服务主体更多地由企业管理者转向投资者;当经济改革持续深入,我国资本市场加快全球化布局实现国际国内资本市场互联互通时,注册会计师行业积极践行国际化战略、充分做大做强,更好地服务这一转变。由此可见,我国经济改革的不断进行为注册会计师制度变迁准备了充分的需求并提供了广阔的舞台,同时,注册会计师制度变迁与经济制度改革总体同步,使得对注册会计师制度的供求达到一种动态均衡,这种均衡有力地保障和促进了经济改革的顺利进行。

❖ 三、当前我国注册会计师制度面临的困境和问题分析

(一) 注册会计师行业监管相关法律法规滞后

《注册会计师法》作为我国注册会计师行业监管的根本大法,自1993年颁布实施以来,为注册会计师行业规范发展发挥了重要作用。随着我国经济社会的快速发展,注册会计师的业务范围已拓展至税务及咨询等方面,而《注册会计师法》中规定的业务范围却仅局限于传统的审计业务,未能对上述事务所的新业务范围以及注册会计师的执业范围进行明确划分。而且,由于我国《注册会计师法》中对注册会计师违法违规行为的民事责任的处罚相关规定较少、处罚力度明显偏轻,使得法律处罚对会计师及事务所的威慑效果不足,致使近几年我国相继出现多起事务所、注册会计师铤而走险与企业合谋造假等违法违规的事件。虽然《注册会计师法》于2014年已部分修订,但由于涉及内容较少,修订并未能及时对注册会计师工作中出现的上述情况予以规范。同时,当前证券法对上市公司财务造假规定处以30万元以上60万元以下罚款,这相较于不法分子造假上市所能带来的巨额收益而言可以算是九牛一毛,在巨额利益的驱使下,不法分子往往绞尽脑汁作假,这样也给注册会计师审计增加了客观难度。此外,"互联网+"、大数据等技术在企业的广泛推广应用等也对注册会计师审计提出了挑战。

(二) 注册会计师行业监管主体权责有待进一步厘清

目前我国对注册会计师行业的监管仍存在着主体权责界定不清、职能重叠交错、多头监管、碎片化监管等现象。主要体现为以下两方面。一是我国注册会计

师行业监管中政府行政管理之间的权力分配不合理。目前在我国对注册会计师行业有监管职权的部门主要有财政部、证监会和审计署等，各部门对注册会计师行业的监管存在着较多重叠。具体来说，财政部与审计署在对国有企业的审计中存在重叠；财政部与证监会在对上市公司监管中存在着交叉。同时各监管部门在监管理念方面存在较大差异，对违法违规案件处罚标准不一。二是目前注册会计师行业的政府部门监管与行业自律管理之间界限并不分明。例如财政部与中注协在行业自律检查方面存在重叠，两者的权利范围均涉及事务所的内部控制、执业质量检查等内容。各个部门之间以及政府部门与行业自律组织对行业的多头监管，一方面使得事务所在当前市场繁荣，执业任务较重的情况下，承担着巨大的应付检查成本，这也导致事务所在经历一次大规模检查之后，出现了一批业务骨干流失的现象；另一方面多方监管也可能导致存在监管真空地带或是多方重复就同一事项的监管形成的监管低效率，从而造成大量监管资源的浪费。造成上述现象的原因主要是当前我国未能有一个专门注册会计师行业监管平台从宏观上能对注册会计师行业进行统一领导监督。这就使得各行政级别相同的权力机关如财政部、证监会等在行使自身部门监管职权时未能从全盘予以考虑，仅能考虑自身部门利益，各自为政，从而使得监管未能形成相应合力，造成相应的行业监管低效并引致某些事务所及注册会计师在巨大经济利益面前丧失职业操守。同时，按照《注册会计师法》的规定，中注协虽然是我国注册会计师的民间社团组织，担负着行业自律管理的职责。但其同时又是财政部领导下的一个准政府机构，协会主要领导的任命均由财政部决定。因此，中注协的角色定位模糊使得其行业自律职能未能自主有效发挥。

（三）注册会计师执业准入门槛偏低

作为我国注册会计师行业管理制度的第一步，当前我国执业准入制度主要包括考试制度及资格注册制度。其中，考试制度是执业准入制度的基础环节，注册制度则是保障执业质量的重要一环。首先，从注册会计师考试制度来看，主要存在以下两方面问题。一方面，当前我国注册会计师考试报名条件过低。《注册会计师考试办法》要求，只要具有高等专科以上院校学历就可以报名参加我国注册会计师考试，此项规定相对其他国家或地区同行业要求较低，这使得没有会计相关行业背景的专科以上学生亦可报考注册会计师。另一方面，当前我国注册会计师考试科目不完备、不合理。我国注册会计师考试科目自2009年改革为专业阶段及综合阶段"6+1"的模式以来，近年来未有过修订。而随着近十年的发展，我国已进入全面建成小康社会的决胜期，防范化解重大风险是当前三大攻坚战的首要任务，其中防范化解金融风险是重中之重的任务。对应到我国注册会计师执业环境上，当前我国涉及金融等行业的上市公司较多，注册会计师在执业过程中碰到纷繁复杂的各类金融工具已是司空见惯。但在我国注册会计师准入考试中，金融板块知识涉及甚少，目前仅在会计及财务管理科目中有较少体现，这就使得通过考试的注册会计师在进行相关行业的执业时显得捉襟见肘，不能有效运用专业知识识别执业过程中的风险点，自然就不能较好地在防范化解重大风险攻坚战中贡献中介机构应有的一份力量。其次，目前我国注册会计师制度关于注册会计师注册门槛规定较低。即只要取得注册会计师证书并获取两年事务所工作经验便可在会计师事务所中签字执业，这使得一部分注册会计师可能由于在这两年中接触的行业或项目较少，在其独立执业时经验欠缺，无法充分有效利用专业知识提高执业质量。上述情况的出现主要是由于我国改革开放伟大事业发展迅速，市场对注册会计师行业人才的需求一直呈井喷态势，所以在相关准入制度设计之时，主要考虑尽快扩大注册会计师行业队伍，满足经济社会发展需要。但随着日常经济活动日益复杂多样，注册会计师制度在考试制度及注册制度方面的短板，使得注册会计师的执业质量往往经受不住纷繁复杂的执业环境变化的考验。因此，在当前注册会计师人数已达一定规模的情况下，改革注册会计师考试制度及注册制度以提高注册会计师执业质量是促进行业持续健康发展的当务之急。

（四）注册会计师聘任及报酬支付制度有待改进

当前我国会计师事务所多采用投标方式承接相关业务，被审计单位根据投标结果自行选择聘用承担审计职责的会计师事务所。虽然从形式上看，被审计单位股东大会将对经理层经营业绩的审计职责委托给会计师事务所，在这种委托模式下事务所及注册会计师相对公司尤其是管理层应是独立的，但由于当前我国公司法人治理结构尚不完善，经营实际中公司经理层往往独揽公司决策、管理等大权。因此，事实上公司经营者既是被审计对象同时又是审计委托人，其决定着会计师事务所的聘用、报酬支付等事项，实质上完全成了会计师事务所的"衣食父母"。上述情况很好地解释了，当注册会计师诚信出现问题时，上市公司"购买审计意见"等事项频繁发生的原因。相对而言，当管理层面对坚守执业准则和职业道德的注册会计师时，往往简单地采取转而聘任新的事务所及注册会计师的行为，这就使得注册会计师因坚持出具正确的审计意见却得罪了"衣食父母"，使得未来业务丧失，而此举也往往会使得已完成的相关审计工作收不到合理的报酬，这无疑对坚守职业道德及执业准则的事务所及注册会计师是不公平的。由此，为避免行业内"劣币驱逐良币"，未来改革注册会计师聘任制度及报酬支付制度对促进行业持续健康发展有着重要意义。

（五）注册会计师执业质量检查制度仍需完善

当前我国注册会计师执业质量检查制度形式上主要有财政部、证监会等部门组织的执业检查以及中注协层面组织的执业检查两种。当前执业检查制度的不足之处主要体现在：一是检查比例较低，尤其在对证券资格会计师事务所的检查方面。以中注协下发的《关于开展2018年证券资格会计师事务所执业质量检查工作的通知》为例，2018年中注协仅随机抽取安永华明等5家事务所作为执业质量检查对象。根据当前证监会官网的披露，我国从事证券期货业务的会计师事务所共40家，其中每家证券所的规模及业务范围均很大，在当前事务所及注册会计师执业质量遭受公众质疑的背景下，每年仅5家的抽查比例明显偏低。二是检查人员构成不尽合理。根据2018年证券资格会计师事务所执业质量检查的通知，中注协将随机选派专兼职检查人员组建5个现场检查组，每组10~13人，其中，来自注协和证券所的人员比例约为2:8。由此可明显看出，执业检查中监管部门专职人员较少，而事务所执业注册会计师构成比例较高，这也就导致了每年7月和8月时较多事务所的经理乃至合伙人一级的人员被抽调支援参与注册会计师行业检查的情形。而这一情形容易使社会公众对执业检查时参与检查的注册会计师的客观性及对应的检查质量产生怀疑。上述问题形成的原因主要是，我国改革开放至今40年历程，而注册会计师制度发展至今也仅30余载，无论是中注协执业检查部门人员还是以财政部、证监会为代表的政府监管部门的监管人员年龄上整体呈现年轻化，同时由于执业注册会计师薪酬较行业监管人员往往较高，从而降低了行业专职检查职位的吸引力,进一步加大了行业监管所需人才与实际保有量之间的差距。因此,壮大行业专职监管人员队伍,改革行业执业检查制度,对保障行业高质量发展、增强社会公众对注册会计师行业的信心而言至关重要。

❖ 四、深入推进我国注册会计师制度变迁的对策建议

(一) 全面修订《注册会计师法》并完善相关法律法规

在我国《注册会计师法》修订过程中,首先应对诸如"互联网+"、大数据、人工智能等新技术在注册会计师行业的应用进行规范,使新技术能更好地提高注册会计师的执业质量,同时也能对新技术使用过程中注册会计师可能面临的执业责任归属进行明确。其次,我国当前对行业相关严重违法案件的处理大多是对事务所和注册会计师进行行政处罚,对应刑事处罚较少,民事赔偿金额更小,难以对违法违规者起到警示作用。因此,修订中应健全注册会计师民事责任赔偿制度,加大注册会计师的执业责任,确保《注册会计师法》修订后,民事赔偿制度的建立健全能增强事务所及注册会计师的执业责任心及谨慎性,确保注册会计师服务供给的高质量。同时,证券法等行业相关法律法规也需进行修订,加大对财务造假当事人等的处罚力度。再次,拓展行业新业务领域是注册会计师行业做大做强的前进方向和必由之路。为顺应国际市场的发展趋势,《注册会计师法》中应调整注册会计师的业务范围,将目前行业服务模式已成熟的管理咨询及其他相关业务纳入注册会计师执业范围之中,同时通过具体法律条文的补充完善,消除新业务的开拓可能对注册会计师审计业务独立性等方面产生的不利影响,从而使得新业务的加入能更好促进行业业务结构优化。最后,《注册会计师法》应完善对执业中能坚守执业准则及职业道德的注册会计师的保护激励安排,避免行业中的"劣币驱逐良币"现象,激励注册会计师提高执业质量。

(二) 协调和厘清各方对注册会计师行业的监管关系

有效协调各方对注册会计师行业的监管关系,必须要明确政府各部门及注协对注册会计师行业的具体监管职能。首先,在政府部门方面需强化财政部对注

会计师行业的行政监管职能，明晰证监会作为国家证券市场会计监督及审计监督行政机关的定位，进而使它们与财政部对注册会计师行业形成共同监管，产生监管合力。在实际机构设置层面，可以借鉴美国注册会计师行业监管经验，建立一个更高层面的专门监管委员会主导行使政府对注册会计师行业的监管职权，即通过法律法规授权成立一个直接领导的注册会计师行业监管专门委员会。一方面，该委员会由国务院负责牵头，成员由财政部、证监会、审计署等行业相关政府部门成员组成，这样的体系安排在保证机构的权威性及协调性的基础上，还有助于克服原各相关部门之间监管权力之争，降低多部门监管之下重复检查给企业和会计师事务所带来的资源浪费。另一方面，该委员会人员组成中需包含一定比例具有执业经验的注册会计师代表，从而使得行业监管能够更加贴近实际，使监管更富有针对性、更有威慑力。其次，尽快实现中注协的改制与脱钩，充分明确注协领导及相关部门人员的选拔规则，从而使中注协成为真正的行业自律组织，在行业监管中能够充分发挥协会自身的技术优势，使得监管效率及效果得到有益提升。这样，包含政府部门及注协的各方形成监管协同，使得行业监管更加高效。这种制度安排既考虑了注册会计师行业监管人才需求与社会公众利益的平衡，又能使得政府各相关部门及注协全面参与监管，在制度设计上具有可行性。

（三）完善注册会计师执业准入制度

改革我国注册会计师执业准入制度可从以下方面着手。首先，应提高注册会计师报名资格条件。参照国外注册会计师行业实践，一般在注册会计师报名条件中应规定报考人员必须取得会计学或财务管理等相关学科学士学位，同时还要求具有实务工作经验。参照国内相似类型资格考试时，注册会计师考试准入制度变革可借鉴我国司法考试制度改革经验。2018年4月29日，伴随着司法部公布《国家统一法律职业资格考试实施办法》，我国对司法考试进行深入改革，其中，对考试报名的专业学历条件有了新规定，提高了法律职业资格考试的报名专业学历门槛。该实施办法指出，非法学类本科及以上学历并获得相应学位者，需要从事法律工作满三年方可报考司法考试。对比起来，注册会计师考试也可以参考上述变革，对报考条件进行修改，将我国注册会计师报名条件设定为应具有全日制普通高等学校会计或财务管理等相关专业本科及以上学历，需从事会计工作满三年方可报考注册会计师考试,以此更好地提高我国注册会计师执业水平。其次,我国应改革注册会计师考试科目,增强考试科目与注册会计师执业实务的关联性。当前我国可考虑在注册会计师考试中增加对于金融及信息化(如大数据)等知识的考核,以使得注册会计师能获取更多知识及技能来更好地应对当前执业中面临的实务问题,更好地服务于防范化解重大风险这一任务。最后,应适当延长我国注册会计师注册前的从业年限,使注册会计师在实践中可以积累更丰富的经验。在执业过程中,注册会计师解决许多问题时都需要借助其成熟的执业判断。目前,尽管我国注册会计师申请执业必须具备两年的行业工作经验,但是通过注册会计师考试者中有较大一部分是在校生,在缺乏良好后续职业培训的情况下,即便经过两年实践经历磨炼,也很难培养起注册会计师需有的职业判断能力。因此,参考国际四大会计师事务所相关从业人员培养机制,可适当将申请执业的年限延长至三年、五年甚至更长,以便更好地提升注册会计师的执业能力,提升行业执业质量。

(四) 改革上市公司审计聘任制度

改革现行上市公司审计聘任制度,可考虑在监管部门下设专门的会计监管委员会等(非行政编制),由其采取招标的方式聘用审计机构及注册会计师对上市公司进行审计,并由监管部门参照一定标准决定上市公司实际需支付的审计费用。具体而言,上市公司每年可将一定审计费用预缴至该委员会,委员会可要求会计师事务所根据面临的上市公司具体情况,事先预测出执业所需工作量以及不同级别审计人员的配备,然后根据以往事务所合理审计收费记录以及注协创建的会计师事务所历年执业信息资料记录,以审计工作所需小时数为基本依据,参照中注协对事务所的不同执业质量等级等信息,来制定全国统一的审计收费标准,根据不同级别人员的小时收费标准,来决定最终的审计费用。在注册会计师执业完成出具相关意见报告后,该委员会可根据审计完成情况并参照后续检查情况决定审计费用实际发放,从而尽可能确保审计机构执业时完全独立于被审计单位,这样一方面将后续执业质量检查与事务所收入相对应,有效地震慑了行业中一些妄图依靠"出卖"审计意见获取非法收入的不法人员;另一方面也保证了坚守执业准则及职业道德的注册会计师的合法利益不受侵害,从而更好地鼓励执业人员坚守准则及职业道德,提升行业审计质量。

(五) 健全注册会计师执业检查制度

当前注册会计师行业面临着我国资本市场蓬勃发展以及我国经济由高速增长阶段转向高质量发展阶段的良好发展契机,打铁还需自身硬,为更好规范注册会计师执业,我国注册会计师执业检查制度应作以下改进:一是增加每年选择的执业质量检查事务所数量,从数量上保证对事务所的覆盖,例如,中注协可适当扩大每年抽查的证券事务所数量。出于工作量及时间成本等方面的考虑,可适当减少每家事务所选择的项目数,但需保持每年检查事务所数量方面的较大规模覆盖,以使事务所及注册会计师执业过程中时刻警惕,不给心存侥幸的低执业质量和低执业操守的会计师事务所及注册会计师以可乘之机。二是增加注协、证监会等专门从事检查的专职人员的数量,具体人员既可从会计师事务所等单位进行招聘,也可以招聘相关专业的应届毕业生进行内部培养,通过增加质量检查队伍中的专职人员的比例,保证在行业检查人员总数合理的情况下,尽量减少专职事务所人员的检查参与比例。这样,一方面可保持监管机构派出的检查人员的稳定性,形成检查团队的规模报酬;另一方面也能尽量减少注册会计师执业人员之间互相核查可能产生的次生舞弊情况以保持检查的客观性、公正性,营造良好行业检查机制。

我国改革开放四十年已取得了举世瞩目的成就,但改革没有完成时,只有进行时。当前我国已进入全面建成小康社会的决胜阶段,国民经济由高速增长阶段向高质量发展阶段转变。在转换经济发展方式、转变经济增长动力的关口,我国注册会计师行业更要坚持助力保护产权制度这一初衷,紧跟时代发展脚步,深入推进我国注册会计师制度变迁,以自身行业优势帮助打好"三大攻坚战",更好地服务经济社会大局,为全面建成小康社会以及"两个一百年"目标持续贡献行业力量。

主要参考文献:

[1] 陈毓圭. 我国注册会计师行业发展的四个阶段 [J]. 中国注册会计师, 2008 (11): 12-17.

［2］刘明辉，汪寿成．改革开放三十年中国注册会计师制度的嬗变［J］．会计研究，2008（12）：15－23．

［3］道格拉斯·C．诺斯．经济史中的结构与变迁［M］．上海三联书店，上海人民出版社，1994．

［4］白晓红．试论注册会计师制度的三层框架［J］．中国注册会计师，2005（1）．

［5］许家林．中国注册会计师制度演进的四个基本阶段回顾［J］．注册会计师通讯，1997（12）：33－39．

［6］郭道扬．论中国会计改革三十年［J］．会计研究，2008，（11）：3－10．

［7］张雪南，刘新琳，周兵．制度、制度供给与注册会计师管理体制的路径选择［J］．审计研究，2007（1）：81－85．

［8］易琮．行业制度变迁的诱因与绩效——对中国注册会计会行业的实证考察［D］．暨南大学：2002．

［9］崔英波．中国会计制度变迁的经济学分析［D］．吉林大学：2013．

［10］秦道武．注册会计师行业行政监管机制研究［D］．中南大学：2007．

［11］杨晓磊．我国注册会计师行业的制度变迁方式和创新［J］．财会月刊，2007（3）：55－57．

［12］张立民，唐松华．注册会计师审计的产权功能：演化与延伸——改革开放30年中国会计师事务所产权演变评析［J］．会计研究，2008（8）：3－10．

［13］龙小海等．中国注册会计师行业管理的经济学分析：制度和机制设计［J］．会计研究，2005（6）：16－21．

［14］郭道扬．论产权会计观与会计产权变革［J］．会计研究，2004（2）：8－15．

［15］谢德仁，陈武朝．注册会计师职业服务市场的细分研究［J］．会计研究，1999（8）：2－10．

［16］黄友．我国注册会计师行业管制研究——基于成本—效益分析视角［D］．西南财经大学：2009．

［17］龙小海等．制度变迁、注册会计师选聘权配置与独立审计制度演变［J］．会计研究，2007（11）：82－89．

[18] 季泽, 国赟. 注册会计师行业监管制度变迁的成本分析——由政府监管模式向独立监管模式的变迁 [J]. 财会通讯, 2004 (1): 19-20.

[19] 刘维. 独立审计制度安排与注册会计师行为问题研究 [D]. 厦门大学: 2003.

[20] 刘仲藜. 注册会计师行业改革发展若干重大事件的回顾 [J]. 财务与会计, 2008 (11): 4-8.

[21] 李爽, 杨志国. 纪念新中国注册会计师事业的开拓者杨纪琬教授 [J]. 会计研究, 2017 (7): 20-25.

[22] 徐玉德, 温泉. 改革开放四十年中国注册会计师制度回顾与展望 [J]. 财会月刊, 2018 (21): 3-11.

第五章
我国会计监管制度四十年变迁历程、经验及展望

1978年召开的党的十一届三中全会,标志着我国正式开启了改革开放的历史征程。在党中央一系列路线、方针、政策的指引下,我国重新开启了社会主义现代化建设机制。四十年来,中国人民众志成城,砥砺奋进,不断吸纳和借鉴相关经验教训,逐步实现了从高度集权的计划经济体制向充满活力的社会主义市场经济体制的历史性转变,取得了经济建设不断发展、人民生活水平持续改善、科技教育水平整体提高等一系列重大成就。四十年来,我国会计监管制度紧跟改革开放步伐,乘势前进、不断创新,为规范市场经济秩序、优化社会资源配置发挥了重要作用。当前我国经济面临日益复杂的内外部环境,全球经济结构进入深度调整期,以自由贸易协定为主体的全球投资贸易新格局正在形成,国内经济运行下行压力逐渐增大,新的阶段性矛盾正在凸显,等等,我国经济发展处于重要战略机遇期,会计监管也面临新的机遇与挑战。"经济越发展,会计越重要。"本章通过回顾梳理我国会计监管制度变迁的历史脉络,分析总结变迁的特点及规律,以期为新时代深化我国会计监管制度改革提供有益参考或借鉴。

❖ 一、改革开放四十年我国会计监管制度变迁历程

会计监管亦称"会计管制",泛指一个国家或地区对会计实务监督与管理的制度安排,包括法律、行政、职业和道德等监管形式。通常有政府监管和职业自律两种监管模式。英美等国则以职业自律为主,并从20世纪70年代起尝试"独立监管",即介于政府监管和职业自律之间的一种新的制度安排。改革开放四十

年来，我国已基本形成了以政府监管为主导、内部监管为基础、社会监管为重要组成部分的"三位一体"会计监管模式[①]。按照不同发展阶段的重要标志性事件及制度环境的变化，可以将改革开放以来我国会计监管制度变迁大致划分为五个阶段：全面探索阶段（1978—1991 年）、初步建立阶段（1992—1997 年）、逐步规范阶段（1998—2005 年）、深化改革阶段（2006 年至今）。

（一）全面探索阶段（1978—1991 年）

从改革开放初期的"计划经济为主、市场调节为辅"，到 1984 年十二届三中全会提出的公有制基础上有计划的商品经济，再到 1987 年党的十三大提出的"国家调节市场、市场引导企业"，这一时期的经济体制改革实行的是以增量为主的渐进式改革模式。受此影响，我国会计监管工作在这一阶段仍沿用了计划经济体制下"分行业、分部门、分所有制"的统一会计监管体系，有关主管部门不断出台、修订相关法律法规，设立相关机构，为后续政府会计监管、内部会计监督和社会监管体系的建立奠定了基础（具体内容见表 5-1）。其中，1985 年《会计法》的颁布实施，标志着我国会计监管开始步入法制化轨道，对于规范会计行为、充分发挥会计监督职能作用、维护财经纪律和经济秩序、改善经营管理和提高经济效益等意义重大。

表 5-1　　　　　　全面探索阶段会计监管制度变迁的重要事件

时间	重要事件	主要内容及意义
1978 年 9 月	修订《会计人员职权条例》	明确了财政、税务等国家机关对单位进行财务会计检查时，会计人员要负责提供有关资料，如实反映情况。这是我国首次以行政法规的形式对会计监督作出规定

[①] 政府监管是指政府运用公共权力，通过制定一定的规则，对个人和组织的行为进行限制与调控。我国政府会计监管部门主要由财政部和证监会组成，财政部负责全国的会计工作，并通过财政部下设的会计准则委员会制定会计准则和会计制度，规范企业会计工作；证监会负责制定并发布与上市公司、中介机构相关的业务规则，监管上市公司执行会计准则、企业内部控制规范和财务信息披露规则情况，审核会计师事务所从事证券期货相关业务的资格并监管其相关业务活动。所谓内部监管，是指通过设立于企业内部的机构，如审计委员会、内部审计部门等对企业的会计行为进行监督。而社会监管，是指会计师事务所依据财政部、证监会等相关机构制定的相关制度，为上市公司的财务报告等信息提供鉴证，担任社会监督职责。

续表

时间	重要事件	主要内容及意义
1980年12月	颁发《关于成立会计顾问处的暂行规定》	会计顾问处即会计师事务所，是由注册会计师组成的承办审计、会计、咨询、税务等业务的独立单位；会计顾问处承办包括检查会计账目，提出查账报告书在内的多项业务
1985年1月	颁布《会计法》	要求各单位必须接受审计机关、财政机关和税务机关依照法律和国家有关规定进行的监督，如实提供会计凭证、会计账簿、会计报表和其他会计资料以及有关情况；明确了经批准的会计师事务所可以按照国家有关规定承办查账业务
1985年8月	颁布《关于审计工作的暂行规定》	明确了审计机关的主要任务之一是对国营企业事业组织、基本建设单位、金融保险机构的财务收支及其经济效益，进行审计监督。主要职权包括检查被审计单位的账目、资财和有关文件、资料等。要求大中型企业事业组织，建立内部审计监督制度，设立审计机构，在本单位主要负责人领导下，负责本单位的财务收支及其经济效益的审计
1986年7月	颁布《注册会计师条例》	进一步明确了注册会计师的业务范围、工作规则及应当遵守的相关法律法规。这是新中国第一部注册会计师行业管理行政法规，标志着我国注册会计师事业进入了一个新的发展阶段
1988年11月	成立注册会计师协会	
1990年12月和1991年7月	上海证券交易所和深圳证券交易所正式营业，标志着我国证券市场开始规范发展	
1991年6月	转发《关于进一步实施〈会计法〉加强会计工作请示的通知》	再次强调要求各级财政、税务和审计机关应按国家的法律和有关规定，对各单位的会计工作实行监督

（二）初步建立阶段（1992—1997年）

1992年党的十四大确定了建立社会主义市场经济体制的目标，翌年党的十四届三中全会明确提出我国企业改革的目标是建立现代企业制度。这一时期，我国经济活动主要围绕经济体制转轨展开，以计划经济模式为特征的会计监管制度显然已不再适应当时经济发展的需要。因此，我国在全面总结以往会计监管经验的基础上，积极借鉴或采纳国际会计监管惯例，在机构设置、法规颁布等方面做出了一系列突破性实践，会计监管制度开始由计划经济模式向市场经济模式转型，初步与国际会计监管惯例实现了接轨（具体内容见表5-2）。其中，1992年国务院证券管理委员会和中国证券监督管理委员会的成立，标志着我国资本市场统一会计监管体系的初步确立，资本市场监管开始逐步纳入全国统一会计监管框架，推动了这一时期我国会计监管制度体系的发展和完善。

表 5-2　　　　　初步建立阶段我国会计监管制度变迁的重要事件

时间	重要事件	主要内容及意义
1992 年 5 月	成立了中国人民银行证券管理办公室，这是我国最早对证券市场实施统一监管的机构	
1992 年 7 月	国务院建立证券管理办公会议制度	
1992 年 10 月	国务院设立证券管理委员会和中国证监会	
1992 年 12 月	发布《关于进一步加强证券市场宏观管理的通知》	明确了证监会、财政部等相关单位的主要职责。其中，对向社会公开发行股票的公司的监管，由证监会实施；对注册会计师和会计师事务所的管理，归口为财政部，但相关证券业执业资格由证监会审定。这是新中国第一个有关证券市场管理与发展的比较系统的指导性文件，对市场发展的一系列基本问题作出了重要决定，确立了证券管理体系的基本框架
1993 年 2 月	发布《关于从事证券业务的会计师事务所、注册会计师资格确认的规定》	初步建立了会计师事务所和注册会计师从事证券业务的准入制度
1993 年 4 月	颁布《股票发行与交易管理暂行条例》	这是集中规范我国资本市场的第一部专门性行政法规，在很长一段时间内发挥了证券法的作用，它的颁布标志着上市公司会计信息披露开始向规范化迈进
1993 年 6 月	发布《公开发行股票公司信息披露实施细则》	对上市公司的信息披露提出了具体要求
1993 年 10 月	颁布《注册会计师法》	明确了注册会计师的业务范围和执业规则、会计师事务所的设立及管理，以及注册会计师和会计师事务所的法律责任
1993 年 12 月	颁布《公司法》	明确了发行股票、股票交易、股票上市、定期报告、公司合并与分立的信息披露，以及提供虚假信息的法律责任
1993 年 12 月	修订《会计法》	此次修订为会计核算、会计监督以及会计机构和人员提供了相应的规范，同时进一步明确财政、审计、税务机关作为执法者对会计违法行为进行整顿
1994 年 8 月	发布《"关于从事证券业务的会计师事务所、注册会计师资格确认的规定"的补充规定》	对会计师事务所和注册会计师从事证券业务以及相关的审批管理进行了必要的政策性调整
1995 年 11 月和 1996 年 12 月	颁布《中国注册会计师独立审计准则》第一批和第二批共 21 个准则及《中国注册会计师职业道德基本准则》	我国注册会计师执业规范基本框架初步形成

续表

时间	重要事件	主要内容及意义
1997年3月	修订《刑法》	此次修订将证券犯罪第一次写进《刑法》,为惩处内幕交易、编制传播虚假信息、操纵证券交易价格等犯罪行为提供了法律层面的依据
1997年12月	发布《关于注册会计师执行证券、期货相关业务实行许可证管理的暂行规定》	明确规定事务所申请证券业务许可证应当已经与挂靠单位脱钩,同时注册会计师的许可证实行年度注册制度

(三) 逐步规范阶段 (1998—2005年)

这一阶段,我国在深入推进经济体制改革的同时于2001年加入世界贸易组织,提高了经济对外开放程度,从"市场开放"走向"规则和制度开放"。为了适应社会经济发展需要、规范资本市场会计监管,我国对会计监管制度进行了进一步补充与完善(见表5-3),使之无论从数量到质量,还是从制定到执行,都发生了重大变化。例如,1999年《证券法》的出台和《会计法》的修订以及2005年《证券法》和《公司法》的修订,使我国资本市场会计监管制度在法制化建设方面迈出了重要步伐;再如,财政部、证监会等相关部委相继发布了多项具体会计准则、信息披露规则等,为会计监管工作提供了更为具体的依据。

表5-3　　　　逐步规范阶段我国会计监管制度变迁的重要事件

时间	重要事件	主要内容及意义
1998年4月		国务院撤销证券委,将原来人民银行履行的对证券经营机构的监管职能以及证券委的全部职能划入证监会,证监会自此正式成为我国资本市场监管体制的核心
1998年9月		证监会进行了内设机构调整,调整之后首次出现了会计部(首席会计师办公室)这一职能部门
1998年12月	颁布《证券法》	这是中国资本市场第一部基本大法,确立了证券市场在社会主义市场经济体系中的法律地位,为资本市场监管奠定了坚实法律基础,是资本市场法制建设的重要里程碑
1999年10月	修订《会计法》	此次修订在立法宗旨、会计责任、会计监督、法律责任等方面都取得了重大突破,特别强化了单位负责人对本单位会计工作和会计资料真实性、完整性的责任,加大了对会计违法行为的惩治力度

续表

时间	重要事件	主要内容及意义
2000年11月	发布《公开发行证券公司信息披露编报规则》	要求公开发行证券的商业银行、保险公司和证券公司应建立健全内部控制制度,并在招股说明书正文中对内部控制制度作出专门说明。同时还规定金融机构应委托会计师事务所对其内部控制制度及风险管理系统的有效性、合理性和完整性进行评价,提出改进建议并出具内部控制评价报告
2002年1月	发布《上市公司治理准则》	规定上市公司董事会可以按照股东大会的有关决议设立审计委员会,明确了审计委员会的主要职责;要求审计委员会中独立董事应占多数并担任召集人,且至少有一名独立董事是会计专业人士
2004年1月	颁布《关于推进资本市场改革开放和稳定发展的若干意见》	将发展资本市场提升到国家战略任务的高度,提出了9个方面纲领性意见,进一步统一和提升了对资本市场重要性的认识,并指明下一步改革发展方向,要求完善上市公司法人治理结构、强化上市公司及其他信息披露义务人的责任等
2004年8月	发布《中央企业内部审计管理暂行办法》	规定国有控股和国有独资公司,应在董事会下设立独立的审计委员会,审计委员会成员应由熟悉企业财务、会计和审计等方面专业知识并具备相应业务能力的董事组成,其中主任委员应由外部董事担任
2005年10月	修订《公司法》和《证券法》	进一步规范了上市公司财务会计制度,增加了上市公司控股股东或实际控制人、上市公司董事、监事、高级管理人员诚信义务的规定和法律责任,完善了证券监督管理制度,增强对证券市场的监管力度
2005年10月	批转《关于提高上市公司质量的意见》	要求上市公司要加强以会计控制为主的内部控制制度建设,强化内部管理;要通过外部审计对公司的内部控制制度以及公司的自我评估报告进行核实评价,并披露相关信息

(四) 深化改革阶段 (2006年至今)

2006年以来,我国社会主义市场经济体制日益完善,资本市场快速发展,中国已成为世界第二大经济体和经济全球化进程的重要推动力量。2015年7月,中国渡过了WTO准许的15年保护期,中国经济"城门洞开",外资的大量涌入与低关税、零关税政策使我国经济发展形势面临巨大转变与挑战。在上述背景下,相关部门和机构在规范会计监管、推进会计监管制度体系建设方面做出诸多努力与尝试,使我国以政府监管为主导、内部监管为基础和社会监管为重要组成部分的多层次会计监管体系基本成型,也推动了我国跨境会计监管的发展。例

第五章 我国会计监管制度四十年变迁历程、经验及展望

如，证监会发布了相关文件以进一步完善监管体系、丰富监管手段和推进跨境会计监管；财政部发布了一系列新企业会计准则和审计准则，实现了与国际财务报告准则的形式趋同；此外，多部委联合出台了内部控制基本规范及内部控制审计指引，交易所发布了上市公司内控指引等，拓展了我国会计监管的制度依据。2006 年至今我国会计监管制度变迁的重要事件及相关信息如表 5 – 4 所示。

表 5 – 4　　　　深化改革阶段我国会计监管制度变迁的重要事件

时间	重要事件	主要内容及意义
2006 年 2 月	发布新会计准则	包括 1 项基本会计准则和 38 项具体会计准则。新准则的发布旨在提高我国会计准则的质量，实现与国际财务报告准则的进一步趋同
2006 年 6 月和 9 月	发布《上市公司内部控制指引》	对内部控制相关信息披露提出要求，并鼓励上市公司披露内控自我评估报告
2006 年	制定或修订审计准则	制定或修订 48 项审计准则，标志着适应我国经济发展要求、与国际惯例趋同的注册会计师审计准则体系正式建立
2006 年	发布《首次公开发行股票并上市管理办法》及配套规则	规范了首次公开发行 A 股的条件、发行程序及信息披露要求
2007 年 1 月	发布《上市公司信息披露管理办法》	规范了上市公司及其他信息披露义务人的所有信息披露行为，涵盖了公司发行及上市后持续信息披露的各项要求，该办法的发布标志着我国证券市场上市公司信息披露体系基本完善
2008 年 5 月	发布《企业内部控制基本规范》	要求企业应当在董事会下设立审计委员会，明确了审计委员会的职责，并要求上市公司必须披露年度内控自评报告，鼓励上市公司聘请审计机构对公司内控的有效性进行审计
2008 年 6 月	发布《证券公司监督管理条例》	在行政法规层面上正式确认了证券公司信息披露制度，使证券公司信息披露义务法定化
2009 年 4 月	发布《首次公开发行股票并在创业板上市管理暂行办法》	对首次公开发行股票并在创业板上市的企业应具备的条件、发行申请与审核程序、信息披露等作出了规定
2010 年 4 月	发布《企业内部控制审计指引》	明确了注册会计师在利用内部审计人员的工作时需要履行的程序，以及注册会计师认为审计委员会和内部审计机构对内部控制的监督无效的，应当以书面形式直接与董事会和经理层沟通等内容
2011 年 9 月	《会计改革与发展"十二五"规划纲要（2011—2015 年）》	明确指出，要"围绕会计改革和发展的需要"，着力推动"上市公司国际板审计及跨境监管合作"等相关问题研究

续表

时间	重要事件	主要内容及意义
2012年4月	发布《关于进一步深化新股发行体制改革的指导意见》	明确了进一步推进以信息披露为中心的发行制度建设,逐步淡化监管机构对拟上市公司盈利能力的判断,修改完善相关规则,改进发行条件和信息披露要求
2012年5月	发布《关于进一步提高首次公开发行股票公司财务信息披露质量有关问题的意见》	要求发行人应建立健全财务报告内部控制制度,会计师事务所应对审计委员会及内部审计部门是否切实履行职责进行尽职调查,并记录在工作底稿中
2014年5月	发布《关于进一步促进资本市场健康发展的若干意见》	对新时期资本市场改革开放发展和监管等方面进行了统筹规划和指导部署
2014年9月	发布《上市公司独立董事履职指引》	明确了独立董事在公司年度报告的编制和披露过程中的职责
2014年10月	发布《关于改革完善并严格实施上市公司退市制度的若干规定》	针对退市中的现实问题,在既有法律制度框架下,作出明确和细化的规定
2014年11月	沪港通正式启动	标志着我国资本市场在法制化、市场化和国际化方向上又迈出了坚实一步
2016年12月	深港通正式启动	
2015年6月	发布《境外交易者和境外经纪机构从事境内特定品种期货交易管理暂行办法》	该办法明确了允许境外交易者和境外经纪机构从事境内特定品种期货交易,规定了对境外交易者、境外经纪机构从事境内特定品种期货交易及相关业务活动的违法违规查处和跨境执法等监督管理职责。该办法的出台有利于引导境外交易者有序进入中国期货市场,促进中国期货市场对外开放
2016年12月	修订审计准则	新增1项,实质性修订6项,微调5项
2017年3月	《中国证监会行政处罚决定书(唐汉博、唐园子、袁海林等5名责任人员)》	该案件是"沪港通"开通以来中国证监会查处的首例跨境操纵市场案件
2017年3月至7月	修订会计准则	修订6项,新制定1项
2018年3月	国务院办公厅转发证监会《关于开展创新企业境内发行股票或存托凭证试点若干意见》的通知	证监会依据证券法和该意见及相关规定实施监管,并与试点红筹企业上市地等相关国家或地区证券监督管理机构建立监管合作机制,实施跨境监管

续表

时间	重要事件	主要内容及意义
2018年4月	修订《深圳证券交易所股票上市规则》《深圳证券交易所创业板股票上市规则》《上海证券交易所股票上市规则》	修订内容包括上市公司应当在董事会下设立审计委员会，内部审计部门对审计委员会负责，向审计委员会报告工作。审计委员会中独立董事应当占半数以上并担任召集人，且至少有一名独立董事是会计专业人士。公司聘请或者解聘会计师事务所必须由股东大会决定，董事会不得在股东大会决定前委任会计师事务所
2018年8月	证监会就《上海证券交易所与伦敦证券交易所市场互联互通存托凭证业务监管规定（试行）》公开征求意见	该规定用于规范沪伦通存托凭证业务涉及的发行上市、交易、信息披露、跨境转换等行为，对参与沪伦通的相关市场主体和行为提出了具体规范性要求

❖ 二、会计监管制度四十年改革发展的基本经验

（一）以服务经济发展为宗旨，会计监管制度因时制宜

改革开放四十年来，我国经济体制和经济结构都发生了巨变，会计监管制度改革也紧紧围绕服务经济发展这一中心环节，与其同步变迁，有力保障和促进了我国经济改革和开放的顺利进行。具体来说，20世纪80年代及以前的会计监管制度主要服务于高度集中统一的计划经济体制，为国家的宏观经济计划管理提供信息。比如，1978年修订的《会计人员职权条例》、1980年颁布的《关于成立会计顾问处的暂行规定》以及1985年颁布的《关于审计工作的暂行规定》明确了财政、税务、审计等国家机关的职权范围及单位会计人员、注册会计师等相关人员的职责。但这些都是国家经济管理的手段，主要作用是通过国家强制力规范企业内部管理，服务于国家宏观经济计划管理。当我国经济体制由计划经济转向市场经济时，国内资本市场逐渐繁荣，会计监管制度的服务主体和方式也随之变化。例如，这一时期修订的《会计法》以及发布的《中华人民共和国注册会计师法》、《关于从事证券业务的会计师事务所、注册会计师资格确认的规定》、《公开发行股票公司信息披露实施细则》和《股票发行与交易管理暂行条例》，对会计监管制度模式进行了大胆改革创新，会计监管服务对象由国家和企业管理

者向投资者转变。当我国经济改革持续深入、资本市场不断全球化时，会计监管机构不断出台相关政策，为更好地践行国际化战略提供制度保障。例如，修订后的《证券法》明确了境内企业直接或者间接到境外发行证券或者将其证券在境外上市交易的相关要求；新会计准则和审计准则的颁布与修订为提高财务信息的国际可比性、合理配置资源、降低市场风险和筹资成本提供了进一步的制度支持；《关于外国投资者并购境内企业的规定》为境内企业到境外间接上市提供了有序的新通道；《关于加强在境外发行证券与上市相关保密和档案管理工作的规定》对境外发行证券或上市所涉的相关保密和档案管理工作作了具体规定。

（二）有效发挥各方力量，推动建立"三位一体"的监管体系

纵观改革开放以来我国会计监管制度的变迁历程，不难发现，我国会计监管以政府推动的强制性变迁为主并带有一定程度的诱导性变迁。改革开放初期，我国刚从计划经济体制转向市场经济体制，市场体制不够完善，各方面的配套也不健全。为了有效配合我国经济体制改革和对外开放，需要相关会计监管制度以最快速度实现变迁。因此，采用政府主导的强制性变迁以保障经济建设和民生改善是最合乎逻辑的选择。例如，《关于成立会计顾问处的暂行规定》《关于审计工作的暂行规定》的颁布、注册会计师协会的成立等，都是在政府的强制推动下完成的。虽然强制性变迁加快了我国制度变迁的速度，为我们赢得了发展的时间，降低了我国制度变迁中的制度设计成本和学习成本。但"欲速则不达"，随着我国经济体制改革和对外开放事业的不断推进，强制性变迁存在的问题逐步显现。例如，政府在强制性变迁中扮演着制度制定的角色，但政府作为监管者，离市场较远，很难保证制度的完备性；不同的制度由不同的部门制定也导致相关制度在协调性方面存在问题；在公司内部监督方面，改革开放初期，我国很多公司内部治理结构不科学，有的公司没有内设监督机构，有的公司虽然有监事会或内部审计机构，但大部分都流于形式；相关制度的实施靠从上而下的强制力推行缺少下层人员的参与，导致制度执行的主观能动性差，从而使制度与实际工作的有效协调和磨合较难实现。因此，我国会计监管制度变迁方式逐步从强制性变迁转变为以强制性变迁为主、诱导性变迁为辅，也就是说，在政府主导的前提下，充分发挥行业协会以及单位内部会计监管具体实践者的专业性和创造性，进而实现会计

监管制度的改革完善，逐步建立起单位内部监督、社会监督和国家监督三者互为补充、由局部到综合的"三位一体"的会计监管体系。例如，1993年《会计法》的修订采用了政府自上而下的领导、组织与基层自下而上的探索相结合的方式，此举在发挥政府主导作用的同时广开言路，充分借鉴行业协会和单位内部会计监管人员的意见及建议，使得修订后的《会计法》更具可执行性和科学性。

（三）采取渐进变迁方式推进会计监管制度改革

制度变迁有两种方式，一种是激进式制度变迁，往往对应着低实施成本、高摩擦成本；另一种是渐进式制度变迁，意味着高实施成本、低摩擦成本。我国计划经济体制到市场经济体制的转变以及市场经济体制的完善并非一蹴而就，而是逐步实现的，遵循"波浪式前进、螺旋式上升"的发展规律。改革开放的逐步深化推动着我国在资本市场、公司治理结构、公司业务等方面的渐进变化，进而使会计实务日渐复杂化，这在客观上要求相关部门机构与时俱进地对会计监管制度予以补充和完善，以满足不同经济发展阶段对会计监管的具体要求。从会计监管具体实践来看，1992年，我国市场经济建设刚刚起步，证券市场处于萌芽阶段，为加强对证券市场的监管，我国成立了证券委，而证监会只是证券委的办事机构。伴随我国资本市场的深化与广化，加强证券市场监管在维护经济秩序方面的重要性日益增加，因此我国撤销了证券委，将证监会提升为专门负责证券监督的正部级国务院直属事业单位。公司治理结构的日益复杂化使会计舞弊现象甚嚣尘上，成为破坏经济秩序、损害社会及个人经济利益的常见手段，针对此情况，我国在行业监管和社会监管方面推出《企业内部控制基本规范》《中华人民共和国注册会计师条例》等一系列更加规范和严密的新制度，以替代《关于审计工作的暂行规定》《上市公司内部控制指引》等一些不再适合监管环境现状的原有制度。以上转变都反映出我国会计监管制度先试验后推广、先急需后一般、一步一步扎实推进的改革思路和渐进式变迁特征。当然，我国会计监管制度在渐进式变迁过程中也存在一些问题，比如新旧监管制度衔接不紧密导致实际操作中出现制度空白区或监管漏洞，给某些不法分子从事违法违规活动以可乘之机。

(四) 积极协调化解摩擦和矛盾，推动国际会计监管合作

我国经济开放程度的提高使中国与世界在经济发展方面的联系日益紧密、休戚与共，这对我国同国际会计监管合作提出了更高要求。如前所述，我国已在推进国际会计监管合作方面制定了一系列行之有效的政策法规等，在与欧盟、香港特别行政区在跨境会计监管等效认同等方面也取得了巨大进展。就我国与欧盟的会计监管合作而言，2011年，欧盟正式承认其会计监管体系与我国等效，因而我国上市企业在欧盟市场上可按照中国会计准则的规定编制财务报表，并交由我国的会计师事务所进行独立审计；就内地与香港地区的会计监管合作而言，自2010年12月起，内地会计师事务所可以按照内地审计准则在香港地区开展相关业务，2011年9月，中注协与香港会计师公会共同确认了新修订的内地审计准则与香港审计准则的等效性。

尽管我国在国际会计监管合作方面已取得一定的成就，但不可否认的是，我国同一些国家尤其是美国等在会计监管合作方面仍存在诸多矛盾与摩擦，也正是通过矛盾与摩擦的解决，我国与相关国家的会计监管合作才得以逐步推进。以美国为例，美国的《萨班斯—奥克斯利法案》规定美国公众公司会计监督委员会（Public Company Accounting Oversight Board，PCAOB）有权定期检查我国在其注册的会计师事务所，并可以查看我国在其注册会计师事务所的工作底稿，美国单方面规定的这种长臂管辖权受到我国的强烈反对。美国证券交易委员会于2012年先后两次以违反美国证券法，拒交审计工作底稿为由起诉了中国在PCAOB注册的多家会计师事务所，中美跨境监管冲突愈演愈烈。中美两国是全球经济规模最大的两个国家，其中，中国是最大的跨境上市资源输出国，美国是中国企业跨境上市最主要的输入国。面对跨境会计监管问题，两国合作对于遏制造假行为尤为重要，也是最明智的选择，随着事态的发展，中美双方也充分意识到合作的重要性，开展了一系列有关谈判并取得了一些成果。例如，中国财政部、证监会于2012年10月宣布与PCAOB已签订协议，允许中美双方在设定的过渡期内互派观察人员观察对方的审计监管过程；中国财政部、证监会与PCAOB于2013年签署了执法合作备忘录，开始实施跨境会计监管合作。

❖ 三、我国会计监管制度变迁的未来展望

（一）规范法律法规体系，保障会计监管有序运行

目前，我国已初步形成以《会计法》《审计法》《公司法》等为基础，以会计准则和会计制度为主体，以法规解释等文件为补充的全方位、多层次的会计监管法律法规体系，但该体系仍不完善。首先，尚未形成专门规范会计监管的法律法规，并且现有相关法律法规由部门立法而产生，因此相关法律法规缺乏系统性，存在监管工作定位、监管内容、监管目标不明确以及由此产生的多头监管和监管高成本、低效率等问题。其次，我国会计监管法律法规的实际起草与制定工作由财政部、证监会等相关部委牵头并负责，这实际上形成了行政机关既立法又执法的格局。如果部门间职责分工不尽明确，行政责任追究制度不完善，这种格局必然会导致相关部门在立法过程中争取尽量多的权力、承担尽量少的责任。此外，我国很多法律法规一是对相关行为仅仅给出了原则性的规定，这就造成法律法规的具体落实在很大程度上依赖于部门规章的规定，进一步加重了实质上的立法部门化问题。二是相关法律法规对违法违规行为的处罚只涉及对相关责任人的行政处罚与刑事处罚，且以行政处罚为主，忽视了对责任人的民事处罚以及对利益受损方的民事赔偿。三是我国对会计违法违规行为的处罚力度明显不够，缺乏威慑力，对违法违规行为的警示作用不足。

加快完善会计监管法律法规体系建设有助于进一步保障会计监管工作的有序运行。首先，应系统梳理《刑法》《会计法》《证券法》《公司法》《注册会计师法》《审计法》等相关法律法规内容，细分相关部门机构、组织和单位内部的监管目标和监管范围，在此基础上构建一个全社会范围统一协调的全方位会计监管法律法规体系。在立法过程中，应当尽快消除立法权力部门化问题，立法中应充分明确"单向管理法的立法宗旨和执法目的"，并尽量避免法律规定过于笼统或弹性较大的问题。为做到实质上的立法独立，应着力解决有关行政部门兼具立法权与执法权的问题。建议可以成立独立于会计监管部门的专门工作组，由他们负责相关法律法规的起草工作，然后广泛征求社会意见并进行充分论证，以真正实

现立法权与执法权的分离。另外，还应修改或增设相关法律条文，加大对违法违规行为的民事处罚和刑事处罚力度，使危害国家和社会公众经济利益的行为受到应有的惩罚，增强会计监管法律法规的威慑力和警示作用，最大限度地杜绝会计违法违规行为。

（二）优化会计监管制度内容，规范"三位一体"的会计监管

目前，我国已初步形成单位内部监督、社会监督和政府监督"三位一体"的会计监督体系。但是在会计监管的各个环节仍存在不完善之处。从政府监管来看，一方面，存在职责不清、问责无力的问题亟待解决；另一方面，长期以来形成的大政府观念造成了对政府行政进行监督的畏难心理，这种心理不仅放纵了政府会计监管的低效，也助长了财务舞弊的势头，因此使得对政府监管的再监督难以发挥作用。针对上述问题，不仅要通过健全会计监管法律法规体系明确不同政府监管部门和机构的职责范围，还应全面推行政府行政问责制度。具体而言，应建立一套行之有效的政府问责指标体系，使相关机构和团体能够有具体的标准评判，形成监督政府行政的效果与效率，使政府对社会的管理真正实现权力与责任的对等、成效与奖惩的对等，以抑制政府的行政不作为和政府对市场的过度干预。另外，应提高立法机构、参政议政机构中会计行政管理再监督人员的专职化程度和专业化水平，真正实现内行管内行。

从社会监管方面来看，我国注册会计师行业同行间恶性竞争现象较为普遍。与西方国家相比，我国注册会计师审计产生时间较晚，绝大多数企业聘请注册会计师审计不是出自自觉自愿，而是为了应付政府部门和相关法规的要求，这在一定程度上造成了企业存在被动花钱买审计意见的需求。该需求造成行业内恶性竞争问题普遍存在，审计收费过低又降低了注册会计师开展审计工作时的积极性，导致审计质量下降。针对低价竞争问题，可以通过由国家委托有关部门集中支付审计费用的方式予以解决。例如，由接受审计的客户按照一定标准将其审计费用上缴有关部门，再由该部门委托会计师事务所对客户的财务报表进行审计，相应审计费用由该部门支付。这样可以使注册会计师摆脱经济上对客户的依赖，避免客户对注册会计师及其事务所进行经济威胁，增强注册会计师的独立性，促使其更加公正地执业。

从单位内部监督层面来看，我国当前社会诚信体系尚不健全，会计信息失真问题比较普遍。针对此种情况，可以建立企业、个人的信用档案，并在合理期限、合理范围内予以公开，形成信用行为约束激励机制，让诚实守信者在贷款、消费等方面享受优惠，让不守信用者的行为受到限制和惩罚。同时，要加强对企业负责人和企业会计人员的法制培训和职业道德教育，提高相关人员的法制观念和道德素质，促使企业健全内部控制，形成有效的内部自我约束机制，预防财务造假行为。对于发现的财务造假行为，要严格按照相关法律法规，及时追究单位负责人及相关会计人员的责任，以充分发挥法律法规对单位内部会计违法违规行为的威慑作用。另外，当前我国内部会计监管工作职责主要由监事会、内部审计机构和董事会下设的审计委员会履行，内部审计机构需要将发现的重大问题向审计委员会汇报，所以企业负责内部会计监管的部门主要为监事会和审计委员会，内部审计机构负责具体履行相关监督职责。由于我国审计委员会制度引入时间较短，其有效运行所依赖的公司治理环境并未完全形成，导致审计委员会未能发挥其应有的监督作用。此外，监事会和审计委员会在各自的职能定位方面也存在一些问题，两者存在财务信息监督责任的重叠，这样既增加了监督成本又降低了监督效率，对审计委员会作用的发挥及公司整体的治理效率产生了比较大的不利影响。笔者认为，由于公司财务信息是判断相关管理人员受托责任履行情况的重要依据，也是对其进行监督的重要载体，且公司经理层等管理人员由董事会聘任，对这些人员进行监督是公司董事会及其下设机构审计委员会的职责。因此，建议在修订相关规定时，可考虑将具体的会计监督权交给审计委员会负责，并且应要求公司的审计委员会成员具备财务专业背景，由审计委员会履行具体会计监督职责有利于提高财务信息监督工作的质量。

（三）深入推进跨境会计监管国际交流与合作

"十三五"规划明确提出"积极培育公开透明、健康发展的资本市场……推进资本市场双向开放"。跨境会计监管制度既关乎我国境内资本市场发展，又直接影响着我国与境外监管机构国际谈判与协作效果。加强与各境外监管机构建立监管合作机制，不仅有助于我国企业自身信誉和权益，也体现了我国政府作为大国的责任和担当，更有利于通过政府监管较强的权威性，降低国际合作成本，扩大国际经济交流和合作活动范围和效果。因此，未来急需在维护国家经济安全和企业自身权益的基础上建立多层次、多元化的会计监管国际交流与合作机制。

一是以"一带一路"建设为契机，通过"走出去、请进来"等政策实施，积极派遣相关人员到各境外会计监管机构交流、参加相关的研讨会或培训等了解其先进的监管经验，同时邀请各境外主要会计监管机构同我国监管机构进行研讨，在适当的时候通过召开国际会计监管会议等形式宣传我国的会计监管经验，或充分借助国际证监会组织（IOSCO）等已有的平台，充分利用年会加强同各种国际合作机制的交流，扩大我国在会计监管领域的影响力。

二是充分利用与欧盟、中国香港等国家或地区的会计等效机制，加强与欧盟、中国香港等各境外监管机构建立监管合作机制，并适时合作发起建立专门负责跨境会计监管的实行、监督和日常运作的全球性会计监管合作组织，通过参与或主导制定跨境会计监管的制度规范或标准，深入推动多边会计监管合作和谈判，用统一的会计执行标准来推动监管的市场化和最优化，同时依托大数据等信息技术探索境外合作监管模式和方式，确保跨境财会业务的高信誉、高透明、高效率，进一步扩大我国在国际会计审计领域的话语权，缓解美国对我国施加的压力，有力策应中美跨境会计监管谈判。

三是利用双边、多边、正式、非正式的合作交流机制来消除实际监管执行中的差异或障碍，增强合作互信。各国监管立法或监管准则的客观差异造成了跨境会计监管执行的两难境地，对此首先需要消除各个国家或地区立法中不利于跨境合作监管的障碍，彼此承认对方监管标准的效力。在此基础上，各成员之间应通过制定谅解备忘录对跨境的会计违规行为进行有效的监管，同时借助谅解备忘录，或通过签订专业知识、技术和人才交流的协议等方式，建立非正式的互通机制，加深彼此间的互信，共享市场监管信息，降低跨境监管和执法的成本。

（四）利用"大智移云"信息技术，提升会计监管水平

"大智移云（大数据、智能化、移动互联网和云计算）"信息技术的广泛应用为会计监管工作带来一系列新变化。首先，监管主体日益协同化与多元化。大数据的广泛应用催生了新的会计信息生态系统，使会计信息日益扁平化，监管主体间信息互通更加频繁，政府监管机构之间可以更好地实现信息共享，同时政府

在信息方面的垄断被打破，越来越多的社会团体和平台得以及时获取监管信息，这为监管主体的协同化与多元化提供了客观条件。其次，会计监管数据电子化程度日益提高。最后，监管对象的范围日益扩大。传统条件下，会计监管的主要对象是会计行为，即会计信息产生和披露的过程；而在信息技术高度发展的大数据时代，会计数据、会计信息系统以及相关人员也都成为会计监管的关注重点。因此，未来应从以下几个方面进一步深化会计监管制度改革。

第一，转变监管理念，推动监管合作。在"大智移云"时代，只依赖政府监管部门各自行使监管职权和由政府独占监管信息的理念亟待革新，取而代之的则是监管主体协同化和多元化的监管理念。一方面，应加强政府监管机构间的信息互通与监管协作，从而在节约政府会计监管成本的同时提高其效率和质量；另一方面，应促使政府监管机构适当放权，让更多非政府机构参与监管。政府主要负责制定会计监管规则、干预重大事项和惩罚违法违规行为，而作为交易中心、价格中心和信息发现中心的非政府监管机构，应充分发挥其产业优势、区位优势、交通优势和技术优势，负责会计的日常性监管，为政府监管机构提供监管对象的具体信息，与政府监管机构相辅相成。

第二，推行"精准监管、动态监控"的监管方式。新一代人工智能的飞速发展为会计监管智能化创造了条件，会计监管机构和部门应加快制度建设以推进大数据监管平台和云计算监管平台的创建，确保监管主体及时准确地收集分析会计监管所需信息，实现精准监管和动态监控，提高违法违规线索发现能力，从而加强会计事前监管与事中监管，摆脱我国会计监管领域"事后规制"的弊端，对会计违法违规行为形成有力震慑。另外，"大智移云"也为审计模式由抽样审计转向总体审计创造了有利条件，在不影响审计效率的前提下提高审计效果，从而推动监管部门建立相应制度来推动审计模式的转变。

第三，将监管重点转向"数据、系统和人"。大数据的广泛应用使会计数据、会计信息系统和信息处理人员对于会计监管的重要性日益增强。会计数据的监管主要涉及其安全问题和标准化问题。就安全问题而言，计算机系统故障、网络病毒、黑客的入侵等都对会计信息安全性产生了极大威胁，针对上述问题应制定相应的监管制度明确权责以更好防范和化解此类风险。关于标准化问题，当前我国会计数据格式标准尚不统一，这阻碍了监管信息在不同监管主体间的交流共享,影响了监管主体间的协同化。因此,应制定统一的会计数据格式标准,实现会计数据的跨部门、跨系统传递与共享,从而促进会计监管的协同发展。对会计信息系统的监管主要涉及其安全性和可信性,应制定相关制度以使会计信息系统内部各模块以及系统内外部之间实现共享和协同。对于会计监管人员而言,监管部门应制定相应制度以促进其提高数据处理能力,提高"大智移云"时代所要求的专业素质,例如,可以在会计继续教育中增加有关新计算技术培训的内容。

主要参考文献:

[1] 项怀诚. 新中国会计50年[M]. 中国财政经济出版社, 1999.

[2] 吴水澎. 中国会计理论研究[M]. 中国财政经济出版社, 2000.

[3] 冯淑萍. 中国会计改革与国际协调[M]. 中国财政经济出版社, 2002.

[4] 郭道扬. 会计史研究:历史、现时、未来(第三卷)[M]. 中国财政经济出版社, 2008.

[5] 叶陈云. 公司内部审计[M]. 机械工业出版社, 2008.

[7] 郭道扬. 二十世纪中国的会计改革[J]. 财会通讯, 1999(9).

[8] 葛家澍. 关于我国会计制度和会计准则的制定问题[J]. 会计研究, 2001(1).

[9] 李玉环. 改革开放以来我国会计制度改革的回顾与评价[J]. 会计研究, 2001(9).

[10] 王春英、王金. 我国会计制度变迁的动因分析[J]. 吉林财税高等专科学校学报, 2005(3).

[11] 谢永珍. 中国上市公司审计委员会治理效率的实证研究[J]. 南开管理评论, 2006(1).

[12] 蔡建明. 关于政府会计监管的再思考[J]. 中央财经大学学报, 2006(10).

[13] 徐玉德. 中国企业会计规范的历史变迁与现实选择[J]. 经济与管理研究, 2008(9).

[14] 刘亚从. 从注册会计师强制轮换谈会计监管[J]. 商业会计, 2010(21).

[15] 徐剑锋. 从会计监管的"四道防线"谈《会计法》的修订 [J]. 财务与会计, 2017 (22).

[16] 张树全. 对"互联网+"时代的会计监管制度的思考 [J]. 现代商贸工业, 2018 (23).

[17] 王久立、谢彩. 建立企业、社会和政府"三位一体"的会计监管体制 [N]. 中国会计报, 2017 年 11 月 (24 日): 第 002 版.

[18] 王伟红. 中外会计管制相关问题研究 [D]. 天津: 天津大学, 2010.

[19] 左箭. 中美对会计师事务所跨境监管问题研究 [D]. 北京: 财政部财政科学研究所, 2014.

[20] 徐玉德. 我国会计监管制度变迁的历程、经验及展望 [J]. 财会月刊, 2019 (5): 3-8.

第六章
我国政府会计改革发展四十年历程、经验及展望

改革开放以来,我国政府会计经历了从预算会计到"双轨制"会计的深刻变革。变革的根本推动力在于公共受托责任,法律法规建设、理论研究为改革奠定了坚实基础,企业会计改革和国外政府会计改革提供了可资借鉴的经验。回顾和梳理政府会计改革四十年演进历程和历史脉络,总结我国政府会计改革的基本经验与规律,有助于进一步加强政府会计法制化建设,推进政府成本会计和管理会计体系建设,扩大政府资产负债核算范围以及建立面向多元主体的信息披露体系等,以更好地助力国家治理体系和治理能力现代化建设。

❖ 一、改革开放四十年我国政府会计改革演进历程

改革开放四十年来,我国政府会计改革经历了一个渐进发展、曲折向前的过程。按照四十年来我国政府会计领域发生的重要标志性事件及其产生的经济、政治后果,可以大致将我国政府会计变革划分为计划经济框架下的预算会计规范调整、市场经济体制下的预算会计改革、对既有预算会计体系局部调整和研究探索以及全面推进政府会计改革四个阶段。

(一) 1978—1993 年:计划经济框架下的预算会计规范调整

这一时期我国开始从高度集中的计划经济体制进入有计划的商品经济时代,政府逐渐从竞争性商品市场和投资领域退出,经济管理职能逐步放归市场。但在改革开放初期,我国仍沿袭着计划经济时代统收统支的预算管理模式,即对 1963 年出台的《各级财政机关总预算会计制度》和《行政事业单位

预算会计制度》进行增改和修订。1988年重新修订的《财政机关总预算会计制度》和《事业行政单位预算会计制度》,则在政府预算会计职能及核算范围和内容上有了新的突破,增加了总预算会计的组织管理职能,同时也使各级事业单位的会计管理体制摆脱了过去高度统一的状态,走上了"统一领导、分级管理"的道路。但是会计主体不清、会计核算方法不适应市场经济体制需要,以直接管理和行政管理为主的预算管理模式的问题仍十分突出,这在一定程度上牵绊着社会主义市场经济体制的建立。因此,财政部于1993年正式启动了预算会计改革。计划经济框架下的预算会计调整阶段标志性事件总结如表6-1所示。

表6-1 计划经济框架下的预算会计规范调整阶段

时间	标志性事件	主要内容
1983年	颁布《财政机关总预算会计制度》	强化财政总预算会计的经济管理职能,并对预算科目的概念做出阐述
1988年	修订《财政机关总预算会计制度》	界定了总预算会计的职能; 区分预算资金和预算外资金"两条线"进行核算和报告; 将会计报表分为月报和年报两种
	颁布《事业行政单位预算会计制度》	制定配套的会计科目和核算办法,以满足采用差额、全额和自收自支预算管理方式的行政事业机构会计核算的需要; 围绕行政事业单位的职能特点与财务管理情况,充实会计核算的内容
	颁布《医院会计制度》《高等学校会计制度》	与《事业行政单位预算会计制度》并存,且与企业会计出现了某些趋同
1992年	国家预算开始采用复式预算编制方法,并将预算分为经常性预算和建设性预算两部分	

(二) 1994—1999年:市场经济体制下的预算会计改革

自1994年起,我国正式确立社会主义市场经济体制,并开启了"分税制"财政体制改革,采用复式预算编制方法编制经常性预算和建设性预算,建立起"分税制"的预算管理体制,原有的预算会计制度无法匹配新的预算管理制度,限制了预算会计职能的有效发挥。因此,我国开始按照市场经济规则改革适应分税制财政管理体制需要的政府会计,并先后于1997年和1998年颁布了《财政总预算会计制度》《事业单位会计制度》《事业单位会计准则(试行)》《行政范围会计制度》(简称"一则三制")。"一则三制"的颁布实施标志着我国政府会计逐步摆脱计划经济体制下高度集中的预算会计模式,基本建立起一套与当时经济体制和政治管理体制相适应的预算会计体系,确立了财政总预算会计、行政单位会计、事业单位会计"三分天下"的基本架构。这一架构作为我国公共财政预算管理的基础,在推动我国社会主义市场经济体制的建立、实现国家财政职能、转变政府职能方面发挥了巨大作用,基本满足了当时国家宏观经济管理和预算管理的需求。市场经济体制下的预算会计改革阶段总结如表6-2所示。

表6-2　　　　　　市场经济体制下的预算会计改革阶段

时间	标志性事件	主要内容
1994年	筹建预算会计改革常务工作组	
1994年	颁布《中华人民共和国预算法》	将中央预算和地方预算划分为公共预算、国有资产经营预算和社会保障预算三部分
1996年	颁布《预算会计核算制度改革要点》	在指导思想、改革目标、会计体系、核算方法和改革步骤等方面明确了预算会计改革的核心内容
1997年	《财政总预算会计制度》《事业单位会计制度》《事业单位会计准则（试行）》	统称为"一则三制": (1)明确了预算会计体系的三个分支:财政总预算会计、行政单位会计和事业单位会计,且各自分设科目; (2)明确了会计的五大要素为资产、负债、净资产、收入和支出;以借贷记账法取代收付记账法; (3)预算内、预算外资金统一核算,综合平衡; (4)财政总预算会计和行政单位会计仍实行现金制,事业单位的经营性业务可以采用应计制
1998年	《行政单位会计制度》	

(三) 2000—2009年:对既有预算会计体系局部调整和研究探索

进入21世纪,根据建立公共财政体系的要求,我国开展了包括部门预算改革、国库集中收付、政府采购和政府收支分类等一系列财政管理体制创新,预算编制和执行走向了规范化、制度化和科学化的轨道。通过这一阶段的改革,构建起全新的预算编制模式,强化了预算执行管理,有效整合了预算内外的财政资源,增强了预决算的法制性和透明度。部门预算改革,实现了"一个部门,一本预算",改变了传统功能预算按经费的功能分类编制多本预算的做法;政府收支分类改革形成了政府预算内外资金共用的统一、规范的收支分类体系;政府会计作为预算管理的重要组成部分,也随之进行了相应的调整和修补。在决算管理改革方面,财政部对财政总决算、预算外资金收支决算和行政事业单位决算进行了整合,决算报表体系不断完善,各级财政部门开始加强决算数据的分析利用,用决算数据揭示预算编制和执行中的问题。总的来说,这一时期的政府会计主要服务于政府财政预算资金的收支管理，重点反映当期财政收支状况，仍未从根本上打破既有的预算会计框架。对既有预算会计体系的局部调整和研究探索阶段标志性事件总结如表6-3所示。

表6-3　　　对既有预算会计体系的局部调整和研究探索阶段

时间	标志性事件	主要内容
2001年	《财政国库管理制度改革试点会计核算暂行办法》	分别对财政总预算会计、财政国库支付执行机构会计、行政事业单位会计、建设单位会计财政集中支付业务会计核算作出规定，以适应国库集中支付改革需要
	《政府采购资金财政直接拨付核算暂行办法》	为适应政府采购财政改革需要
2002年	《行政事业单位会计决算报告制度》	确立了行政事业单位会计决算报告的编制范围、编制内容、工作组织、填报审核等工作规范
	《农业综合开发资金会计制度》	专项资金会计制度，以满足专项资金管理需要
	《三峡工程库区移民资金会计制度》	
2003年	印发《地方财政实施财政国库管理制度改革年终预算结余资金会计处理的暂行规定》	对地方财政实施财政国库管理制度改革试点形成的年终预算结余资金的财政总预算会计，按规定实行个别事项的权责发生制账务处理
2006年	将"推进政府会计改革"列入《国民经济和社会发展第十一个五年规划纲要》	
2009年	下发新《医院会计制度（征求意见稿）》和新《高等学校会计制度（征求意见稿）》	确立了修正的权责发生制为会计核算基础，拉开了我国以公立单位为主体的应计制会计改革的序幕

（四）2010年至今：全面推进政府会计改革

2010年，"进一步推进政府会计改革，逐步建立政府财务报告制度"被正式列入《国民经济和社会发展第十二个五年规划纲要》。2011年，财政部印发的《医院会计制度》首次在公共部门正式引入权责发生制，以修正的权责发生制为会计核算基础来系统规范公共医疗机构的会计核算和财务报告。2013年党的十八届三中全会提出了深化财税体制改革、改进预算管理制度、建立权责发生制政府综合财务报告制度的明确要求。2014年《权责发生制政府综合财务报告制度改革方案》发布后，进一步明确了双轨制的政府会计改革方向，我国新一轮政府会计改革正式启动。迄今，业已颁布了《政府会计准则——基本准则》以及9项具体准则，并发布了新的《政府会计制度》，统一了行政单位和事业单位会计制度，同时废止了多头零散的按行政事业单位分类的十余项会计制度，基本形成了在《会计法》和《预算法》指导下的准则与制度并行的政府会计法规体系。全面推进政府会计改革阶段标志性事件总结如表6-4所示。

表 6-4　　　　　　　　　　全面推进政府会计改革阶段

时间	标志性事件	主要内容
2011 年	颁布《行政事业单位内部控制规范（试行）》	拟构建以预算为主线的流程控制、以资产负债为主线的重要项目控制、经济合同控制以及评价与控制在内的内部控制规范框架
2014 年	修订预算法	增强预算的科学性、完整性和透明度，强化政府债务管理以防范财政风险，严格预算执行、规范预算调整和完善预算审查监督
2014 年	国务院批转《权责发生制政府综合财务报告制度改革方案》	提出双轨制政府会计改革构想
2015 年	颁布《政府会计准则——基本准则》	提出构建预算会计和财务会计适度分离并相互衔接的政府会计核算体系；明确了预算会计要素和财务会计要素
2015 年	颁布《政府财务报告编制办法（试行）》	详细规范了政府财务报告的内涵和范畴、主要内容、编制要求及报送流程等
2016 年	印发 4 项具体政府会计准则：《政府会计准则第 1 号——存货》《政府会计准则第 2 号——投资》《政府会计准则第 3 号——固定资产》《政府会计准则第 4 号——无形资产》	明确了存货、投资、固定资产、无形资产的会计核算
2017 年	印发《政府会计准则第 3 号——固定资产》应用指南	对固定资产折旧年限和折旧时点作出明确要求
2017 年	印发 2 项具体政府会计准则：《政府会计准则第 5 号——公共基础设施》《政府会计准则第 6 号——政府储备物资》	明确了公共基础设施和政府储备物资的会计核算
2017 年	颁布《政府会计制度——行政事业单位会计科目和报表》	同时废止了包括原"一则三制"及各分类事业单位会计制度共 13 项，统一了行政事业单位的政府会计核算
2018 年	发布《政府会计准则第 7 号——会计调整》《政府会计准则第 8 号——负债》《政府会计准则第 9 号——财务报表编制和列报》	对会计调整、负债及财务报表编制和列报作出了具体规范
2018 年	制定《〈政府会计制度——行政事业单位会计科目和报表〉与〈行政单位会计制度〉有关衔接问题的处理规定》和《〈政府会计制度——行政事业单位会计科目和报表〉与〈事业单位会计制度〉有关衔接问题的处理规定》	为确保新旧政府会计制度顺利衔接、平稳过渡，促进新制度的有效贯彻实施
2018 年	制定国有林场和苗圃、测绘事业单位、高等学校、中小学校、科学事业单位、医院、基层医疗机构、彩票机构等执行《政府会计制度——行政事业单位会计科目和报表》的补充规定和衔接规定	

我国现行政府会计法规体系如图 6-1 所示。

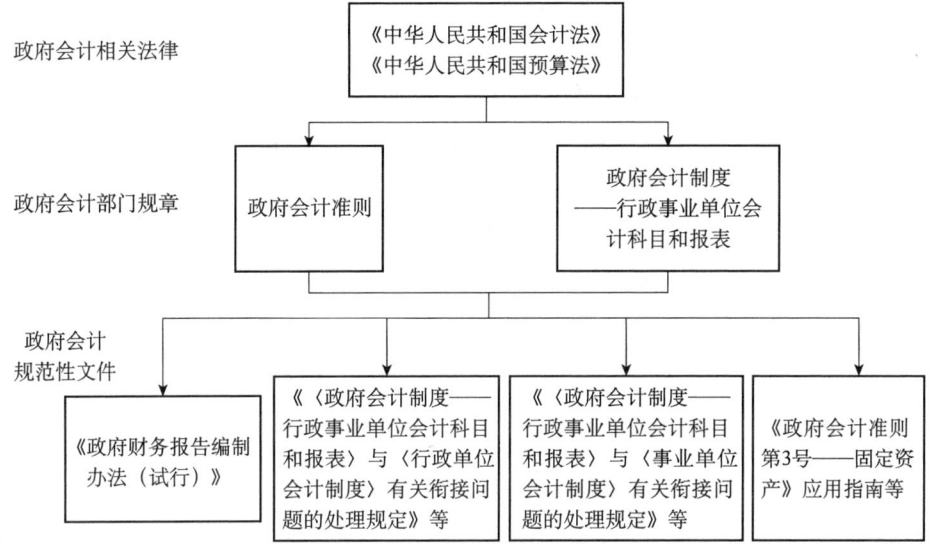

图 6-1　现行政府会计法规体系

❖ 二、政府会计改革发展四十年的基本经验和规律

（一）公共受托责任的拓展是政府会计变革的根本推动力

受托责任学派认为，受托责任是现代会计存在的根本原因。公共受托责任是政府会计存在的根本原因，公共受托责任外延与内涵的不断拓展是政府会计变革的动力所在。改革开放初期，百废待兴，我国沿袭了计划经济时代高度集中统一的行政管理模式，在这种管理模式下，公众与政府不但是委托代理关系，还是绝对的管理和被管理的关系，作为管理者的政府处于强势地位，公众则处于被管理的弱势地位，在"强代理人、弱委托人"的关系链条下，政府的受托责任意识和公众的民主意识都比较淡薄，因此受托责任集中体现在政府根据法律法规、立法机构批复的公共预算来使用和管理公共资源的合规性责任。从 1994 年我国正式确立市场经济体制起，市场逐步在资源配置中占据主导地位，政府不断简政放

权，公众民主意识和民主权力的政治责任感也不断增强。计划经济下的"万能政府"变成了市场经济下的"有限政府"，政府的受托责任边界被逐步框清（路军伟、李建发，2006）。2000 年，财政部开始探索在财政管理体制中建立公共支出绩效考评制度，标志着政府受托责任延展至经履行公共资源使用和管理的绩效性受托责任，即政府履责的业绩与耗费配比是否满足经济性、效率性和效果性（3E）的要求。与之相对应的，政府纳入预算会计核算范围的收支范围不断扩大、预算不断细化、政府决算报告体系不断完善、政府预决算信息公开程度不断加深，构建起较为完善的政府预算编制模式，但预算会计框架下的政府主要承担的仍是对内管理的绩效受托责任。到 2010 年后，我国进入全面深化改革的新阶段，一方面，经济步入新常态，地方政府债务繁重，财政面临巨大压力，政府内部提升用款绩效要求承担更加全面和长期可持续的受托责任；另一方面，政府治理范式进一步转变，多元共治成为国家治理现代化的最显著特征，外部利益相关者要求政府强化报告受托责任和对外受托责任，以满足多元主体依托政府会计信息与政府开展互动与合作的要求。基于此，我国着手建立权责发生制的政府财务报告体系和成本核算体系以全面反映政府资产负债状况，从而开启了新一轮政府会计改革。

（二）政府会计法律与制度建设为改革保驾护航

综观我国政府会计四十年的改革发展，始终坚持重视制度建设，依法规范政府会计行为和会计秩序。在法律层面，改革开放后，国家预算行为长期处于无法可依的状态，直到 1994 年《中华人民共和国预算法》颁布，以法律的形式对预算制度的核心要素作出了规范，对立法部门、行政部门和财政部门在预算事务上的权责进行了明确划分，从而为建立与社会主义市场经济体制相适应的财政预算制度提供了法律支撑。2015 年，预算法在出台 20 年后完成了首次修改，新《预算法》在推进全口径预算管理、建立跨年度预算平衡机制、改善转移支付结构、硬化支出预算约束、打造透明预算等方面实现了重要突破，同时明确编制权责发生制的政府综合财务报告，为以权责发生制为基础的政府会计体系奠定了法律地位。在制度层面，我国始终坚持制度先行，先行先试，不断修缮，1988 年重新修订了 1963 年出台的《各级财政机关总预算会计制度》和《行政事业单位预算会计制度》，确立了以总预算会计为主导、以行政事业单位会计为补充的预算会计模式，基本满足了当时实行的"划分收支，分级包干"财政管理模式下对会计制度的内在需求，推动各级事业单位和地方政府逐步摆脱了过去高度集中统一的管理体制。此后，为适应分税制改革要求，财政部于1997年和1998年相继颁布"一则三制"，将政府会计的功能定位于预算会计，确立了"借贷记账法"的记账规则，并采用准则、制度并行的模式基本建立起一套包含财政总预算会计、行政单位会计、事业单位会计在内的完整的政府会计体系，也直接推动了学术界对政府会计的系统性研究。21世纪初，《行政事业单位决算报告制度》及相关专项资金管理制度进一步规范了预算的编制执行和财政资金的有效使用。2017年新《政府会计制度——行政事业单位会计科目和报表》的颁布，统一了现行各类行政事业单位会计标准，按照《国务院关于批转财政部权责发生制政府综合财务报告制度改革方案的通知》（以下简称《改革方案》）和新《预算法》的要求，构建了"财务会计和预算会计适度分离并相互衔接"的会计核算模式，同时整合了基建会计核算，扩大了政府资产负债的核算范围，对提高政府会计信息质量、建立现代财政制度具有重要的政策支撑作用。在准则层面，1997年，我国曾颁布《事业单位会计准则》，直至新《政府会计制度》颁布，对其予以废止。权责发生制政府综合财务报告制度改革以来，我国业已颁布《政府会计准则——基本准则》和9项具体准则，基本准则明确了政府会计目标、会计主体、会计信息质量要求、会计核算基础，以及会计要素定义、确认和计量原则等，具体准则立足权责发生制核算基础，详细规定了政府发生特定经济业务或事项的会计处理原则，破解了政府投资、资产计价、负债的全面核算等技术难题。《政府会计准则》与《政府会计制度》共同构成了我国政府会计标准体系，夯实了政府财务报告的编制基础。

（三）明确目标、渐进式推进政府会计改革

党的十一届三中全会后直到20世纪90年代初期，我国政府会计改革处于起步阶段，主要为配合预算管理的重新恢复和改革调整，尚没有明确的改革目标。直到1996年财政部发布《预算会计核算制度改革要点》，明确要建立管理型会计核算模式，拓宽预算会计职能，实现从"控制导向"向"管理导向"的转变是

20世纪90年代改革的核心理念，明确反映了政府期望改善管理、优化资源配置的改革偏好，直接推动了"一则三制"我国政府会计基本制度框架的构建。2007年政府会计改革被写入《国民经济和社会发展第十一个五年规划纲要》，目标是建立规范统一的政府会计准则制度体系和政府综合财务报告制度，权责发生制政府综合财务报告改革正式进入系统准备期。2014年财政部发布《权责发生制政府综合财务报告制度改革方案》，更加明确界定了改革的重点内容，同时将政府会计改革置于服务财政经济可持续发展的视角下，反映出要发挥政府会计财政治理功能的改革理念，在此方案的指导下，我国逐步进入"双轨制"政府会计的新阶段。目标导向下的改革路径，我国选择的是渐进、增量、多阶段和分步骤的改革路线。从改革开放初期到20世纪90年代建立符合市场经济的政府会计体系，从转变预算职能、改变核算方法，再到重新划分核算体系和会计科目，整体重构预算会计核算体系，都是缓慢而稳步推进的。当前，我国更是选择了"双轨制"的增量改革道路，在实践中采用了"从试点到逐步推广"的渐进式改革方法，如此一方面能够给予旧制度中的参与主体一定的时间空间，给模式本身也预留出调整余地；另一方面也能用增量利益促进存量利益格局的调整，削弱旧制度对新制度的摩擦力。

（四）吸收借鉴企业会计改革和国际经验，走中国特色社会主义政府会计道路

企业会计通过近十年的全面深化改革，目前已建立了一套具有中国特色、与国际趋同的会计准则，实现了与国际财务报告准则等效，而政府会计还长期停留在预算会计阶段，与国际公共部门会计相差悬殊（李建发，2016）。可以看出，相较企业会计改革，我国政府会计改革显然较为缓慢，这是因为政府会计较企业会计涉及面更广，技术性、敏感性、政策性更强，故对其改革也更为复杂。由于企业会计改革与政府会计改革均由财政部统一领导和部署实施，因此在企业会计改革中形成的实践经验与教训也一定程度上影响和推动了我国政府会计改革，对政府会计改革的方法步骤、政府会计体系的构建等具有重要的指导意义。1998年"一则三制"的建立便吸取了企业会计制度、准则并行的制度结构，针对事业单位业务类型多样、资金来源渠道复杂的特点，对事业单位实行准则规范。当前在政府中引入了权责发生制的财务会计后，更充分地发挥了企业会计准则的指导作用，对于共性的业务，在充分考虑政府会计主体的特点及其面临的环境后能够适当借鉴企业会计准则的相关做法进行准则设计。从国际经验来看，20世纪70年代开始，为了适应新公共管理的要求，IFAC、IMF、世界银行等都在积极倡导各国对政府预算会计和财务报告进行改革，西方主要国家和部分发展中国家迄今已基本完成了权责发生制的政府会计改革。事实上，近年来上述国际组织也多次建言我国在政府会计改革中直接引入国际公共部门会计准则（应唯，2016）。但基于我国政治环境、经济环境、法律环境等方面与西方国家的差异，我国政府会计改革并未急于求成。2004年以来，财政部会计司及国库司多次成立专门考察团，对瑞士和意大利的政府会计改革、英国和法国的政府会计准则、法国和瑞士的政府会计管理体系以及美国和加拿大政府财务报告制度进行考察并形成考察报告，适度借鉴国际公共部门会计准则和其他国家政府会计改革的先进经验，在匹配我国基本国情和制度背景的基础上，逐步建立起既有我国特色又有较强操作性的政府会计体系。

（五）理论研究为政府会计改革发展奠定了坚实基础

我国政府会计研究起步较晚，从刘炳炎先生在1982年第2期《会计研究》杂志上发表《会计专业课程改革问题》一文正式提出"政府会计"概念起，到20世纪末，政府会计始终处于边缘化研究的尴尬位置。近年来，随着我国政府会计环境发生较大变化，公共财政体制改革和行政体制改革的不断向前推进，政府会计日益成为热点研究问题，各项理论研究成果丰硕，基本建立起政府会计改革与实践应用的科学理论基础。特别是关于政府会计的构成和改革方向，学者们提出了"二元论"（王彦、王建英、路军伟等）、"三元论"（荆新、丁鑫、张曾莲等）以及政府会计的"四元结构"（景宏军、王蕴波等）等几种构想，并探索了政府财务会计与预算会计适度分离与融合的双轨制改革路径（张琦、程晓佳等），与此相关的理论探讨和学术争鸣直接推动了我国改革现有政府会计核算和报告方式，为当前我国建立"双功能、双基础、双报告"新型政府会计体系提供了充分的理论依据和科学指引，是我国政府会计理论与实践相结合的一次重大飞跃。另外，财政部会计司、预算司、国库司以及中国会计学会政府及非营利组织会计专业委员会多次组成课题组，召开政府会计改革发展研讨会，并通过实地调研，对政府会计的国际比较、改革的制度环境与路径、政府会计准则与核算体系、政府财务报告及其应用以及政府审计与信息公开等问题持续展开研究，从实践层面发现总结我国政府会计改革中的特殊性并探寻理论突破，实现了政府会计从理论到实践，再从实践到理论不断循环往复、螺旋上升的发展。

❖ 三、我国政府会计改革与发展的未来展望

（一）进一步完善《会计法》等法律制度，提升政府会计法制化水平

《会计法》作为指导全国会计工作的根本大法，是制定其他会计行政法规、会计规章的依据，在规范我国各类组织机构会计行为上发挥着纲领性的统驭作用。我国现行《会计法》的主体框架和立法目标主要侧重于对企业会计行为的规范，未能全面兼顾政府及非营利组织两类会计主体。例如《会计法》总则中所述"为了规范会计行为，保证会计资料真实、完整，加强经济管理和财务管理，提高经济效益，维护社会主义市场经济秩序，制定本法"。"提高经济效益"不是政府及非营利组织的存在基础和运营目标，"维护社会主义市场经济秩序"也不是非政府组织会计的功能领域。因此，从立法精神和立法目的来看，现行《会计法》的定位是有待商榷的。另外，在"会计核算"中通篇使用"财务会计报告"的表述，未将预算会计下编制的"决算报告"纳入立法范畴，与《政府会计准则——基本准则》中的"政府会计主体应当编制决算报告和财务报告"规定相冲突。因此，从立法对会计行为的具体规范来看，现行《会计法》涵盖的范围以及对基本会计概念的界定也是模糊和不完整的。未来应进一步推进《会计法》的修订工作，立足"大会计"的视野系统梳理立法目的、适用范围及基本概念的定义和认定标准，全面涵盖各类会计主体的会计行为，同时做好与《预算法》、新《政府会计制度》以及政府会计准则等具体法律规范的协调和衔接，提升《会计法》作为上位法在我国会计法规体系中的统驭价值，为进一步推动政府会计改革和建立健全政府会计法规体系提供坚实的法律依据和法理支撑。另外，新《预算法》将"强化预算约束"补充列入立法宗旨，提出建立全口径预算体系、"预算公开"入法、严格债务管理、全面实施绩效管理等新举措、新要

求，回应了社会公众关注的热点问题，也为进一步深化财税体制改革提供了法律保障。但现行预算法在预算收支范围、预算监督和预算公开等方面还存在诸多可以改进的空间，对政府会计在核算范围和信息披露方面的支撑力有待提升。例如，企业国有资本存量尚未纳入预算体系，政府各部门的托管企业仍游离于国资部门的预算编制外，诸多政府性基金杂项收费也没有纳入政府性基金预算，全口径预算涵盖范围并不完整。此外，新《预算法》虽然对预算编制提出了细化的要求，但并没有规定这些细化的内容要全面公开，而新修订的《保密法》也没有清晰地界定保密范围，几乎将所有领域的事项都纳入了国家秘密，极大地阻碍了财政信息公开透明（邓淑莲，2016）。可见，《预算法》改革仍在路上，未来应进一步通过顶层设计和制度创新落实预算的法律控制，为政府会计改革扫清法律障碍，指明前进方向。预算工作要求越高，对政府会计的支撑期望就越大。作为预算管理抓手的政府会计，也要在《预算法》的要求和指引下，加快改革进程，做到标准先行，不断推进政府会计准则体系和政府财务信息披露制度建设，进一步提升政府会计信息的监督和预测功能，推动构建预算绩效评价体系，以会计改革护航预算改革。

（二）深入推进构建政府成本会计和管理会计体系建设

近年来，我国政府债务风险不断累加、政府运行成本居高不下、财政赤字率逐年攀升，如何控制行政运行成本、提高预算资金配置效率等问题亟待解决。在此背景下，《改革方案》明确提出要在"条件成熟时，推行政府成本会计，规定政府运行成本归集和分摊方法等，反映政府向社会提供公共服务支出和机关运行成本等财务信息"，并将"研究推行政府成本会计"作为 2018—2020 年的重要工作内容。有效的政府成本会计可以在预算编制与执行、成本控制、价格制定、绩效计量以及公共决策等五个方面发挥重要作用（刘用铨，2008）。推进政府成本会计体系建设，有利于为权责发生制的政府财务会计全面反映政府总体运营成本和服务成本提供信息支持，也是我国推行政府全面绩效管理的前提保障。因此，下一阶段，在双轨制政府会计体系的基础上，应依据我国行政机关受托责任层级和内部运行特点，明确成本的责任主体，合理划分成本核算对象，选择科学的成本归集方式，进一步推进政府成本会计体系建设，提升政府内部资源配置的有效性，满足国家治理体系和治理能力现代化要求。提升政府运行绩效，还应拓展政府会计价值创造的功能，即构建中国特色的政府管理会计体系。财政部于2014年颁布的《关于全面推进管理会计体系建设的指导意见》也明确指出"管理会计是会计的重要需要，主要服务于单位（包括企业和行政事业单位）内部管理需要"，为管理会计在政府部门的落地生根指明了方向。未来应参照和借鉴国外政府管理会计和企业管理会计实践经验，加强管理会计的理论研究，在实践中探索将管理会计技术应用到政府部门的方式方法，推动其发挥整合利用政府预算信息、财务信息以及成本信息，在政府部门经济管理活动的全过程发挥预测、规划、控制、决策、责任考核的作用，提升政府部门效率效能。

（三）进一步扩大政府资产负债核算范围，为编制国家资产负债表夯实基础

2013年党的十八届三中全会提出要"编制全国和地方资产负债表"，2017年6月中央全面深化改革领导小组通过了《全国和地方资产负债表编制工作方案》，标志着编制国家资产负债表的进程将加快推进。虽然国家资产负债表属于宏观统计的范畴，不属于政府会计核算领域，但政府会计提供的资产负债的微观数据是国家资产负债表编制的前提和基础，很大程度上决定了国家资产负债表的真实完整。从资产来看，我国政府机关掌管着包括土地、公共基础设施、自然矿产资源、文物文化资产等大量的资产资源，但囿于会计核算技术的限制，使得政府实际控制的资产范围和当前纳入会计核算的资产范围相比仍存在较大差距（姜宏青、宋晓晴，2018），政府资产无法合理配比政府负债，从而造成反映的财政风险和政府偿债能力不真实。从负债来看，财政部颁布的《政府会计准则第8号——负债》中将举借债务、应付及预收款项、暂收性债务及预计负债纳入政府会计核算范围，但包括养老金债务、因环境污染所承担的环境负债及政府提供担保和信用的事业单位和融资平台借款等在内的部分政府或有负债仍未被纳入会计核算，政府债务的核算范围也有待扩展。因此，在日后改革中，应进一步明确政府资产和负债的界定和分类划分标准，对于难以用货币计量的资产和难以纳入表内管理的隐性负债、或有负债，探索相应的评估、计量和披露方式，扩大政府会计资产负债的核算范围，切实摸清"家底"，编好"政府账本"，为日后国家资产负债表这一"国家账本"的编制夯实基础。

（四）依托大数据及"互联网+"技术，构建面向多元主体的政府会计信息披露体系

近年来，随着我国经济市场化程度不断增大、非正式组织的兴起、公民参与意识的觉醒以及政治文化愈加开放包容，我国逐步形成了多元主体共建共治的新型社会治理格局。在多元主体协同治理过程中，以政府会计信息为媒介，构建与政府平等协商的信任机制和沟通机制，是多元主体共同参与治理的前提和基础。当前我国政府会计信息披露主要通过中央和地方预决算公开平台，披露中央和地方政府预决算、部门预决算以及转移支付三部分内容，披露的形式主要以当期财务报表为主，鲜有文字说明和图表分析。对外部信息使用者而言，首先，当前预决算信息披露无法反映政府运营全貌和可持续发展能力；其次，披露的信息庞杂无序，缺乏分析比较，可读性差，无法获取到有用信息，也在很大程度上影响了外部主体参与治理的积极性。可见，当前的政府会计信息披露机制是严重落后于政府会计改革进程的。因此，我国应加快推进政府会计信息披露体系建设，推动《政府信息公开条例》修订完善，加大政府会计信息披露力度，提升披露水平以充分满足多元主体信息需求，重点探索大数据及"互联网+"技术在政府会计信息披露层面的应用，研究构建整合政府部门预决算信息、财务信息、宏观经济等财政信息、审计信息的专业技术平台，在此基础上探索设计多元财务分析体系以满足不同主体的个性化政府会计信息需求，并依据公众检索频次和内容，对信息需求进行搜集、汇总、分析和分层分类，不断改进政府会计信息披露内容与披露形式。

主要参考文献：

［1］Lüder. K. G. A contingency model of governmental accounting innovations in the political administrative environment［J］. Research in Governmental and Nonprofit Accounting，1992（7）：99–127.

［2］Lüder. K. G. Research in comparative governmental accounting over the last decade——Achievements and problems. In Innovations in Governmental Accounting，Kluwer Academic Publishers，2002：1–22.

［3］谢旭人．中国财政发展改革［M］．中国财政经济出版社，2011．

［4］陈志斌．基于衍生职能界定的政府会计角色定位研究［J］．会计研究，2014（1）：28－34．

［5］丁鑫，荆新．政府会计三元系统初探［J］．财务与会计，2011（10）：63－65．

［6］邓淑莲．财政公开透明：制度障碍及破阻之策——基于对我国省级财政透明度的7年调查和评估［J］．探索，2016（3）：62－68．

［7］胡国强，潘松剑，吴春璇．高效廉洁新常态下中国政府管理会计体系构建［J］．会计之友，2017（2）：20－25．

［8］姜宏青，宋晓晴．以责任为核心的政府资产分类与会计政策变革展望［J］．中国行政管理，2018（8）：93－100．

［9］姜宏青，宫燕燕．多元化政府成本会计信息系统构建研究［J］．湖南财政经济学院学报，2016，32（3）：21－28．

［10］荆新．政府会计体系的演进、解构与整合［J］．会计之友，2018（3）：2－5．

［11］景宏军，王蕴波．论我国预算会计的定位［J］．财会月刊，2008（4）：6－8．

［12］路军伟，李建发．政府会计改革的公共受托责任视角解析［J］．会计研究，2006（12）：14－19．

［13］刘用铨．构建我国政府成本会计［J］．中国农业会计，2008（3）：8－10．

［14］李建发，赵军营．权责发生制政府综合财务报告制度下政府合并财务报表编制问题研究［J］．财政研究，2016（12）：2－13．

［15］潘晓波，车渍芳．我国《会计法》修订中政府会计相关问题的思考［J］．财务与会计，2018（1）：15－17．

［16］王彦，王建英，赵西卜．政府会计中构建二元结构会计要素的研究［J］．会计研究，2009（4）：24－30．

［17］王芳，谭艳艳，严丽娜．中国政府负债信息披露：现状、问题与体系构建［J］．会计研究，2017（2）：14－23．

[18] 徐全红. 我国全口径预算管理的问题与改革路径选择 [J]. 经济研究参考, 2018 (28): 19-30.

[19] 应唯, 张娟, 杨海峰. 政府会计准则体系建设中的相关问题及研究视角 [J]. 会计研究, 2016 (6): 3-7.

[20] 应益华. 新《预算法》驱动下的政府会计改革研究 [J]. 会计之友, 2015 (19): 33-36.

[21] 张琦, 程晓佳. 政府财务会计与预算会计的适度分离与协调: 一种适合我国的改革路径 [J]. 会计研究, 2008 (11): 35-41.

[22] 张曾莲. 论政府预算会计与财务会计的结合 [J]. 中南大学学报（社会科学版）, 2011, 17 (4): 98-103.

[23] 路军伟. 基于公共受托责任的双轨制政府会计体系研究 [D]. 厦门大学, 2007.

[24] 徐玉德, 宋帅. 我国政府会计改革发展四十年: 历程、经验及展望 [J]. 地方财政研究, 2018 (11): 40-48.

第七章
改革开放四十年中国会计信息化演进与未来趋势

改革开放四十年来，随着计算机和互联网技术的迅速发展和广泛应用，我国会计信息化发生了翻天覆地的变化，实现了从"缓慢探索"到"全面推进"的伟大跨越，强有力地推动着国民经济发展和社会进步。在会计信息化逐渐向智能化转变的时代背景下，会计工作想要更好发挥其职能作用，必须与先进的科技手段相结合。本章重点梳理了中国四十年来会计信息化的演进历程，总结了演进过程中取得的成功经验，进而指导中国会计信息化的未来发展。

❖ 一、改革开放四十年中国会计信息化发展历程

（一）第一阶段（1979—1988年）：缓慢探索，迈入正轨

1. 国家部委和高校确立会计电算化概念

改革开放之初，中国开始尝试实行会计电算化。1979年，财政部和第一机械工业部给予中国第一家会计电算化试点单位——长春第一汽车制造厂560万元的财政支持，长春第一汽车制造厂借此从前东德进口一台EC-1040计算机以实行电算化会计。彼时，计算机只作为处理会计工作中工资会计的辅助工具。1981年，第一汽车制造厂和中国人民大学联合主办"财务、会计和成本应用计算机学术研讨会"，会议上将计算机技术在会计工作中的应用正式命名为"会计电算化"，这是我国首次确立"会计电算化"的概念。1982年，国务院主导成立计算机和集成电路领导小组，重点推广全国计算机的应用，北上广等发达地区的公司

第七章 改革开放四十年中国会计信息化演进与未来趋势

先后开展试点工作。自 1984 年以来，中国人民大学组织研究生先后为北京、石家庄的部分企业开发会计应用软件，帮助企业进行账务处理、报表编制、会计核算等工作。

2. 颁布法规推动会计软件商业化

1987 年，财政部颁布《关于国营企业推广应用电子计算机工作中若干财务问题的规定》，从提倡发展基金和严格管理成本支出两方面促进会计电算化的发展。1988 年 6 月，全国首届会计电算化学术研讨会在河北承德召开。财政部财政科学研究所（现中国财政科学研究院）作为主办方，在会议上提出了会计电算化应加强通用化、商业化，为会计电算化的发展指明了方向。同年 8 月，中国会计学会也举办学术研讨会，对会计软件的实际运用提出了合理化建议。在起步之初，各界人士都在积极探索会计软件的商业化发展道路，为会计软件未来的快速发展提供了理念、制度和人员上的准备。

3. 开创高等教育，培养优秀人才

在会计电算化应用有力起步的同时，会计电算化教育和科研也逐步发展。1985 年，财政部财政科学研究所首次招收会计电算化研究生，中国会计电算化高等教育迈出崭新步伐。1987 年 11 月，中国会计学会正式成立会计电算化研究小组，其理论研究引起业内人士的广泛重视，中国会计电算化高等教育在缓慢摸索中迈入正轨。

（二）第二阶段（1989—1998 年）：重点关注，快速发展

1989 年 10 月 24 日至 30 日，财政部在上海召开了会计电算化管理专题讨论会。会议交流了会计电算化管理的经验，讨论并修订了《会计核算软件管理的几项规定（试行）》，要求省级财政部门尽早把会计电算化管理纳入工作范畴，抓好以会计电算化代替传统手工记账的试点工作。自此，掀起会计电算化实践应用的新纪元。这一时期会计电算化快速发展，也是商业财务软件为霸权而战的 10 年。在此期间，财政部出台了一系列会计电算化管理制度，初步建立了会计电算化管理体系。同时，软件评审系统的建立也极大促进了商业化软件市场的发展和繁荣，帮助中国会计软件得以进一步的普及与应用。表 7-1 显示了会计软件开发企业和会计软件在中国会计电算化快速发展阶段的历程。

表 7-1　快速发展阶段我国会计软件开发公司及会计软件发展历程①

时间	事件
1989 年	世界上最大的企业软件公司（甲骨文公司）正式进入中国市场，甲骨文首创的关系型数据技术从此开始服务中国用户。随后，甲骨文公司分别在北京和深圳建立研发中心
1989 年 9 月	中国第一款商品化财务软件"先锋 CP-800 通用核算软件"通过财政部组织的评审
1990 年 4 月	用友公司将财务软件从账务处理推广到包括报表、工资、固定资产在内的全面核算体系，并于 1990 年 4 月顺利通过评审
1992 年	重庆金算盘财务软件公司于 1994 年 7 月推出中国第一个 Windows 版财务软件（评审则是在小蜜蜂财务软件之后），接着又于 2002 年 5 月推出国内第一个管理软件平台——金算盘 VP
1992 年	金蜘蛛软件有限公司发布了第一个局域网络版财务软件
1993 年	深圳远见科技发展有限公司（即金蝶公司前身）和杭州新中大软件有限公司在同一年成立
1993 年 11 月	美国莲花公司正式进军中国大陆，中国人开始接触当时风靡全球的 Lotus 1-2-3 电子表格软件。Lotus 1-2-3 将表格计算、绘图和数据分析功能集于一身，对电子表格软件的发展作出了重要贡献
1995 年	全球最大的企业管理和协同化商务解决方案供应商 SAP 公司宣布成立中国公司。SAP 公司在大型会计信息化软件市场中具有竞争优势，SAP 公司在中国的发展为中国企业带来了先进的管理理念与技术
1995 年	深圳市深软电子实业有限公司成立，其开发的小蜜蜂财务软件 1996 年通过评审，成为中国首家通过财政部评审的 Windows 版财务软件
1997 年	重庆金算盘软件、深软小蜜蜂软件、深圳金蝶软件相继推出基于 Windows32 平台的财务软件，并借此发力，快速成长为全国性的知名品牌
1998 年 7 月	金蝶公司推出中国第一个企业资源计划（ERP）系统——金蝶 K3，中国有了第一款与国际同类产品采用相同三层架构的会计信息化软件，基于 ERP 理念实现会计电算化由核算型向管理型转变，帮助企业实现财务、业务一体化管理
1998 年	由中国软件行业协会财务软件分会发起，在用友、安易、金蝶、国强等厂商的支持下，出台了中国软件领域第一份民间标准——财务软件数据接口标准 98-001
1999 年	用友公司发布基于微软 SQLServer 大型数据库的战略型财务软件，实现了购销存业务处理、会计核算和财务监控的一体化管理

1. 会计电算化应用拓展

1989 年，为交流会计电算化的管理工作经验，促进会计电算化的进一步升级，财政部召开了会计电算化管理专题讨论会，讨论并修订了《会计核算软件管理的几项规定（试行）》。该规定明确了政府会计电算化的重要性，决定在各级财政部门推行会计电算化的试点工作，会计电算化逐渐代替传统手工记账。自此，会计电算化开启了实践应用的新纪元。

---

① 钟爱军："会计电算化与信息化回顾及展望"，《财会通讯》，2012 年第 7 期。

2. 中国会计软件市场蓬勃发展

随着国内会计电算化的推行，中国会计软件市场日益扩大。众多国际大型会计软件开发公司纷纷进驻中国，立足国内会计电算化市场进行开发与拓展。与此同时，中国一些本土会计软件开发公司如用友、金算盘、金蝶等纷纷成立，进一步推动了会计电算化在我国的发展以及会计软件在我国企业核算中的应用与推广。

就在中国会计软件开发企业与会计软件蓬勃发展的同时，我国政府出台了一系列政策以指导和支持我国会计电算化事业的发展。1990年，财政部正式成立会计软件评审委员会，发布了《关于会计核算软件评审的补充规定》。1993年，中国会计学会中青年会计电算化分会成立大会暨首届理论学术研讨会在北京召开，会议研讨的主题包括中国会计电算化的现状、基层单位开展会计电算化的路径、会计电算化管理办法、会计软件市场化、会计电算化系统风险管理、注册会计师会计电算化发展中的作用、建立会计信息中心、会计电算化人才培养、会计电算化审计等问题。1994年5月，财政部出台了《关于大力发展我国会计电算化事业的意见》，这对我国会计电算化事业的发展具有里程碑式的意义，因为它对我国会计电算化人才培养和会计电算化管理提出了明确而具体的要求。1994年6月30日，财政部印发《会计电算化管理办法》（财会字〔1994〕27号）等规章的通知，自1994年7月1日起施行，废止1989年财政部发布的《会计核算软件管理的几项规定（试行）》，该通知制定了《会计电算化管理办法》《商品化会计核算软件评审规则》《会计核算软件基本功能规范》。

3. 会计电算化教育取得重大突破

1995年，财政部颁布《会计电算化知识培训管理办法（试行）》，会计电算化教育取得一定进展。截至1998年底，中国约有两万名会计人员接受过正规会计电算化的培训，为财务软件的实践应用提供了重要的人员支撑。在社会教育取得一定成效的同时，高等教育也取得重大突破。1996年，财政部财政科学研究所成立第一个会计电算化博士点，杨周南教授成为中国会计电算化方向的第一位博士生导师。此后，多家高校先后招收会计电算化的博士，会计电算化正式成为会计学科研究的重要方向。

(三) 第三阶段 (2000—2007年): 厚积薄发,稳步提高

这一时期中国会计电算化实现了质的飞跃。1999年4月,会计软件市场管理暨会计信息化研讨会在深圳召开,会议指出,会计信息化将成为21世纪会计电算化的发展方向。在此之后,我国一系列会计软件开发企业以及会计软件的发展也印证了这一预想。表7-2展现了21世纪以来我国会计软件的发展。

表7-2 稳步提高阶段我国会计软件开发企业与会计软件的发展历程[①]

时间	事件
2000年4月26日	用友集团宣布伟库网(www.wecoo.com)开通,2000年9月8日伟库网服务启动。伟库网以ASP模式和理念为中国中小企业提供在线软件应用服务。之后,伟库网又于2008年7月8日全新上线,成为中国SaaS的代表厂商。在线会计软件服务的出现,预示着基于互联网的会计服务产业化成为可能
2001年2月15日	金蝶在香港联合交易所创业板挂牌上市,募集9000万港币,成为国内第一个登陆国际资本市场的独立软件厂商
2001年3月	用友公司发布NC管理软件,这是完全基于网络应用的新一代管理软件
2001年5月	用友公司股票在上海证券交易所挂牌上市,募集9亿元资金,成为国内第一家A股上市的企业管理软件厂商
2004年	SAP在上海和大连投资1000万欧元,建立第五个全球支持中心
2006年11月	微软公司发布Excel发展史上又一里程碑式的巨作Excel 2007。在新的面向结果的用户界面中,Excel 2007提供了更为强大的工具和功能
2007年11月	金蝶旗下的在线记账及商务管理平台"友商网"正式上线,扩大了在线会计软件服务的阵容

1. 正式提出"会计信息化"

如果说快速发展阶段我国会计电算化事业是数量方面的提升的话,在稳步提高阶段,中国会计电算化实现了质的飞跃。1999年,会计软件市场管理暨会计信息化研讨会召开,大会探讨了会计软件的市场情况,交流了企业会计电算化的管理经验,并明确指出会计信息化将成为21世纪会计电算化的发展方向。在此之后,我国一系列软件开发企业以及会计软件的发展也印证了这一预想。

2. 完善会计信息化教育和培训

2004年,中国会计学会成功举办第三届会计信息化年会暨杨纪琬教授创建会计电算化高等教育二十周年纪念大会。大会探讨了建立会计信息化高等教育体系的

[①] 钟爱军:"会计电算化与信息化回顾及展望",《财会通讯》,2012年第7期。

重要意义，研究了如何完善会计信息化教学体系，并讨论了开展会计信息化实践应用的具体路径。2005 年，财政部先后颁布《会计从业资格管理办法》《初级会计电算化考试大纲》，明确了会计信息化的地位和从业人员所需达到的具体要求。

3. XBRL 掀起研究热潮

2003 年，上交所和深交所陆续开展 XBRL 应用试点，XBRL 研究逐步成为社会热点。XBRL 指可扩展商业报告语言，是将会计准则与信息技术相结合以用于财务信息交换的一种技术和标准。2006 年，中国 XBRL 研讨会在北京召开，明确 XBRL 研究在今后一段时期将作为主要研究方向，为会计信息化提供统一标准。2008 年，我国会计信息化委员会暨 XBRL 中国地区组织成立大会在北京召开，中央各部门共同发力，从制度、准则和人才储备方面为会计信息化标准体系的建立提供了支持与保障。

（四）第四阶段（2009 年至今）：与时俱进，全面推进

1. 全面推进会计信息化

信息化是当今世界发展的必然趋势，是推进中国现代化和经济社会转型的基础工程。党中央、国务院均高度重视信息化工作，2009 年 4 月，财政部发布了《关于全面推进我国会计信息化工作的指导意见》，从重要意义、目标和主要任务、措施和要求三个方面阐述全面推进会计信息化工作的具体内容。该意见指出，全面推进中国会计信息化发展工作的目标是利用五到十年的努力，建立并健全会计信息化法规体系和会计信息化标准体系，打造高素质并且专业的会计信息化人才队伍，基本实现大型企事业单位会计信息化与企业管理信息化融合以提高企事业单位的管理水平和风险防范能力，从而实现资源共享，使不同信息使用者容易获得、分析和利用信息，帮助他们进行管理与投资决策；基本实现大型会计师事务所对客户的财务报告和内部控制进行信息化方式的审计，进一步提升社会审计质量和效率；基本实现政府会计管理和会计监督的信息化，进一步提升会计管理水平和监管效能。2010 年 10 月 19 日，《可扩展商业报告语言（XBRL）技术规范》（GB/T25500－2010）系列国家标准和《企业会计准则通用分类标准》于北京发布，该标准规定了 XBRL 语言的基本要素和根据企业会计准则编制 XBRL 财务报告的基本要求。这为建立科学、国际化的会计信息化标准体系奠定

了基础,已成为中国会计信息化工作的一个里程碑和新的起点。在两项标准公布之后,第二十一届国际 XBRL 会议在北京开幕,各国专家就 XBRL 的应用交换了意见。2010 年 12 月 9 日,《财政部关于实施企业会计准则通用分类标准的通知》发布,要求立信等 12 家会计师事务所以及中石油等 13 家企业自 2011 年 1 月 1 日起实施《企业会计准则通用分类标准》。

2. 会计软件应用领域不断扩大

会计信息系统的运行是以计算机软件良好应用为基础,因此在实践中,会计人员不仅需要精通会计专业知识,具备会计专业胜任能力,同时也需熟练掌握会计软件系统,以此来保障会计信息化工作的顺利开展,更好发挥信息化工作的优越性。当前,会计工作与计算机系统间的联系更为紧密,各行业各领域都将会计软件作为处理会计工作的主要工具,会计软件的应用领域日益宽广。

3. 向会计智能化转变

科学技术的发展推动了"大智移云"时代的到来,会计信息化顺应时代潮流,将智能化作为未来发展的主要方向。会计信息化建设逐渐从局域网网络进行管理的财务会计软件,向互联网综合利用阶段进发。一般来说,现阶段的会计信息化更多是进行日常会计核算和财务报表编制等基本会计功能,缺少对大智移云的有效利用及政企之间、企业之间的信息交互。2017 年,德勤会计师事务所推出财务机器人,提供了财务自动化流程解决方案,这标志着会计工作正式由"信息化"向"智能化"转变。

❖ 二、我国会计信息化四十年发展成就

(一) 理论研究不断发展创新

四十年来,我国始终坚持会计信息化理论方面的研究与创新,先后经历从自发应用到规范指导、有序发展的演进过程。各级政府部门,尤其是财政部门的指导、管理和调控,对会计信息化的发展起到了重要的推动作用。我国著名会计学家杨纪琬教授作为我国会计信息化事业的开创人和奠基人,为我国会计信息化理论研究方面提出了许多真知灼见。随着科学技术的发展和经济管理要求的提高,

会计信息化仅满足于会计核算已远远不够，会计软件的研制开发亟待向企业管理软件方向发展，会计信息化与企业管理信息化的融合成为一种新的发展趋势，会计信息系统将不再是独立的一部分，而是企业管理信息系统的有机组成部分。同时，企业的管理信息系统也将成为整个社会信息一体化的有机组成部分。在中国会计信息化起步之初，学术界就倾向于把会计制度体系视为企业管理体系的一个组成部分。受杨纪琬教授思想的影响，其弟子王世定教授在认真研究会计制度在企业管理中的地位之后，创造性地提出了"小系统"扩展理论。该理论以"会计账务系统—会计信息系统—企业管理系统"为进阶路径，阐述了会计信息化的发展方向，如今已成为国内会计学界的主流观点。

2003 年，杨周南教授首次提出了会计信息系统及其风险控制的建模机制，并系统阐述了会计信息系统与 IT 控制和 IT 审计之间的内在联系，并根据当时我国的会计信息化发展现状及未来可能的实践，为会计信息化建设、应用和控制提供了一个清晰可行的框架性工作指南。2009 年，在总结和分析中国会计信息化 30 年发展的基础上，结合自身在企业中长期的经验，杨周南教授提出了会计信息化 TMAIM 体系架构的概念和结构。会计信息化 TMAIM 体系架构是由会计信息化理论体系、会计信息化方法学体系、会计信息化应用体系、会计信息化实施体系和会计信息化行业和社会管理体系五个要素组成，并以管理科学、社会学、信息科学、系统科学、会计学、组织学、信息工程学、心理学和行为科学等学科为主要理论依托，以现代信息技术为核心技术，以信息平台为主要工具所构成的统一体。上述五个要素各自具有独立的内涵和外延，同时，它们也有着密切的关系和相互作用，构成了研究会计信息化的有机统一。TMAIM 体系结构提出的目标在于从理论、方法和应用等多个方面探讨会计信息化的内涵和外延，为会计信息科学和会计信息资源的建立提供一个研究框架和思路。在杨周南教授看来，随着信息技术的发展和应用，人类社会进入互联网技术引领的网络经济时代，未来的会计信息化基础理论的研究将逐步走向系统化、科学化的道路。因此，会计信息化研究需要在不断探索信息学与会计学、信息技术与会计实务有机融合机理的基础上，形成一套完整的会计信息化知识体系、理论体系和方法学架构，同时要加强对会计信息化发展规律的研究等，会计信息化基础理论的研究成果将对会计信息化的发展具有方向性的指导意义。

(二) 实践应用得到广泛普及

随着科学技术的发展及政府的大力推广，我国八成企业已经开展了会计信息化工作并取得了显著的成效，信息系统管理遍及企业管理的全过程，众多上市公司也将会计准则与本公司的会计信息系统相结合，极大程度上确保了企业对外提供会计信息的真实性和完整性。此外，为了满足不同信息使用者的需要，企事业单位尤其是上市公司，在实施会计准则体系、内部控制标准体系时，均会以XBRL标准为基础规范制作财务报告和内部控制评价报告，促使建立会计工作和会计信息的标准化。随着信息技术的推广应用，云政务也得到广泛普及，云计算技术与政府工作相结合，既提高了政府办事效率，又加强了与民众的沟通，"数字政府"建设正走在路上。

随着企事业单位会计信息系统的日益完善，我国注册会计师的工作内容与工作状态同样发生了翻天覆地的变化。注册会计师通过利用信息技术创新成果，形成以信息化设施为基础、以数据资源为核心、以技术支持和安全管理为保障的互联网化、云计算化、智能化的注册会计师行业信息化体系。注册会计师利用信息化成果摆脱了简单、繁重、重复性高且有规律可循的机械性工作，从而将主要的时间用于专业性更高的职业判断中，极大提升了审计效率。当下，各大会计师事务所纷纷在内部建立起技术支持中心，通过加强开发审计信息系统，从而实现审计流程与会计信息系统的统一。

(三) 人才培养体系全面建成

我国会计信息化事业的发展，一方面依赖于近年来互联网技术与计算机技术的发展与进步，另一方面也离不开会计信息化人才队伍的构建。1984年，作为我国会计电算化高等教育的起源，财政部财政科学研究所率先招收"会计电算化"硕士研究生，随后中专、大专、本科及博士等多个层次也开始纳入会计信息化的培养体系。目前，我国会计信息化人才培养方式主要有三种：正规教育、委托培养和在职短期培训。三种人才培养方式有机结合，不仅有利于培养既懂会计又懂计算机技术的复合型青年人才，而且有利于当前从事会计工作的人员学习会计信息化知识，尽快适应会计信息化发展的新环境，提高自身工作效率与效果。

除此之外，会计信息化的内容正不断融入注册会计师与会计专业技术资格考试中，国家从准入阶段对会计信息化人才队伍进行甄选。

（四）会计软件持续转型升级

经过四十年发展，我国会计软件顺应政策和市场发展变化，不断更新换代，从多个方面转型升级。一是从局部到整体。我国会计软件最初只能进行局部处理，数据处理量也较小。时至今日，会计核算软件已进化为处理业务全过程的会计信息系统，正进一步向企业管理信息系统进阶。二是从手工到自动。会计软件逐渐摆脱会计人员手工操作，减少人力方面的出错概率，向全面自动化方向发展。三是从基层到高层。原有会计软件仅仅用于处理凭证录入、数据核算、报表生成等基础性工作，仅能满足基层单位会计工作的需要；新型会计软件不仅包含之前的功能，同时还能够在内部控制、信息传递、企业管理等方面对管理层作出有益补充。四是从自主到通用。会计软件起初由企业自主开发，贴合自身业务的同时也耗费大量的研发和维护费用；目前各公司均采用专业公司开发的通用会计软件，软件适用性更强，为全面推行会计信息化提供了前提和保障。五是从零散到规范。之前企业强调会计软件即插即用，更重视软件的功能性，忽视了系统的整体设计；随着信息化观念的不断更新，新开发的会计软件逐渐形成规范化的会计信息系统，可对企业整体的良好运行提供帮助。

❖ 三、我国会计信息化发展存在的问题分析

（一）会计信息化基础薄弱，发展结构不平衡

2000年前后我国才逐渐形成会计信息化的概念，相较西方发达国家而言起步较晚，理论和实践基础相对薄弱。我国会计制度中缺乏对会计信息化的详细规定，法制体系有待完善。会计信息化的核算流程至今尚采用半人工半自动的方式，在监督和管理上存在诸多漏洞，因此仍存在会计信息失真现象，企业工作难以取得有效的进展。现代化的会计制度以手工核算为立足点制定，然而信息化过程简化了会计流程，因此在账户设置、登记方法甚至会计核算方面都发生本质性

改变，原有制度已不能适应新时代，甚至在实践工作中产生阻碍。此外，就我国会计信息化发展程度而言，内陆经济欠发达地区远不如东部经济发达地区，小微企业远不如大中型企业，要想提升整个社会的会计水平，需打造合理的信息化发展结构以应对发展不平衡的问题。

（二）会计信息存在安全隐患，风险防范不健全

网络时代下，信息安全性成为企业普遍关注的焦点问题。据公安部通告，自2017年开展整治网络侵犯公民个人信息犯罪专项行动起，仅4个月时间就查获被盗取的各类公民个人信息500余亿条，网络信息安全问题已迫在眉睫，这就要求企业在进行会计信息化的同时，努力做好风险控制工作。目前会计软件的研发着力点主要放置于完善会计软件的操作功能，忽视了财务数据的保密性问题。财务数据是一个企业的生命线，目前会计软件很少涉及对企业财务信息的保护，即使有部分会计软件提出安全性防范问题，但只是针对软件本身的使用，而非企业会计信息的保密，无法真正做到信息零泄漏。除网络泄露外，企业内部同样存在人员泄露的隐患，会计人员为了获取不当利益出卖企业内部管理信息和财务数据，这给企业的生存带来严重威胁，而防范企业内外财务风险需从会计信息的根源——会计软件入手。

（三）会计软件缺乏专业性，商业化程度待深入

当前我国会计信息化应用得到了一定普及，各方已经意识到会计信息化建设的重要性，但是却缺少合适本公司的会计软件。一方面，通用会计软件的更新换代难以满足企业发展的需要。我国经济发展日新月异，企业面临的环境和业务也在不断变化，这对会计核算和报表编制提出崭新要求。通用会计软件虽然存在成本低、易维护等优点，但同时也存在很多与企业不相适应的机制，只有少数企业可以使用价值高昂的自主研发会计软件。另一方面，我国会计软件真正开发并广泛应用只有十几年的历史，行业水平仍有待提高，部分软件公司没有进行市场调研就直接参照国外会计软件进行设计并投入市场，很难满足中国国情下企业的使用需求。有的软件公司虽然争取到了一定的市场份额，但是缺少足够盈利点以满足再生产的条件，其开发软件的许多功能也没有充分利用。如用友U8软件虽然

拥有 81 项功能，但是许多功能对会计工作的实际意义不大，仍然需要会计人员主导进行。

（四）复合型财会人员短缺，信息化认知有待提高

当前，科学技术飞速发展，而我国会计界接受计算机应用的速度较为缓慢，会计从业者对于会计信息化的认知也较为浅薄，仍停留在简单地运用会计软件进行会计实务以减少人工参与的层面，这严重制约着会计信息化的普及。会计信息化不仅需要寻求各方的重视，客观上也对会计人员的计算机操作提出了更高的要求。高级会计人员不仅要精通专业知识，具备会计专业胜任能力，同样需要掌握计算机技术。当前，我国会计教育如火如荼，会计行业人才辈出，但是在高级会计人员队伍中同时具备两方面知识的复合型人才却较为稀少。取得一定成就的高级财会人员普遍工作 10 年以上，这虽然让他们拥有丰富的工作经验，但同时也制约着高级财务人员获取新知识的动力，长远来看不利于会计信息化的普及。

❖ 四、我国会计信息化发展的未来趋势

（一）会计信息化功能更强大，由核算层面向管理层面过渡

会计信息系统是现代企业管理系统中的核心，会计信息化除了能够进行财会工作外，还应该在更高层面中发挥作用。未来，有必要让会计信息化参与到企事业单位工作的每个阶段，将现有的会计核算系统发展为管理系统，以更好适应时代发展。财务共享服务中心（Financial Sharing Service Center）是会计信息化的新应用，它通过整合和升级企业的基础业务，极大提高了会计人员的工作效率，提高高层管理水平。随着会计信息化的不断发展，财务共享服务中心逐渐成为企业广泛关注和采用的一种新型财务管理模式。

当前，我国一些大型企业集团在做大做强、走出去的过程中，面临着严峻的问题。一方面，管理成本过高，信息透明度和集团的风险管理系统薄弱；另一方面，存在复杂的制度和组织的官僚作风等问题，一些企业内部部门陷入各自为战的窘境。在此背景下，财务共享服务中心应运而生。财务共享服务中心是一种创新的理念，也是

帮助企业成长的支柱，其不仅包含财务管理的功能，也涵盖人力资源、市场营销、采购销售等众多领域。财务共享服务中心通过设置一个崭新独立的业务单元处理各部门的重复性事务，将各业务部门从繁杂的流程化作业中解放出来。该业务单元通过集约化和标准化的流程再造，集中处理各部门同项业务，极大提高了企业整体的工作效率，加强了企业整体的财务管理水平。未来，随着财务共享服务中心的发展成熟，其在账户管理、资金收付、合理运用资源等方面的优越性将更为凸显。

财务共享服务中心的基本架构可以分为"三项核心功能、四个管理机制、两套保障体系"。通过界定核心功能、打造管理机制、确立保障体系，并确保这些要素之间综合协调运行，从而提升财务共享服务的质量和效率，充分发挥财务共享服务的职能。财务共享服务中心基本架构如图7-1所示。

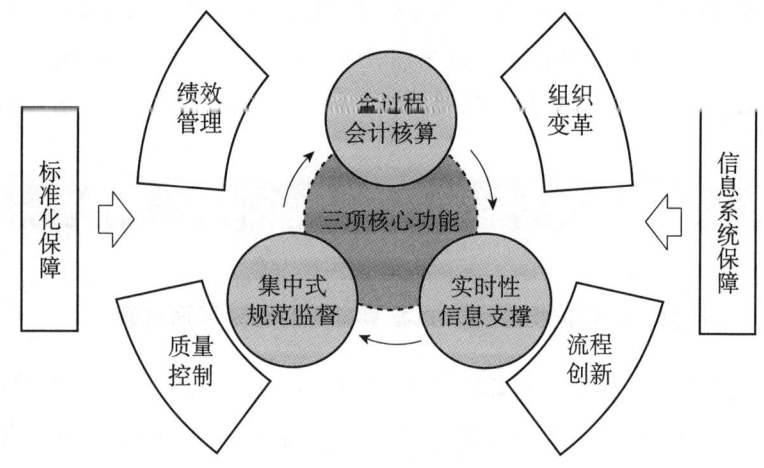

图7-1 财务共享服务中心基本架构

资料来源：微信公众号 FSSC 共享服务中心：财务共享服务中心基本架构之"二·三·四"。

1. 三项核心功能

第一，财务共享服务中心核心功能是用于会计核算。业务内容包括应收、应付、成本费用、总账、资产、税务等，业务环节包含从会计制证到报表编制整个流程。实施财务共享模式后，分公司、子公司财务部门不再承担会计核算、资金结算等业务（见表7-3）。

表7-3　　　　　　　　　　全业务财务共享

业务	内容
应收	上游供应商对账、预制发票、发票开具、扫描识别、三单匹配、集中认证、电子档案管理、凭证处理、付款管理
应付	下游客户对账、预制发票、开具发票、核销清账、应收账款管理、电子档案管理、凭证处理
资产	审核资产卡片与会计凭证、过账、资产运行账务处理、更新资产价值信息并过账、资产退出凭证审核及记账
总账	主数据维护、编制总账凭证、关账业务、编制会计报表、常规报表分析、内部往来对账
成本费用	员工主数据维护、报销合规性检查、报销数据录入、付款、费用执行分析、审核原始凭证、发票输入与校验、资金支付记账、成本执行分析
税务	发票、电子发票、开票、认证、申报、税务管理、税收筹划

资料来源：微信公众号FSSC共享服务中心：财务共享服务中心基本架构之"二·三·四"。

第二，财务共享服务中心同样有监督规范的作用。财务共享服务中心的业务可集中处理，将与该中心相关的财务风险控制点嵌入共享服务业务流程中，集团公司对财务共享服务中心实行监督，财务共享服务中心对分、子公司实行监督，"双重监督"的机制能更有效地保障业务执行的合规有效。

第三，财务共享服务中心还可以进行信息支撑。财务共享服务中心生产和管理会计信息，它可以为分、子公司提供会计核算、报销进度、账务报表等多元化的服务，并对会计信息进行加工与展示以满足单位信息需求。

2. 四个管理机制

第一，组织变革。财务共享服务具有独创性，需要打造新的管控机制以使企业更好运行。一方面，要促使集团公司与分、子公司两级财务组织架构的转型升级，通过设立中间级的财务共享服务中心为集团公司下的会计主体提供服务；另一方面，突破以业务类型定岗的划分形式，转而分为会计核算、资金支付、总账报表等以流程环节为依据的岗位，提高共享服务岗位的专业性。

第二，流程创新。财务共享服务中心有着集中性、流程化的特点，为了促使业务处理能够平稳高效，财务共享服务中心要创新应收应付、成本费用、资产总账等共享业务的流程，并在财务共享服务中心与分、子公司之间建立起有效的双向沟通机制。

第三，质量控制。财务共享服务中心的质量控制的重要性毋庸置疑，可以通过财务审核、凭证稽核、因素分析优化流程与标准三个途径，打造财务共享服务中心业务稽核管理体系的"三道防线",使财务共享服务中心的业务质量可控、在控。

第四,绩效管理。建立科学的绩效管理机制。通过指标监控、绩效分析、量化考核等方式,对纳入财务共享的业务进行全方位、全过程的绩效监控:横向监控业务量、正确性、及时性、满意度等多指标,纵向监控发起、审核、审批、付款、制证、复核等各环节,以此推进财务共享服务中心的管理水平。

3. 两套保障体系

第一,建立健全标准化保障体系。在传统业务体系下,集团公司与分、子公司采用不同的业务处理方法。建立起健全的标准化体系,进而对纳入财务共享服务的业务进行管理,可以保障公司之间业务处理更为规范。

第二,打造完善的信息系统保障体系。财务共享服务中心的信息系统通过有效整合核心平台和辅助平台,将各项业务相结合,从而提高工作效率,减少工作失误,共同打造财务共享的信息保障系统。

(二) 会计数据处理更全面,财务工作趋向网络化

在"大智移云"时代下,随着集团企业及其分支机构的数量在急剧增加,财务信息也开始呈现规模化和多样性的特点,因此企业的财务管理越来越注重数据的可靠性和时效性,数据之间的相互关系逐渐成为财务信息关注的重点。财务工作由单一的会计核算、报表编制、财务分析等扩展至研发、运输、销售等多个领域,财务人员的工作也不再仅仅只是进行账务处理,同时也要掌握并处理各个业务部门甚至行业的数据以供决策者使用,财务工作步入财务云时代。该时代下,会计通过整合财务共享服务中心的信息平台,使获取并处理各类数据的工作变得更为方便快捷。财务云通过高质量的财务数据的处理与获取提升企业的总体决策水平,可避免财务人员个人原因导致的数据失真问题。财务云是指通过财务共享服务中心搜集业务数据,数据全部上传后,在云端对搜集的数据进行处理、分析、储存和传输,并将处理后形成的财务信息传递给企业帮助其作出正确决策,如图7-2所示。①

---

① 于雯、邱卫林:"'大智移云'背景下的财务云问题探析",《财务与金融》,2018年第3期。

第七章 改革开放四十年中国会计信息化演进与未来趋势

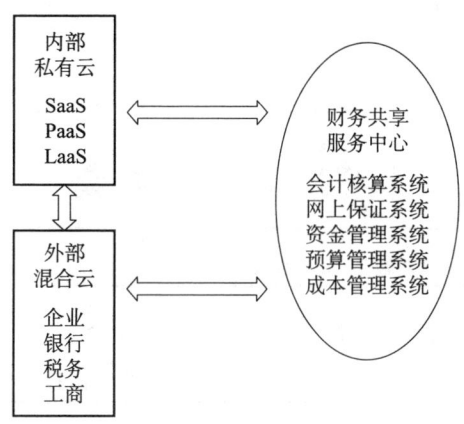

图 7-2 财务云运行流程图

由图 7-2 可知,云计算是处理财务信息、提供决策支持的核心环节,是整个平台的关键程序。然而,当前我国专网建设刚刚起步,现有技术对财务云支持力度较小,同时网络波动、电脑病毒等安全性和稳定性问题使得外网使用面临严峻挑战。财务信息属于企业核心机密资源,对企业发展至关重要。大中小型企业在选择财务云时的要求不同,从中小企业角度,使用公共云服务能更好节约成本,而从大型企业角度,安全性和效率是其考虑重点,因此会选择使用私有云或混合云。随着"大智移云"在各行业的推广应用,云计算将会得到更广阔的发展空间,除企业在大力应用财务云外,云政务也在逐步推广之中。

(三) 信息化人才培养更系统,向着智能化、创新化迈进

会计信息化的实践应用预示着未来从事会计核算工作的人员的生存空间受到挤压,绝大多数基础性会计工作将被财务机器人或者会计软件所取代,但这并不意味着所有会计专业人员都要面临失业。通过会计信息化的应用,可从烦琐、重复的非核心业务和后台业务中释放出大量的财务人员,让其从事更多的价值增值工作,专注企业战略财务规划,提高企业财务管理能力,这对财务人员的专业水平和工作技能提出了更高的新要求。针对会计工作趋于智能化的形势,我国应探索更为高级的信息化人才培养模式以顺应时代发展。具体而言,中国将着重打造

"三四五"信息化人才培养模式,如图7-3所示,可以概括为三元共育、四环紧扣、五阶递进。①

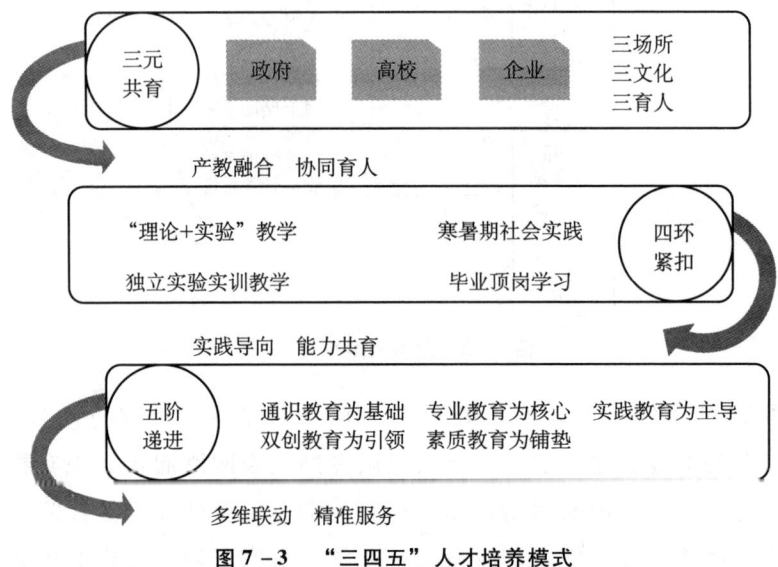

图7-3 "三四五"人才培养模式

三元共育,包括三场所、三文化、三育人,指从政府、高校和企业三处发力,形成多元培养环境,形成综合性人才结构。国家层面,国家可进一步出台政策和相关法律法规,促使我国信息化走向制度化和成熟化;高校层面,在国际国内形势的影响下,我国应采取相应措施,如增设相关课程、编著会计信息化课本等方式,打造"会计学为本,计算机应用为辅"的教学体系;企业层面,应集中学习解读会计信息化系统的、全面的知识,主要以人员职能为划分进行会计信息化人员的专项培训。

四环相扣,是指在理论课程的基础上,增添更多的信息化实践内容,这对于会计教育提出了新的要求,而四环相扣正是解决之道。理论教学中,可创新教学模式,通过模拟办公场所进行分组岗位体验,给学生足够的体验机会,提高学生独立开展会计工作、解决会计问题的能力,使学生能将所学的理论知识直接应用于实际工作中。社会实践中,可通过参加比赛、实习、模拟、进行岗位体验等方

---

① 董红杰:"大智移云时代财会类专业人才培养实践与探索",《财会通讯》,2018年第3期。

式提高能力，打造"理论+实验"教学模式，重视学生寒暑期的实习机会，促使其能够在毕业时即可熟练掌握会计信息化的应用。

五阶递进，是指打造以通识教育为基础，专业教育为核心，实践教育为主导，双创教育为引领，素质教育为铺垫的递进型教学模式。首先，基层财务人员接收"财会+计算机"的教育架构。在获取知识信息时，既要学习财务会计的基本知识和相关财经法规，又要学习计算机的基本操作。其次，企业中层财务人员是企业财务管理工作中的支柱，需要打造系统完善的知识结构体系，在管理过程中能够对企业的财务状况、经营成果作出正确判断，并对未来发展提供良好建议。同时，企业财会人员还要拥有较强的综合运用能力、财务管理能力和行业相关知识，力争全面化发展。最后，高级财务人员在我国企业发展有着重要的作用，高管对会计信息化的学习和认可至关重要。对于这类人才的培养，不仅需要重点关注战略目标、创新举措、企业管理等方向的培养，还要加强会计信息化的再教育，使其能够有效管理企业资源，提高他们的领导能力、管理能力和创新能力。

（四）会计软件标准更严格，安全性和专业性进一步优化

多年的实践与发展，给予我国企业应用会计信息化以大量经验，也进一步细化了会计软件的标准。在信息化普遍应用的今天，完善会计制度成为未来的重心和方向，同时也有望推动计算机审计准则的出台，这些均会促使我国会计软件标准迈向成熟。

每个企业有着不同的经营范围和核算项目，因此不同企业在实行会计信息化的过程中，对会计软件功能的需求也有所不同。针对不同企业之间的差异，开发适应企业特征的会计软件是未来会计软件研发的方向。从软件本身层面，为实现数据即时共享，需增添数据共享模块，将共享功能纳入会计软件的体系中：这不仅需要提高接口技术，使每个模块之间更好连接，同时更要提高传输技术，使信息可以全面迅捷地达到共享。另外，未来会计信息化系统会加强内部的审查功能，系统中增添审查模块，将保证数据真实性的责任确认到人，杜绝会计人员擅自篡改系统信息的现象。通过智能化技术，企业可以对自身业务活动和财务工作进行实时监控并留下记录，根据记录分析企业情况，以帮助管理层作出正确决

策。同样,安全性是会计软件生存之本,企业秘密信息如被泄露,将对企业发展造成毁灭性打击。因此,面对信息泄露日益严重的局面,提高软件安全性迫在眉睫。对内需做好会计人员审查制度,对每次信息审阅进行记录,防止数据外泄;对外设置防火墙以防止病毒、黑客等对软件系统的破坏,这都亟待软件公司的解决。

主要参考文献:

[1] 董红杰.大智移云时代财会类专业人才培养实践与探索[J].财会通讯,2018(31):40-42.

[2] 王剑波.大智移云时代的企业财会机构设置及人员配置研究[J].财会学习,2018(30):49+51.

[3] 李生昊,宫祥龙.浅谈会计电算化的发展问题及未来[J].中国集体经济,2018(31):150-151.

[4] 于蕾.新形势下高职会计电算化实训课程教学思考[J].时代金融,2018(30):333+335.

[5] 李旸.我国会计电算化应用的现状及其发展趋势研究[J].现代经济信息,2018(18):203+205.

[6] 赵歆彦."大智移云"时代会计本科人才培养方案转型研究[J].中国乡镇企业会计,2018(9):281-282.

[7] 陈翼."大智移云"时代财务共享服务中心绩效评价体系研究[J].会计之友,2018(16):73-78.

[8] 雷曼林,尹伊君.我国会计电算化发展现状及趋势探究[J].九江学院学报(社会科学版),2018,37(2):126-128.

[9] 张宝.基于大数据下会计电算化的问题研究[J].环渤海经济瞭望,2018(6):197.

[10] 于雯,邱卫林."大智移云"背景下的财务云问题探析[J].财务与金融,2018(3):44-47.

[11] 华巍.新形势下会计电算化对会计工作方法的影响分析[J].中国商论,2018(15):98-99.

[12] 张丽丽. 大智移云背景下企业财务信息化建设问题分析 [J]. 中国乡镇企业会计, 2018 (4): 250-251.

[13] 钟爱军. 会计电算化与信息化回顾及展望 [J]. 财会通讯, 2012 (7): 107-111.

[14] 姜淑荣. 浅谈我国会计电算化演进的动因 [J]. 中国新技术新产品, 2008 (16): 134.

[15] 章雯华. 我国会计电算化的变迁与发展 [J]. 安徽工业大学学报 (社会科学版), 2006 (6): 46-48.

[16] 胡海华. 浅议我国会计电算化的演进 [J]. 中国管理信息化 (综合版), 2006 (6): 61-63.

[17] 毛华扬, 陈泳伶. 中国会计电算化发展过程回顾与展望之五——政府对会计电算化的推动 [J]. 中国会计电算化, 2003 (7): 6-7.

[18] 毛华扬, 陈泳伶. 中国会计电算化发展过程回顾与展望之四——财务软件的发展 [J]. 中国会计电算化, 2003 (6): 6-8.

[19] 毛华扬, 陈泳伶. 中国会计电算化发展过程回顾与展望之三——财务软件公司的发展过程 [J]. 中国会计电算化, 2003 (5): 6-7.

[20] 毛华扬, 陈泳伶. 中国会计电算化发展过程回顾与展望之二——企业开展会计电算化的过程 [J]. 中国会计电算化, 2003 (4): 6-7.

[21] 毛华扬, 陈泳伶. 中国会计电算化发展过程回顾与展望——中国会计电算化的发展阶段 [J]. 中国会计电算化, 2003 (3): 6-7.

[22] 徐玉德, 马智勇. 我国会计信息化发展演进历程与未来展望 [J]. 商业会计, 2019 (7): 7-12.

第八章
改革开放四十年中国会计教育与人才培养

改革开放以来,伴随着我国从计划经济体制向市场经济体制的逐步转变,我国会计教育事业在办学规模、专业设置、课程体系等方面也取得了巨大飞跃,培养了大批优秀会计人才,完成了会计教育的历史性阶段任务,为我国政治、经济、文化、科技、卫生等方面的蓬勃发展提供了重要支撑。社会环境的改变及智能科技的进步要求未来会计教育向智能化、职业化、国际化和全面化发展。本章通过回顾中国会计教育与人才培养四十年的历史脉络,积累了大量宝贵的经验,并对未来会计教育和人才培养的发展提出了相关建议。

❖ 一、我国会计教育和人才培养四十年变迁的历史脉络

(一)第一阶段(1978—1992年):重回正轨、全面恢复

1978年十一届三中全会召开,我国确立以经济建设为工作重心,在"文革"中被关闭封停的财经院校相继复校,会计专业本科生的招收工作陆续开展;被打为"右派"进行劳动改造的会计学教授重新教学,众多下乡知青相继恢复学业,中国的会计教育和人才培养借着春风迎来了春天。

1. 恢复会计高等教育招生

1978年,厦门大学、上海财经学院(现上海财经大学)等高等院校开始招收会计研究生;1979年,财政部财政科学研究所(现中国财政科学研究院)招收了第一批英语专业的会计研究生,并将其送到海外学习培训,开创中国会计人

才国外培养之先河;1981年,葛家澍、娄尔行、杨纪琬、余绪缨四位教授成为中国首批会计学博士生导师;1986年,专门从事在职会计人员的教育和培训的中华会计函授学校在太原成立。自此,中国学历教育及在职教育体系初步建立,该体系覆盖中专、大专、本科、硕士和博士在内的所有层次,会计教育的培养目标、专业设置、课程体系和实践训练也逐步规范,我国初步建立起较为完善的会计教育培养体系。

2. 培养符合时代特点的会计人才

1982年,上海财经学院和湖北财经学院率先进行会计本科教育改革的工作。作为改革试点,二者都将目光聚焦于培养全面发展的会计学高级人才,使其能够适应我国社会主义现代化建设需要,同时又能够兼顾教学和科研工作。根据两家试点院校的办学情况,财政部与原国家教委确定高级会计人才应该具备在企事业单位、学校、科研机构及会计师事务所等领域从事理论研究和实践运用的能力。

3. 初创会计教育体系,加强理论与实践相结合

专业设置方面,大多数院校以行业分类,设立"工业会计"和"商业会计"两个专业。伴随乡镇企业的崛起以及计算机技术的快速发展,在我国会计教育第一阶段的后期,部分高校开设了"乡镇企业会计"和"会计电算化"等专业。实践教育方面,逐渐重视"理论与实践相结合"。例如,讲授"工业会计"时,组织学生到工业企业参观,带领学生了解生产流程、成本收益核算,以及账务处理程序。此外,还会选择合适的时间安排驻厂实习,让学生们参与到工业企业记录会计信息、月末期末结算的工作中去,使其将在学校所学理论更加深入地与工作实践相结合。这一阶段,我国会计教育事业获得恢复并取得了长足的发展,但会计教育体系的整体架构基本上都沿用了苏联20世纪50年代的会计教育模式,缺乏贴合中国国情的会计教育创新。

(二) 第二阶段(1992—2000年):体制转轨,蓬勃发展

1992年,党的十四大正式提出要建立社会主义市场经济体制。这一目标的提出,给"资本主义还是社会主义""计划还是市场"之间的争论指明了方向。它明确了我国要走中国特色社会主义道路,我国会计教育也要随之改变。自此,我国会计教育开始充分吸收借鉴国外发达国家的经验,进入蓬勃发展的新时期。

1. 会计制度发生根本性变革,促进会计教育创新

1992年,财政部与体改委联合发布《股份制试点企业会计制度》《企业会计准则》《企业财务通则》等法规,为我国会计制度由计划经济会计转向市场经济会计,会计教育由计划经济会计教育体系转变为市场经济会计教育体系奠定了基础。此后,我国会计教育体系废止了20世纪50年代的苏联做法,转而与欧美等国家的国际惯例接轨。我国在吸收借鉴发达国家经验,研究国际会计管理与准则的基础上,迎来了会计教育的大讨论、大发展、大繁荣,"会计接轨""会计国际协调""会计风暴"等术语开始频繁出现在杂志媒体上。

2. 重点培养具有适应性、理论性与国际化的会计人才

适应性,是指要求学生能够与时俱进,根据市场经济发展的新要求,打造自身技能库;理论性,是指要求学生扩展理论储备的深度和宽度,不仅要具备会计的专业知识,还要求在管理、经济和法律等方面拥有一定的理论基础;国际化,是指要求学生能具备与国际接轨的能力,适应对外开放和国际合作的经济形势,满足外向型经济发展的要求。1998年教育部规定的会计专业培养目标也进一步强调这三个方面。

3. 教育体系逐步细化

专业不再按照部门行业分类,而是根据市场需求进行相应设置,"国际会计""管理会计""会计电算化"等专业应运而生。课程也进行了较大调整,主要表现为将工业企业会计中的产品成本核算部分单独设定为"成本会计",将"会计电算化"进一步扩展为"会计信息系统",同时也取消了一些不适用的课程。一些院校借鉴美国的做法,将"会计学"拆分为"初级会计学""中级会计学""高级会计学"三门课程。其中,初级会计学培养学生对基本理论、知识框架的了解,使得学生对会计有初步认知;中级会计学介绍对企业的一般会计处理;高级会计学着眼于复杂的、适用于特殊规定的会计处理。实践教育方面,为加强学生对实务的理解,天津财经学院等院校先后建立会计实验室,让学生在实验室里进行会计核算演练及电算化操作练习,这样的模拟实验室使得学生能以更低的成本获取更多的实践机会。这一阶段,中国会计教育从计划经济会计教育模式蜕变为市场经济会计教育模式,充分借鉴了以美国为代表的发达国家的会计教育与培养方案,去其糟粕,取其精华,我国会计教育蓬勃发展。

(三) 第三阶段 (2000 年至今): 通识教育、面向国际

伴随着我国对外开放程度的深入和市场经济的快速发展,国际贸易更加频繁,专才型会计已经不能满足市场的需要,因此这一阶段的会计教育展现出通识教育、国际化发展的趋势。这里的"通识教育"(general education)与"专才教育"相对应,指的是一种致力于培育综合人才的教育。它要求培养出来的人才不仅要精通专业知识、具备专业能力,还要了解公司管理的总体状况、拥有全面合理的知识结构、健康的体魄和健全的人格。

1. 教学体系趋于国际化

目前,大部分院校会计专业逐渐以"宽口径、厚基础、强能力"为方向,注重素质与能力的协同发展。培养会计人才不再单纯追求灌输学生会计知识,而是更高层次地带领学生探索"何以为学"的问题。这一阶段的会计教育,兼顾人文、社会科学的内容,引入经济学、管理学、社会学和法学的基础原理性内容,优化学生知识结构,提升学生综合素养。专业设置方面,主要的调整体现在学科专业分类上。为了增强专业设置的科学性、规范性和延展性,教育部将"会计学"合并至"工商管理"一级学科之下,增加会计教育的通识性。课程体系方面,此阶段的课程体系在教育项目、教学内容、办学形式、教育交流方面不断与国际趋同,会计教育逐步呈现国际化特点。

2. 会计专业硕士迅猛发展

自 2004 年国务院学位委员会批准会计硕士专业学位(MPAcc)教育以来,我国会计专硕教育工作取得了瞩目的成就:培训单位的数量从最初的 24 个机构增加到目前的 256 个机构;招生规模从每年不到 2000 人扩大到每年超过 10000 人,其中全日制报录比达到了 9.7:1,是申请人比例最高的专业学位之一(见图 8-1)。

3. 开展会计领军人才计划

2005 年,为培养一批高层次会计人才以适应我国经济社会全面持续健康发展和会计改革发展事业战略的需要,我国决定开展全国会计领军人才培养工程。该计划面向企业、行政事业单位、高校及科研院所、会计师事务所招收培养会计领军人才,培养周期为 6 年。据会计改革与发展"十三五"规划纲要中深化会计

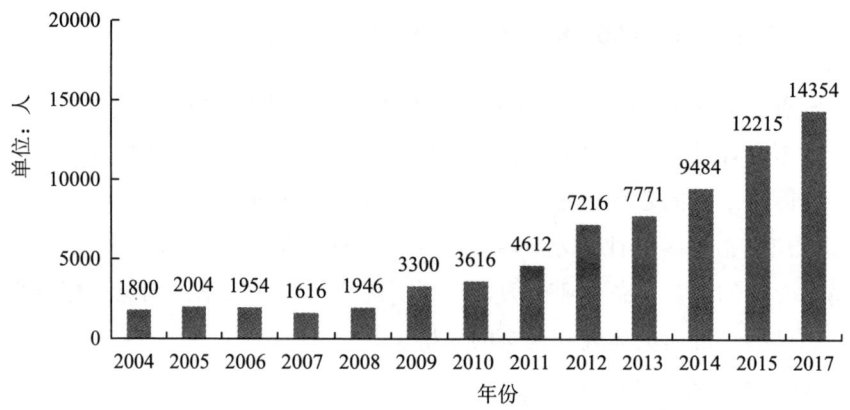

图 8-1 MPAcc 招生人数

资料来源：2008 年、2010 年、2011 年、2012 年、2014 年和 2015 年的数据来源于《中国学位与研究生教育发展年度报告》（2009、2011、2012、2013、2015、2016）；2004—2007 年、2009 年和 2013 年的数据来源于国务院学位委员会办公室提供的资料；2017 年的数据来源于全国会计专业硕士教指委秘书处对 164 家培养单位培养情况的调查统计。

领军人才培养的要求，财政部于 2016 年制定了《全国会计领军人才培养工程发展规划》，努力打造全国会计领军人才培养工程整体框架、具体计划及工程开展长效机制，通过选拔和培养，壮大我国会计领军人才队伍，预计 2020 年全国会计领军（后备）人才将达到 2000 名。

目前，全国和各省会计领军人才培养都取得了显著成绩。据统计，截至 2017 年底，全国会计领军人才、全国会计领军人才培养工程特殊支持计划、省级会计领军人才培养工程培养学员人数分别达到 1658 人、39 人和 7847 人（见图 8-2）。其中，全国会计领军人才培养工程自 2005 年开始启动，包括企业类、行政事业类、注册会计师类、学术类 4 个类别，以 6 年为培养周期，至 2017 年底已累计招收 41 个班级共计 1658 名学员，毕业 21 个班级共计 716 名学员。全国会计领军人才培养工程特殊支持计划自 2014 年正式启动，旨在助推全国会计领军人才培养工程优秀毕业学员进一步提升能力素质，培养周期为 3 年，至 2017 年底已累计招收 4 期 39 名学员，毕业 1 期 7 名学员。在全国会计领军人才培训项目的领导下，有 31 个省级会计机构和中央有关单位开展了会计领军人才培养工程，至 2017 年底累计招收 7847 人次的省级会计人才培养工程，4457 人毕业。

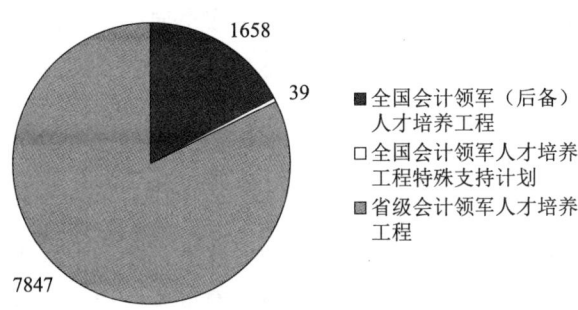

图 8-2 会计领军人才结构

资料来源：数据来源于财政部会计司官网。

4. 会计继续教育制度深化

2018 年 7 月 1 日，财政部、人力资源和社会保障部共同颁布《会计专业技术人员继续教育规定》。依据条例规定，具有会计专业资格的人员在取得会计专业技术资格后下一年度、不具有资格但从事会计工作的人员在从事会计工作第二年起，需参加继续教育并取得相应学分。会计从业人员有接受继续教育的权利和义务，用人单位也需保障会计从业人员的该项权利和义务。

新《会计专业技术人员继续教育规定》针对会计专业技术人员继续教育的内容和形式作出创新。其明确会计专业技术人员继续教育内容包括公需科目和专业科目，为保证会计专业技术人员继续教育的实施，财政部需定期发布继续教育公需科目、专业科目指南，在专业教育的基础上进行继续教育。我国会计教育的效用得到妥善延续。

❖ 二、四十年来会计教育与人才培养取得的主要成就

（一）构建了多元化的会计教育培训体系

改革开放四十年来，我国会计教育取得了较大的发展，教育体制、教育层次、办学形式、教学方式不断丰富完善，会计教育培训体系不断多元化。首先，由单一的国家公办体制到公办、民办、中外合资等多种形式并存。教育体制改革减少了国家在会计教育上的财政支出，并且充分调动了社会资本，极大提升了会

计教育水平。其次，我国会计教育体系涵盖了多个层级，不仅包括中专、大专及本科，会计硕士、博士和博士后的教育也得到空前发展，同时还开展了更高层次的会计领军人才培养计划。以博士层次而论，改革开放初始，全国会计学博士点屈指可数；而到2017年，会计学博士点总共有70所院校，当年新增的就有13所，每年毕业的会计学博士数以百计。另外，会计教育体系由全日制普通高等教育发展到现在的普通、高职、网络、成人和后续教育等多种形式并存。在互联网媒介的普及和快速传播下，成人教育、职业教育以及会计考试培训等以网络教育等形式爆炸式发展。最后，多媒体教学、网络教学、案例教学等现代化先进手段在会计教育领域得到进一步普及，这极大调动了学生的学习积极性，提高了会计教学的质量。依托现代信息技术，现今多元化的会计教育体系使得会计从业人员可以选择多种形式增强自身专业技能，会计教育的宽度、广度与深度不断得以拓展。

（二）建立了有效的会计考试评价机制

四十年来，我国会计教育体制发展的另一重大成果是会计考试评估机制的初步建立与运行。会计工作要求从业人员具备胜任岗位的专业水平，因此对会计从业人员进行水平测试与考核是用人单位的切实需要。目前，中国的会计考试评估机制主要包括注册会计师考试与会计专业技术资格考试。注册会计师（CPA）资格考试自1991年起开设，至2017年底中注协已成功举办了26次注册会计师考试，中国注册会计师协会会员已近24万人，包括执业成员105570人，非执业成员有131633人。该考试为我国经济与金融领域输送了大量高质量人才。会计专业技术资格考试是财政部和人社部联合举办的全国统一会计职称考试。截至2018年10月，累计有4665万余人报名参加全国会计专业技术资格考试，约722万余人通过考试取得了初、中级会计资格或高级会计师评审资格，其中，初级510万余人，中级196万余人，高级约16万余人。根据会计改革与发展"十三五"规划纲要，2020年我国将实现初级资格会计从业者500万人，中级资格会计从业者200万人，高级资格会计人才18万人左右的计划。通过举行公平公正的统一考试，保证注册会计师资格和会计专业技术资格的选拔水平，在源头上把好了职业准入的关口。

(三) 培养了大批的优秀会计人才

四十年间,会计专业经历了从精英教育到大众教育的深刻转变。1978年全国设立财会专业的院校仅有21所,招生1314人,在校人数总共计2024人。会计作为市场经济发展必不可少的一份子,在经济管理方面具有十分重要的作用。改革开放之初百废待兴,会计从业人员缺口巨大,随着我国市场经济的建立与发展,会计专业人才需求日益增大,我国会计高等教育也不断发展,为国家和社会提供了大量专业人才。2016年,我国高等院校会计专业在校人数已扩大至2499102人,其中,高职高专860041人,本科634978人,硕士33274人,博士1015人(见表8-1)。

表8-1　　2016年全国高等院校会计专业招生、在校生及毕业生数

会计专业学历层次	毕业生	招生	在校生
博士	173	189	1015
硕士(含专业硕士)	9715	13444	33274
普通本科	182620	128178	634978
普通专科	272073	260162	860041
成人本科	104593	86861	246327
成人专科	115128	93890	243787
中职和普通中专	180055	153495	479680
合计	864357	736219	2499102

资料来源:数据来源于2017年《中国会计年鉴》。

四十年来,我国会计教育事业不断提升,为社会发展提供了大量优秀会计人才。其毕业生涵盖政府机关、传统企业、会计师事务所、各类企业、科研机构等众多领域,会计定位也不再局限于传统记账,而是进一步扩展到现代财务会计与财务管理。会计、审计工作作为维护市场经济秩序和社会公众利益的基点,承担着向社会公众提供企业财务信息的重责,支撑着市场交易规则的良好运行。相当数量的会计人员当选为各级人大代表和政协委员,越来越多的财务背景人员担任企业董事长、总经理,会计人才正在成为建设中国特色社会主义事业的核心力量。

三、新形势下我国会计教育与人才培养面临的机遇和挑战

（一）新《会计法》的颁布和实施为会计人员的职业道德确立了更高标准

会计作为社会主义市场经济中的重要组成部分，其工作的规范性和提供的信息质量直接影响企业的发展。良好会计工作的运行除法规强制规定外，也离不开会计人员的自我要求，这就需要高校在会计职业道德教育的过程中，注重对学生职业道德的培养，从而提升学生职业道德素养。然而在实践过程中，高校在课程设计和教学方式上缺乏对职业道德教育的足够重视。职业道德教育在会计教学体系中地位不高，会计从业人员主要通过社会继续教育和自我教育来培养会计职业道德。学校出于就业形势的压力，对会计人员培养的着眼点主要放置于专业知识与技能上，学生自身也更多将学习重心放在各类专业能力考试上，忽视了对职业道德的教育，会计人员的职业素养难以得到提高。

改革开放以来，我国会计专业在专业理论知识教育方面已达到一定高度，但在职业道德教育的教学方式与教材编写等方面仍有待提高。首先，缺少专业性质的会计职业道德教材，教学过程中参考依据严重不足，某些版本的专业理论教材虽然包括了一些职业道德内容，但是仅限于对基本要求的概述，不涉及该部分内容的详细讲解。其次，我国高校职业道德教育普遍以课堂讲学为主，过于偏重理论层面，没有重视学生对职业道德的理解与应用。学生在未来工作过程中，虽然工作技能足以应付各项工作，但难以将学到的道德教育付诸具体工作环境中。2017年11月5日，新《会计法》颁布，其中特别强调了会计人员的专业胜任能力和职业道德，详细规定了违法违规会计行为的处罚。愈发严格的法律环境下，会计人员的违法违规操作面临很高的法律风险。这要求会计人员提高专业素质，熟悉会计相关法律法规，提高职业道德素质，在社会变革中不断提高业务水平，遵照制度要求开展会计工作。

（二）资本市场国际化要求会计人员必须时刻关注国际准则动态

伴随着经济全球化，我国在社会经济的各方面不断融入世界经济体系。2016

年10月1日，人民币正式加入特别提款权，成为可自由兑换的货币，人民币在国际市场的影响力不断增大。货币的国际化促进了国内的国际资本流动。"一带一路"倡议引发的国际投融资、跨国经营及国际贸易促进我国市场的国际化。跨国公司的不断涌现要求会计界寻找会计处理的普适性标准，也促进了会计准则和审计准则的国际趋同。然而，鉴于我国与发达国家在政治制度、社会发展程度、文化氛围等各个方面的不同，我国会计教育在课程体系、教学方法等方面与西方发达国家仍存在较大差距。国际会计教育视野狭隘，以鼓励学生考取"国际会计资格证书"为典型；国际会计准则与我国会计准则每年都有新的政策制定出台，本应是迭代升级的发展过程，但目前高校国际会计专业教学僵化，学生主要学习专业课程，缺乏对准则变化的应对能力；在国际会计职业道德教育中，同样忽视了对会计道德和国际会计准则的探索，没有将国际会计教育准则中的新思路应用于道德教育实践中。在会计准则国际趋同的背景下，我国会计教育必须牢牢把握国际会计教育公告框架对职业会计师的要求，以专业知识、专业技能及专业价值、道德与态度三个方面为目标培养优秀人才。促进会计教育国际化既要注重学生的基础会计工作能力，又要培养学生职业道德素养和工作热情。

（三）新时代的发展战略对应用型会计人才培养指明了新的方向

党的十八大以来，党中央、国务院不断推出新的发展战略。例如，大力推进供给侧结构改革，建立权责发生制政府综合财务报告制度，深化政府数据和社会数据关联分析、融合利用。推进供给侧结构性改革，要从生产端入手，重点是去产能、去库存、去杠杆、降成本、补短板，涉及企业破产清算的会计处理，无偿划拨资产、僵尸企业的会计处理，创造性运用管理会计工具方法等问题，对高层次应用型企业会计人才培养提出了更高的新要求。政府会计改革方面，国务院明确要求加快推进政府会计改革，在会计核算、财务报告、财务报告审计和公开机制、报告分析应用等方面建立长效体系，为开展政府信用评级、加强资产负债管理、改进政府绩效监督考核、防范财政风险等提供支持。这些都对高层次应用型政府会计人才培养提出了新的更高要求。

(四)"大智移云"时代对会计人员提出了更高的专业化要求

计算机行业的应用技术已经深入会计工作的众多方面,给会计界带来颠覆性影响。时至今日,四大会计师事务所已相继推出财务机器人软件,国内的金蝶和用友软件公司也相继发布了云服务财务机器人。德勤华永会计师事务所研发的"小勤人"能够自动录入会计信息,做出合并、汇总等业务逻辑判断,管理和监控自动化财务流程,可以完成会计、审计工作中的众多重复性劳动。一个"小勤人"可以完成从前约40个人进行的重复性劳动,且在准确性、及时性方面更有优势,大大降低了企业成本。

"大智移云"时代对会计从业人员提出了更高要求:第一,复合型的知识架构。财务人员除精通专业知识外,还需要学习金融、IT、统计、公司管理等相关知识,以综合性的知识体系来应对时代的挑战。第二,协调管理能力。财务机器人有着程序严谨、重复性高的特点,在基础业务的效率上有着无与伦比的优势。但是财务机器人欠缺人类的创新思维能力、协商能力、社交能力、决策分析等软实力,无法处理更为高级的财务实践工作。在未来,会计人员必将向着管理会计方向发展,从事不可替代性的财务工作。会计教育也需随之作出调整,要更加注重培养会计人员多维度、多层次的综合分析、判断决策及协商执行能力,以期在实际工作中更好地发挥财务人员的作用。第三,持续学习能力。"互联网+"时代,大数据更大程度上保障了财务工作的可靠性,但同时也带给财务人员新的挑战。财务人员必须不断武装和强化自身技能,时刻关注会计行业最新发展动态,以应对时代的前进速度,避免被时代所淘汰。

❖ 四、新时代中国会计教育与人才培养的未来展望

(一)开创"互联网+会计教育"的智能教育模式

"大智移云"对会计教育产生重大影响,会计学在"大智移云"时代必须谋求改变。只有将会计教育和科技发展相结合,才可以不断推进会计学科的智能化

应用。

"互联网+"有助于学生掌握学习终端,可在任何时间、地点获取相关知识信息,并根据自身情况定制个性化学习计划,安排差异化学习进度。"互联网+"的应用在一定程度上使得会计教育成为因地制宜、因时制宜的针对性教育,使得会计教育体系更加灵活、有针对性。传统教学模式向"互联网+"教育的转变,主要通过网络基础设施建设、教育管理系统以及会计学专业课程与教学三个方面,具体见表8-2。

表8-2 "互联网+会计教育"的智能培养模式设计

内容	用户培训	课程设计	评价体系
会计学专业课程与教学	管理系统使用 多媒体课件制作 网络教学原理 网络课程设计	实体课程 (实体课堂、实验室、实习现场) 网络课程 (MOOC、BOOC、SPOC等)	系统质量 课程质量 教学质量 学习效率与效果
会计教育管理系统	会计知识管理系统 专项教学研讨 自主开发资源 外部资源购买 开发教育资源	会计学习管理系统 内容 互动 学习 作业 管理 会计教育评价 会计学习分析	教务管理系统 学生数据仓库 课程数据仓库 教师数据仓库 其他数据仓库
网络基础设施建设	Web1.0:网络—人 HTTP HTML 网站 网页	Web2.0:人—人 社会化网络 即时通信 微信与博客 简易信息聚合 双向消息协议	Web3.0:人—网络—人 大数据 云计算 移动技术 云会计

资料来源于刘国城、董必荣:"'互联网+'时代我国高校本科会计教育的困境与变革",《南京审计大学学报》,2017年第1期。

首先,"互联网+"时代的会计教育需打造会计学课程与教学建设体系。在"互联网+"教育框架下,会计教育体系采用实体课程与网络课程相互融合的机制,学生可通过网络获取线上课程资源、相关资料,老师可以通过下载量了解学生进度。教学管理系统中设计的教学评价是对会计教育成效的检验,不断收集用户（学生）反馈，根据反馈信息改进升级，构建课程质量、教学质量、学习效率及学习效果更加优化的会计教育系统。其次，"互联网+"时代的会计教育实施需配套教育管理系统。会计知识管理系统以图片、音频、题库或视频的形式，向学生提供来源于专项研讨、自身研发、外部采购或者外来开放资源的知识。会计学习管理系统可以实现师生间的教学、互动、评价、考核、分析、预警与干预，是传统教育下的专业建设、课程建设、实践教学的创新，是会计教育融合"互联网+"的新时代教育方法发展成果。最后，"互联网+"的会计教育的建立需结合网络基础设施的建设。目前，网络平台主要有三个版本，在信息流通方面由单向一对一的传递到双向互动，再到多人与综合信息平台之间的信息交互，学生与老师甚至外部公众之间的信息传递越来越开放化。信息交流平台不但囊括更加全面的信息，还可以通过大数据手段预测学生的学习表现，分析存在的问题。伴随网络基础设施的发展，会计教育方法也在不断更新换代，综合学习平台已经成为会计教育发展的必然。

（二）创建综合性人才培养模式

会计教育应侧重于学生的整体素质培养，包括内在本质塑造、专业知识掌握和专业知识运用。在大类招生的背景下，会计学生的培养模式应该更加关注整体素质。因此，我国未来会计教育应突出培养综合素质，不仅要重视学生文化素质的培养，还要加强学生的思想素质、心理素质和业务素质。为实现这一目标，会计教育应当创新教学方法及手段，增加案例教学及多媒体设备的应用，合理使用情景教学等教育方案。为了让学生真正与教师互动，理论与实践可以真正结合起来，真正把握知识的本质及其应用。同时，要增加实验教学的比例，体现教学设计中的"三教室"联动。"课程实验，专业培训，综合实践"三种实践特征，全面提高学生的业务能力和竞争力。职业能力是学生表达学习成果的潜在能力，包括专业知识、专业技能、专业素质和学术水平。结合国内外会计教育经验，表8-3为会计人才能力框架及描述，高校进行课程设置及确定人才培养方案时可进行参考。

表 8-3　　　　　　　　　　　　会计人才能力框架及描述

能力板块	知识构成	属性描述
知识储备	政治理论与法律知识	政治理论、国家宏观政策形势及工具、国家法律法规等
	专业知识	专业基础知识、学科定位与发展、学科前沿知识、跨学科交叉知识等
	研究方法	数量分析方法、社科研究方法论、数量统计工具等
	语言知识	英语读写能力、中文表达能力等
综合素养	鉴别性品质	自我效能感、情绪管理、抗压能力、价值取向、跨文化的人际敏感性、商业嗅觉、适应能力、责任感等
	基础素养	身心健康、好奇心、主动性、团队精神、职业道德、学习能力、信息检索能力等
	思维能力	逻辑思维：推理能力、数据分析能力、思辨能力、逻辑严谨性等；非逻辑思维：批判精神、丰富的想象力、观察能力、职业判断能力等
实践能力	学术会议	参加国内外学术会议等
	科研活动	主持或参与科研项目等
	社会实践	企业实习、社会调研、参与企业研发活动等
	创新创业活动	文献综述大赛、案例大赛、数学建模、自主创业等
学术创新	成果数量	论文、专著、专利、领导批示、获奖、课题等
	成果质量	转载（索引）情况、期刊档次、课题级别、出版社级别、评优率、获奖或批示比例、同行评价等
	成果转化	社会效益、经济效益等

资料来源于谭吉玉、刘高常："会计专业人才培养与课程体系开发"，《高等财经教育研究》，2018 年第 2 期。

（三）打造专业化会计教育培训计划

随着经济社会环境的变化，中国对会计相关职业提出了更高的要求，不仅需要学生具备较高的软性综合素质，还需要学生在专业方向的学习深度及专业度上不断精研，因此笔者认为未来会计教育需要面向更为职业化的会计教育培养方案。我国当前高校会计教育职业化发展面临着培养目标不明确、教学模式不协调、培养方案不完善等诸多问题，中国会计教育职业化没有真正实现国际教育准则（IES）对会计教育职业化的要求。以国际会计教育准则为基准构建会计教育职业化方案，将有利于引导我国会计教育职业化发展目标迈向正确道路。图 8-3 描述了大学会计教育职业化发展与国际会计教育准则之间的对应关系：《国际教育公告框架》为会计学历教育人才培养明确了总目标；IES2 为专业课程内容设置提供了借鉴；IES3 为专业能力培养具体目标的设定作出规范；IES4 完善了会计职业道德教育的设计方案；IES5 为学历教育中实践学习要求提供了经验；IES6促使更好评估会计教育中教学效果；IES8则对审计专业培养目标提出正确方向。

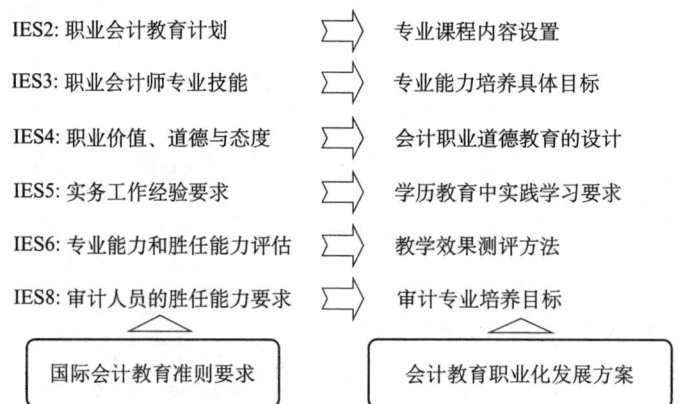

图8-3 基于职业会计师国际教育准则（IES）的大学会计教育职业化发展方案设计

资料来源丁李宗彦："我国大学会计教育职业化发展：现状调查与发展策略"，《中国注册会计师》，2016年第12期。

（四）加强会计教育的质量控制力度

教育质量是会计教育的生命线。在未来的会计教育中，我们必须继续坚持提高教育质量为核心任务，严格控制教育质量控制体系，实施教学质量控制方案。借鉴西方经典管理理论——全面质量管理的观点，将"人才产品"的质量控制贯穿于培养的全过程。从起步阶段开始重视高校内部会计教学质量的管理，对课程教学大纲、教师讲义、考试、教学方法和学分等问题给予全程关注，对影响教学质量的因素严格监控，对教学投入、教学过程、教学产出进行全方位评估。具体而言，教学投入评估是指在学生入学时对其进行全方位的测试，根据学生的特点安排有针对性的课程，因材施教、因地制宜。教学过程评估是根据各专业、教学科目的质量标准及对教育方式、环节的规定对教师的教学过程进行评估，对教学过程质量进行有效的监督。教学过程评估的特点是对教师进行专家评价、学生评价和教师互评，对学生进行德、智、体、美综合素质测评。教学产出评估，一是在学生毕业时对学生的专业知识和技能、学术能力、计算机水平、外语水平、身体素质、逻辑能力等方面进行考核，控制毕业生综合水平；二是对毕业生进行跟踪调查，搜集用人单位对毕业生的评价和毕业生对学校教学体系、课程设置的反馈，据此对学校会计教育进行调整修正。

（五）推进会计教育的国际化进程

西方发达国家在会计教育的发展过程中，对会计人才培养模式积累了大量宝贵经验。随着经济全球化的继续深化、知识经济和信息技术的快速更迭，国际经济、政治、文化交流更加频繁，我国会计教育也应当进一步走向世界，学习西方国家先进经验，推进会计教育国际化。一方面，应当结合国外先进办学经验，制定适合学生发展、因地制宜、因材施教的综合素质教育体制，将先进教育理念深入教育工作的各个方面；另一方面，要通过学术合作、项目合作、办学合作等形式，进一步加强国际合作，增强会计教育体系的开放性、交流性和通用性。

美国的人才培养模式更为注重实用性，课程中安排大量的专业课和实践课，并积极推动企业和学生联动。此外，美国高校积极调动社会力量，使得每种会计人才培养模式都有来自相应行业的企业积极参与，大大提高了毕业生与社会需求的契合度。英国会计教育同样注重实践教学，其在课程中设置了文凭课与学位课，分别考核学术性和应用性，必须同时完成两门考核后方可获取毕业资格。德国的授课方式较为综合，老师更多使用多媒体、案例、小组课题的方式，最终根据学生成果展现情况来评定成绩。

西方会计教学可以归纳为三个要素：技能、知识和专业认同。会计教育所要求的技能包括职业沟通能力、职业判断能力、遵守法律法规和道德规范的能力等。知识要求包括一般知识及专业知识。一般知识指对于会计工作有影响的相关衍生类知识。一般知识可以帮助会计人员理解会计专业与其他学科的结合关系，并以此应用于不同行业；而会计知识的重点放在学生的业务处理能力和交流沟通能力上，而不是简单的规则记忆。专业认同是指会计人员应当对本专业保持足够热情并为了提高专业能力不断进取所必备的价值观。这三个要素的培养是美国会计教育的基本落脚点。未来我国会计教育也可酌情借鉴美国等注重能力培养的模式，努力培养能在各岗位均可从事会计实际工作或专业教学研究工作的高级复合型、应用型人才。

主要参考文献：

［1］王颖．人工智能时代会计教育的变革［J］．科技经济市场，2018（4）：167－169．

［2］谭吉玉，刘高常．会计专业人才培养与课程体系开发［J］．高等财经教育研究，2018，21（2）：62－67＋76．

［3］王郁茹．基于职业发展能力的会计教育改革研究［J］．财会学习，2018（10）：221．

［4］胡晓明．"会计七识"：实现会计教育的第二次飞跃［N］．中国会计报，2018－03－16（009）．

［5］谢良安．"创新创业教育与专业教育互融"的会计人才培养体系探讨［J］．教育教学论坛，2018（7）：29－30．

［6］刘国城，董必荣．"互联网＋"时代我国高校本科会计教育的困境与变革［J］．南京审计大学学报，2017，14（1）：102－109．

［7］李宗彦．我国大学会计教育职业化发展：现状调查与发展策略［J］．中国注册会计师，2016（12）：67－71．

［8］方曙艳，李晓玲．中国会计教育国际化的现状、问题与改进［J］．产业与科技论坛，2016，15（23）：137－139．

［9］吴昊洋，李思毅．新常态下会计人才培养和会计教育改革问题研究［J］．中国管理信息化，2016，19（23）：10－11．

［10］贾小波．高校会计教育的现状及改革探讨［J］．中国管理信息化，2016，19（11）：218－219．

［11］沈漠．全国会计领军人才培养工作进入2.0时代［N］．财会信报，2016－04－11（A01）．

［12］温海燕．我国会计教育的现状及对策分析［J］．中国集体经济，2016（10）：153－154．

［13］韦德贞．我国管理会计人才培养的路径研究［J］．当代会计，2016（2）：3－5．

［14］刘玲雪．信息化背景下我国本科会计人才培养模式研究［D］．内蒙古

工业大学，2015．

［15］佟成生，许素兰，李扣庆，梁淑屏．中国企业管理会计人才培养模式研究——基于中国企业财务人员的调查问卷分析［J］．会计研究，2014（9）：13-20+96．

［16］王慧璞．会计国际化背景下的我国本科会计人才培养方案研究［D］．上海外国语大学，2013．

［17］何玉润，李晓慧．我国高校会计人才培养模式研究——基于美国十所高校会计学教育的实地调研［J］．会计研究，2013（4）：26-31+95．

［18］魏亚平，高雪敏．我国会计教育国际化进程阶段及识别研究［J］．上海立信会计学院学报，2011，25（5）：41-46．

［19］王振武．会计信息化人才培养模式研究［A］．中国会计学会会计信息化专业委员会．第九届全国会计信息化年会论文集（下）［C］．中国会计学会会计信息化专业委员会，2010：8．

［20］王爱国．改革开放30年我国会计教育的回顾和展望［J］．财务与会计，2009（3）：17-19．

［21］刘永泽，池国华．中国会计教育改革30年评价：成就、问题与对策［J］．会计研究，2008（8）：11-17+94．

［22］李勤．我国高校会计信息化教育现状分析与改革［A］．中国会计学会高等工科院校分会．中国会计学会高等工科院校分会2005年学术年会暨第十二届年会论文集［C］．中国会计学会高等工科院校分会，2005：6．

［23］傅元略．会计博士研究生创新能力培养的几个问题［A］．厦门大学会计发展研究中心、厦门大学会计系．会计教育改革与发展——第四届会计与财务问题国际研讨会论文集［C］．厦门大学会计发展研究中心、厦门大学会计系，2004：5．

［24］杭桂兰．基于会计专业的应用型人才培养模式探索［J］．教育教学论坛，2018（46）：212-213．

［25］於增辉．大数据背景下会计人才的培养模式研究［J］．纳税，2018，12（31）：74+76．

［26］张林，庞宠．新时代会计人才培养模式研究［J］．商业经济，2018

(9): 139-140.

[27] 朱志红,高洁,王玉翠,生艳梅. 大数据背景下会计专业应用型人才胜任力评价研究 [J]. 纳税, 2018, 12 (23): 198.

[28] 洪峰. 美国会计实践教学模式及对我国的启示研究 [J]. 商业会计, 2015 (23): 111-113.

[29] 李辽宁,张晓明,潘颖. 中国会计教育60余年:成就与问题 [J]. 西北大学学报(哲学社会科学版), 2011, 41 (3): 22-25.

[30] 曾劲. 近代中国会计教育的发展历程 [J]. 江西社会科学, 2007 (12): 105-107.

[31] 徐玉德,马智勇. 我国会计教育与人才培养四十年成就与未来展望 [J]. 财务与会计, 2019 (6): 43-47.

第九章

我国内部控制规范体系建设四十年回顾与展望

❖ 一、我国内部控制发展与演进历程

内部控制产生并服务于人类社会的经济管理实践。纵观古今中外内部控制的发展演进不难发现,从最初的内部牵制,到20世纪40年代至20世纪末的内部控制制度、内部控制结构,再到21世纪以来的内部控制整体框架、企业风险管理整体框架,内部控制随经济社会的进步与发展日渐科学和全面,经过了循序渐进的漫长进阶历程。我国内部控制实践的历史最早可追溯至西周时代(公元前1100年—前770年),据《周礼》记载,当时的当权者采用分工牵制和交互考核等办法以防止当时的财政官吏损公肥私,要求"一毫财赋之出入,数人耳目之通焉",这实际上即是以内部牵制为手段的传统内部控制。此外,"虑夫掌财之吏,渗漏乾后,或者容奸面肆欺""听出入以要会"[①] 等记载也生动刻画了我国古代内部控制的雏形。封建社会时期,由于自给自足的小农经济占主导地位,我国内部控制实践出现了断层。新中国成立伊始,由于我国借鉴苏联经验采用了高度集中的计划经济模式,国家完全掌控单位的运营与规划,以单位为主体的内部控制亦因"无用武之地"而几近缺失。直到十一届三中全会确立改革开放的路线方针后,我国理论界和实务界才开始日益重视单位内部控制建设,改革开放拉开了我国现代内部控制制度建设的帷幕。

---

① 以会计文书为依据,批准财物收支事项。

（一）改革开放开启了我国内部控制制度建设的"大门"

改革开放使中国经济开始朝着市场化和国际化不断成长与发展，进而促使我国在借鉴国际国内已有经验并结合自身经济发展现状的基础上，开始了对建设现代内部控制制度的积极探索。1985年颁布的《会计法》专门设置了"会计监督"的内容，明确了单位会计机构设置及人员职责，要求"各单位的会计机构、会计人员对本单位实行会计监督（第十六条）""会计机构、会计人员对不真实、不合法的原始凭证，不予受理，对记载不准确、不完整的原始凭证，予以退回，要求更正、补充（第十七条）""各单位根据会计业务的需要设置会计机构，或者在有关机构中设置会计人员并指定会计主管人员……会计机构内部应当建立稽核制度。出纳人员不得兼管稽核、会计档案保管和收入、费用、债权债务账目的登记工作（第二十一条）"。1986年财政部颁发《会计基础工作规范》正式提出了内部控制，首次将内部会计控制界定为"单位为了提高会计信息质量，保护资产的安全、完整，确保有关法律法规和规章制度的贯彻执行而制定和实施的一系列控制方法、措施和程序"。

自20世纪90年代起，政府监管部门逐渐开始加大对内部控制的建设力度。1994年我国确立了社会主义市场经济改革的目标。社会主义市场经济中企业逐渐成为市场竞争的主体。但是由于缺少有效的约束和控制，单位内部人员携巨额公款外逃、挪用公款赌博，或利用改制重组、拍卖、租赁等产权变动，以及办理采购、销售、投资、工程项目等业务时中饱私囊、损公肥私等现象屡见不鲜，已构成了我国经济社会持续健康发展的威胁和障碍。因此，国家开始重视内部控制的建设，相继出台了一系列关于建立和加强单位内部控制的规范。1999年《会计法》第二十七条对单位内部会计监督提出明确要求，规定"各单位应当建立、健全本单位内部会计监督制度。单位内部会计监督制度应当符合下列要求：记账人员与经济业务事项和会计事项的审批人员、经办人员、财物保管人员的职责权限应当明确，并相互分离、相互制约；重大对外投资、资产处置、资金调度和其他重要经济业务事项的决策和执行的相互监督、相互制约程序应当明确；财产清查的范围、期限和组织程序应当明确；对会计资料定期进行内部审计的办法和程序应当明确"，标志着我国系统的内部控制体系建设由此展开。

第九章 我国内部控制规范体系建设四十年回顾与展望

随着我国经济体制改革的深入推进和新经济新技术的快速发展，企业面临的经营环境发生空前变化。经济全球化、新经济新技术在给企业带来崭新机遇的同时，也使企业面临着更多的挑战。为深入推进国有企业改革，确保国有资产保值增值，有效防止资源损失，提高财务信息的真实性和可靠性，国家有关部委先后出台了一系列有关内部控制与风险管理的法律法规或政策文件，进一步推进企业规范化科学化管理，有效控制经营管理风险。在中央依法治国、加强廉政建设的精神指引下，政府部门内部控制建设被提升到新的高度，成为加强权力运行制约和监督、预防腐败舞弊、实现国家治理的重要手段。为深入贯彻落实党的十八届四中全会关于"强化内部流程控制，防止权力滥用"的精神，政府也开始强化对行政事业单位内部控制的引导和监管，通过颁布一系列部门规章等方式组织实施和执行，加强内部控制水平、提高风险防范能力，规范资金管理，提高财政资金的使用效益，降低行政成本。从我国内部控制规范的建设历程可以看出，这些规范的颁布和实施，对于改善我国单位内部控制的现状，强化单位内部监督，整顿和规范经济社会秩序，起到了重要的作用。

（二）我国企业内部控制规范体系建设的演进历程

20世纪90年代中期以来，内部控制的实施和推广率先在企业中取得了巨大进展。1996年财政部发布的《独立审计准则第9号——内部控制和审计风险》对内部控制作出了权威解释，将内部控制定义为"被审计单位为了保证业务活动的有效进行，保证资产的安全完整，防止、发现、纠正错误与弊端，保证会计资料的真实、合法、完整而制定和实施的政策与程序"，并指出内部控制包括控制环境、控制程序、会计系统三项要素，帮助注册会计师判断是否信赖内部控制，以确定审计的性质、时间与范围。该准则是我国现代第一个关于内部控制的行政规定，它的发布标志着我国现代企业内部控制建设拉开了序幕。

2000年初，财政部根据1999年修订的《会计法》的有关精神组建了内部会计控制研究小组，就内部会计控制的总体思路等问题进行研究。2001年6月22日，财政部颁布了《内部会计控制规范——基本规范》《内部会计控制规范——货币资金》，明确了单位建立和完善内部会计控制体系的基本框架和要求，以及货币资金内部控制的有关要求。其后，财政部还陆续颁布了涉及销售与付款、采购与付款、工程项目、担保、对外投资、固定资产、存货、成本费用、预算等方面内部会计控制具体规范的征求意见稿或相关制度规范。财政部的上述举措为我国加强企业内部会计监督与控制的理论与制度建设树立了一个具有时代意义的里程碑，同时也标志着我国企业内部控制规范建设进入一个新阶段。

为了进一步促进企业健康发展，规范企业运营，有效遏制领导干部贪污腐败、堵塞国有企业资产流失的漏洞、规避企业及其他营利或非营利组织的经营风险，近年来中国人民银行、证监会等政府有关部门，也针对商业银行、上市公司等先后相继出台了一系列有关内部控制与风险管理的法规或政策。2002年中国人民银行发布的《商业银行内部控制指引》指出，在商业银行中内部控制是"对风险进行事前防范、事中控制、事后监督和纠正的动态过程和机制"，并规定了商业银行内部控制的目标及其五要素。证监会2002年发布的《上市公司内部控制指引》和《证券投资基金管理公司内部控制指导意见》基于公司整体角度，对公司内部控制的总体目标、主要内容等方面作了规定，将公司内部控制的总体目标拓展到防范和化解经营风险，提高经营管理效益，确保经营业务的稳健运行和受托资产的安全完整，实现公司的持续、稳定、健康发展。2005年1月，银监会颁布的《商业银行内部控制评价试行办法》突出了内部控制体系的概念，强调内部控制是一种系统的、制度安排的动态过程，提出从内部控制环境、风险识别与评估、内部控制措施、信息交流与反馈，以及监督评价与纠正等五个方面对内部控制进行评价。

2006年11月8日，企业内部控制标准委员会发布了《企业内部控制规范——基本规范》和17个具体规范的征求意见稿。在借鉴和吸收国际监管理念的基础上，2008年6月28日，财政部、证监会、审计署、银监会、保监会等五部委联合发布《企业内部控制基本规范》，自2009年7月1日起率先在上市公司施行。2010年4月15日，财政部、证监会、审计署、银保监会联合发布了《企业内部控制应用指引第1号——组织架构》等18项应用指引、《企业内部控制评价指引》和《企业内部控制审计指引》（简称企业内部控制配套指引，自2011年1月1日起在境内外同时上市的公司施行，2012年1月1日起在上海证券交易所、深圳证券交易所主板上市公司施行，择机在中小板和创业板上市公司施行）。2012年5月，财政部联合国资委下发了《关于加快构建中央企业内部控制体系有关事项的通知》，要求各中央企业全面启动内部控制建设与实施工作。2012年8月，财政部联合证监会发布的《关于2012年主板上市公司分类分批实施企业内部控制基本规范体系的通知》要求主板上市公司确保内部控制体系建设落到实处。上述政策性文件连同此前发布的《企业内部控制基本规范》，标志着适应我国企业实际情况、融合国际先进经验的中国企业内部控制规范体系基本建成。2017年6月，财政部发布《小企业内部控制规范（试行）》，要求小企业参照执行，实现企业内控制度全覆盖。

（三）我国行政事业单位内部控制的历史演进

20世纪90年代以来，我国开始以法律法规规范行政单位内部控制，但早期管理制度并未形成以行政事业单位作为单独管理对象的法律制度，相关法律分散于财政预算管理、政府采购以及政府会计管理法律法规，涉及行政单位财务、人事、管理、信息等方面的内部控制与监督。随着国家治理能力体系建设的不断完善，为提高行政事业单位内部管理水平，规范内部控制，加强廉政风险防控机制建设，行政事业单位内部控制体系建设稳步推进。财政部于2012年颁布《行政事业单位内部控制规范（试行）》，在政府会计改革的背景下持续深入优化。从发展的历程上看，《行政事业单位内部控制规范》的颁布是我国行政事业单位内部控制走向制度化的重大转折，控制规范体系的演进可以划分为两个阶段。

1. 财政和会计管理制度推动内部控制制度发展阶段

党的十四大提出建设社会主义市场经济以来，财政预算管理制度和会计管理法规逐步建立，管理和控制因具有功能上的互动性，在法律、法规和规章制度层面对行政事业的内部控制均有所涉及。法律层面上，1994年通过的《中华人民共和国预算法》规定了政府间和同级政府管理和执行机构的监督职责，为监督控制提供了外部保障。2002年第九届全国人民代表大会常务委员会第二十八次会议通过《中华人民共和国政府采购法》，明确了对采购人的行为规范及其权责范围。《会计法》于1985年发布，分别于1993年和1999年进行了两次修改。《会计法》的规制对象包含国家机关、社会团体、公司、企业、事业单位和其他组织；《会计法》在第二十七条中明确规定："各单位应当建立、健全本单位内部会计监督制度。"在法规层次上，《国务院关于加强预算外资金管理的决定》（国发〔1996〕29号)、《国务院办公厅转发财政部关于全面推进政府采购制度改革意见的通知》(国办发〔2003〕74号)、《中央单位政府集中采购管理实施办法》(财库〔2007〕3号)、《行政单位国有资产管理暂行办法》(财政部令第35号)等从预算管理和政府采购业务方面对单位内部控制作出要求。部门规章层次上，1996年颁布的《会计基础工作规范》要求单位建立与健全会计管理制度，其中包括内部牵制制度，并且对会计基础工作的控制制度（如职务不相容、回避等制度）给出了指导性规范。1998年颁布的《行政单位财务规则》第十章对行政单位的财务监督责任等作出规定。2001年颁布的《内部会计控制规范》提出新形势下单位应加强内部会计监督，该规范体系适用于国家机关、社会团体、公司、企业、事业单位和其他经济组织，是具有强制执行力并且涉及全面内部会计控制的指导性规范。《财政总预算会计制度》(财预字〔1997〕287号)、《审计署关于内部审计的规定》(2003年审计署第4号令)等也从不同角度都体现出行政单位的内部控制要求，但是从根本上来说还停留在内部会计控制的层面上，与行政单位实际发展所需要的内部控制还有很大差距。

2. 内部控制规范体系逐步完善阶段

行政单位作为行使国家权力的组织，面临着管理水平差距大，内部控制制度不完善、流于形式等现象，急需加快构建、实施内部控制制度。财政部在借鉴《企业内部控制规范》的基础上，重点把握行政事业单位特点、研究内部控制基本理论对我国行政事业单位的适用性，理清行政事业单位财务管理有关法律法规与《行政事业单位内部控制规范》的关系，同时借鉴美国联邦政府内部控制准则等国外规范，扎实推进基础性研究工作。形成规范讨论稿后，向财政部内十个相关司局正式书面征求意见，并深入北京、广西、福建、深圳、青海、江苏等省、市基层单位进行实地调查研究。在充分听取各方面意见的基础上，经过反复修改完善，于2012年11月颁布了《行政事业单位内部控制规范（试行）》，自2014年1月1日起施行。《行政事业单位内部控制规范》明确了单位建立和实施内部控制的原则为全面性原则、重要性原则、制衡性原则和适应性原则，要求单位在对经济活动实现全面控制的基础上关注重要经济活动和重大风险，在单位内部形成相互制约和相互监督的制衡机制，并随着单位内外部环境的改变而适应性地修订和完善单位内部控制。财政部于2014年9月发布《财政部内部控制基本制度（试行）》（财办〔2014〕40号），标志着财政部内部控制工作全面启动。党的十八届四中全会后，为贯彻落实全会关于强化内部控制的精神，进一步推动行政事业单位内部控制体系的建立，财政部于2015年12月发布了《关于全面推进行政事业单位内部控制建设的指导意见》，要求行政事业单位必须于2016年底前完成内部控制的建立和实施工作。2016年6月，财政部发布了《关于开展行政事业单位内部控制基础性评价工作的通知》，要求行政事业单位开展内部控制基础性评价工作。同年8月，为协同推进行政事业单位内部控制标准建立与实施工作，经财政部领导批准，将企业内部控制标准委员会更名为内部控制标准委员会。

为规范行政事业单位内部控制报告的编制、报送、使用及报告信息质量的监督检查等工作，促进行政事业单位内部控制信息公开，提高行政事业单位内部控制报告质量，财政部于2017年1月发布了《行政事业单位内部控制报告管理制度（试行）》（财会〔2017〕1号），要求行政事业单位在年度终了结合本单位实际情况按规定编制能够综合反映本单位内部控制建立与实施情况的总结性文件，并规定单位主要负责人应对本单位内部控制报告的真实性和完整性负责。按照《财政部关于开展2016年度行政事业单位内部控制报告编报工作的通知》（财会函〔2017〕3号）的有关要求，财政部与久其软件公司合作组织开发了行政事业单位内部控制报告填报软件。《关于发布2016年度行政事业单位内部控制报告填报软件的通知》（财办会〔2017〕8号）将填报软件及有关操作手册和操作视频予以发布，供各地区、各部门、各单位填报、汇总2016年度内部控制报告时使用。行政事业单位覆盖工作规范和信息报告的较为完整的内部控制管理体系初步形成。

❖ 二、企业内部控制规范体系建设及其成效

（一）内部控制规范体系建设的背景

内部控制规范是企业防范财务舞弊和差错、降低风险的重要保障，是现代经济体系的关键因素之一。我国内部控制规范体系的建立既顺应了资本市场国际化

条件下各国积极推进内部控制建设的总趋势，也充分适应并满足了我国经济发展的现实需求。

2001 年，盛极一时的安然公司因财务舞弊事件的曝光而轰然倒塌，此后不久，世界通讯等多家公司的财务丑闻也接踵而至，大大削弱了投资者对美国资本市场的信任。为加强对资本市场的监管，美国于 2002 年颁布了《萨班斯—奥克斯利法案》，该法案的 404 条款专门针对在美上市公司的内部控制问题作出了明确规定，在规范企业内部控制进而提高企业经营管理和风险防范水平方面发挥了重要作用，重振了美国资本市场中投资者的信心。除美国外，还有不少国家和地区也通过立法手段强制企业建立健全内部控制，并将其作为企业进入资本市场的必备条件，我国在境外上市的企业为适应上市地监管要求，不得不重金聘任海外机构帮助其设计企业的内部控制。美国萨班斯法案带给我国制度建设的启示是，一方面推进建立我国内部控制规范体系可增强企业内部风险管理意识，保障会计信息真实准确，提高企业经营效率；另一方面通过推动监管制度的衔接与协调，将帮助我国赴境外上市企业满足境外监管要求，克服在"走出去"过程中的监管难题。

国内企业内部控制薄弱也导致风险问题频发，企业尤其是国有企业中营私舞弊、资产流失、损失浪费等问题层出不穷，我国许多上市公司如银广夏、东方电子、科龙等纷纷暴露出财务问题，使资本市场投资者蒙受经济利益损失，严重阻碍了我国经济社会的健康有序发展。在此背景下，充分结合我国宏观经济环境和企业治理结构、企业文化等微观因素，吸收借鉴 COSO 内部控制框架、《萨班斯法案》等国际先进经验，推进建设有中国特色的企业内部控制体系建设无疑是强化我国企业会计监管，提高企业财务透明度和管理科学性，强化企业经营管理者的受托责任，服务现代企业制度改革，促进资本市场可持续发展的重要举措。

2004 年底和 2005 年 6 月，国务院领导就强化我国企业内部控制问题作出重要指示，要求"由财政部牵头，联合有关部委，积极研究制定一套完整公认的企业内部控制指引"。2006 年 7 月 15 日，根据国务院领导的有关批示，财政部、国资委、证监会、审计署、银监会、保监会等部门联合发起成立企业内部控制标准委员会，秘书处设在财政部会计司，旨在研究制定具有统一性、公认性和科学性的中国企业内部控制规范体系。同年 11 月 8 日，企业内部控制标准委员会发

第九章 我国内部控制规范体系建设四十年回顾与展望

布了《企业内部控制规范——基本规范》和 17 个具体规范的征求意见稿。在借鉴和吸收国际监管理念的背景下，2008 年 6 月 28 日，财政部、证监会、审计署、银监会、保监会等五部门联合发布《企业内部控制基本规范》，就加强企业内部控制、贯彻实施内部控制规范作出了明确部署，自 2009 年 7 月 1 日起率先在上市公司施行。2010 年 4 月 15 日，财政部、证监会、审计署、银监会、保监会联合发布了《企业内部控制应用指引第 1 号——组织架构》等 18 项应用指引、《企业内部控制评价指引》和《企业内部控制审计指引》（简称企业内部控制配套指引），自 2011 年 1 月 1 日起在境内外同时上市的公司施行，自 2012 年 1 月 1 日起在上海证券交易所、深圳证券交易所主板上市公司施行；在此基础上，择机在中小板和创业板上市公司施行。连同此前发布的《企业内部控制基本规范》，标志着适应我国企业实际情况、融合国际先进经验的中国企业内部控制规范体系基本建成。

（二）内部控制规范体系框架及主要内容

为加快推动建立我国内部控制标准体系，2006 年 7 月 15 日，财政部、国资委、证监会、审计署、银监会、保监会联合发起成立企业内部控制标准委员会。2008 年 6 月 28 日，五部委联合发布《企业内部控制基本规范》，自 2009 年 7 月 1 日起率先在上市公司施行。2010 年 4 月 15 日，五部委又联合发布了《企业内部控制应用指引第 1 号——组织架构》等 18 项应用指引、《企业内部控制评价指引》和《企业内部控制审计指引》（简称企业内部控制配套指引），标志着我国由基本规范、配套指引和应用指南构成的企业内部控制标准规范体系初步建立。其中，基本规范规定内部控制的基本目标、基本要素、基本原则和总体要求，是制定具体规范和应用指南的基本依据，在内控标准体系中起统驭作用；具体规范是根据基本规范，对企业办理具体业务与事项从内部控制角度作出的规定；应用指南是根据基本规范和相关具体规范制定的详细解释和说明，主要是为某些特殊行业、特殊企业、特定内控程序提供操作性强的指引。

1. 企业内部控制基本规范的框架

《企业内部控制基本规范》共分 7 章，包括总则、内部环境、风险评估、控制活动、信息与沟通、内部监督和附则，从 2009 年 7 月 1 日起率先在上市公司范围内施行。其中：

● 内部环境——企业实施内部控制的基础，一般包括治理结构、机构设置及权责分配、内部审计、人力资源政策、企业文化等。

● 风险评估——企业及时识别、系统分析经营活动中与实现内部控制目标相关的风险，合理确定风险应对策略。

● 控制活动——企业根据风险评估结果，采用相应的控制措施，将风险控制在可承受度之内。

● 信息与沟通——企业及时、准确地收集、传递与内部控制相关的信息，确保信息在企业内部、企业与外部之间进行有效沟通。

● 内部监督——企业对内部控制建立与实施情况进行监督检查，评价内部控制的有效性，发现内部控制缺陷，应当及时加以改进。

《企业内部控制基本规范》的颁布实施意味着旨在有效保护投资者利益的企业内控标准体系的建立。这是一部规范中国上市公司内部控制制度的规章，就其核心思想与宗旨而言，堪称是中国版的"萨班斯法案"，尽管与美国"萨班斯法案"相比，二者有着法律与规章上的本质区别，但这并不影响它在中国资本市场发展中的重要地位和将要发挥的积极作用。《企业内部控制基本规范》确立了我国企业建立和实施内部控制的基本框架，拉开了我国全面、系统地完善上市公司内控管理制度的序幕，对于推进我国上市公司内控管理与国际惯例的接轨，提高我国资本市场对外国企业在我国发行上市的吸引力，推动我国上市公司内控制度的建立与完善，改善公众投资者的投资环境，保护投资者利益，提高投资者信心，具有相当积极的意义。

2. 配套指引的内容结构及项目构成

我国企业内部控制配套指引体系主要包括应用指引、评价指引和审计指引（具体如图9-1所示）。其中，应用指引处于主体地位，为企业建立健全内部控制体系提供的指引；评价指引为企业管理层对本企业内部控制有效性进行自我评价提供的指引；审计指引为注册会计师执行内部控制审计业务提供的执业准则。

（1）应用指引。

目前已经出台的企业内部控制应用指引共18项，基本涵盖了企业资金流、实物流、人力流和信息流等各项业务和事项。应用指引可以划分为三类，即内部

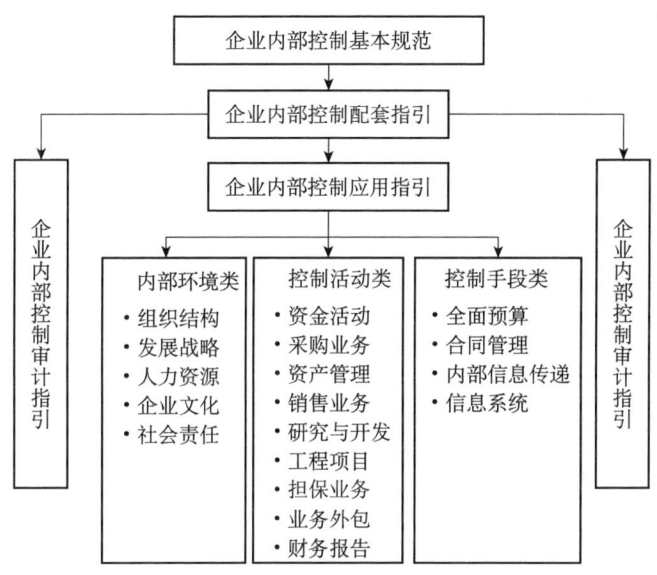

图 9-1　企业内部控制规范体系

环境类指引、控制活动类指引、控制手段类指引，内部环境类指引对企业层面相关控制加以规范，控制活动类和控制手段类指引基本上是从梳理流程开始，找出风险点及薄弱环节，提出控制措施。

- 内部环境类指引：组织结构、发展战略、人力资源、企业文化和社会责任；
- 控制活动类指引：资金活动、采购业务、资产管理、销售业务、研究与开发、工程项目、担保业务、业务外包、财务报告；
- 控制手段类指引：全面预算、合同管理、内部信息传递和信息系统。

（2）评价指引。

内部控制评价是指企业董事会或类似权力机构对内部控制有效性进行全面评价、形成评价结论、出具评价报告的过程。评价指引主要内容包括：

- 内控评价的内容；
- 内控评价的组织；
- 内控缺陷的认定；
- 内控评价报告；

● 报告的披露或报送。

（3）审计指引。

内部控制审计是指会计师事务所接受委托，对特定基准日内部控制设计与运行的有效性进行审计并出具审计报告。审计指引主要内容包括：

● 审计责任划分；
● 审计范围；
● 整合审计；
● 利用被审计单位的工作；
● 审计方法；
● 评价控制缺陷；
● 出具审计报告。

（三）企业内部控制规范体系建设取得的成效

1. 内控制度体系功能化健全，内控制度应用多领域拓展

市场经济发展初期，企业制度建设滞后于快速推进的市场化进程，出现国有资产流失、贪腐以及挪用公款等诸多问题。20世纪90年代起，内部控制制度建设开始逐步开展，并在改革开放的过程中日臻完善。一是我国企业内部控制制度体系建设取得长足进展。2000年实施的新《会计法》从法律高度对内部会计控制的目标、内容及运用作出明确规定，2006年上交所与深交所分别发布《上市公司内部控制指引》，五部委在2008年和2010年分别发布了《企业内部控制基本规范》和企业内部控制配套指引，至此，我国多层次的企业内部控制制度体系已初步建立。二是为注册会计师行业监管建立了相应的标准。1996年发布的《独立审计具体准则第9号——内部控制与审计风险》、2006年的《中国注册会计师审计准则第1211号——了解被审计单位及其环境并评估重大错报风险》要求注册会计师在审计过程中须了解被审计单位的内部控制，2010年4月五部委发布的《企业内部控制审计指引》以规范注册会计师执行企业内部控制审计业务，明确工作要求，保证其执业质量。三是专门针对金融机构的内部控制实施与评价体系初步形成。2002年《证券投资基金管理公司内部控制指导意见》将公司内部控制的总体目标拓展到防范和化解经营风险，提高经营管理效益，确保经营业

务的稳健运行和受托资产的安全完整，实现公司的持续、稳定、健康发展。中国人民银行在 2002 年发布的《商业银行内部控制指引》，从规范商业银行内部控制角度定义内部控制，认为是对风险进行事前防范、事中控制、事后监督和纠正的动态过程和机制。银监会 2004 年 12 月颁布的《商业银行内部控制评价试行办法》对银行内控评价提出了具体要求。2018 年 3 月，为落实依法、全面、从严的总体监管思路，督促证券公司提高投行类业务内部控制水平、完善自我约束机制，压实主体责任、防范化解风险，证监会发布《证券公司投资银行类业务内部控制指引》，并于 2018 年 7 月 1 日起施行。

2. 内控环境多层次优化，内控制度文化立体化融合

企业的经营面临相对稳定的环境、可重构环境和渐变环境三类。稳定的环境主要包括政治环境、法律环境、社会文化环境等在短时间内相对稳定的因素。可重构环境则主要包括机构设置、权责分配与人力资源政策等。渐变环境主要是公司的管理哲学以及企业文化等。首先，宏观与微观管理上形成了较为稳定的外部环境。随着我国市场经济体制完善，逐步形成了政企分离、有序竞争的市场环境。同时，内控法律制度体系日趋完善，制度间形成相互配套和衔接的制度体系。其次，企业内部可重构环境逐步优化。国资委推动央企内控工作规划等措施推动国有企业内控质量稳步提升，《中央企业合规管理指引（试行）》的发布使国企合规迈向新台阶。公司治理实践上，二元公司治理机制效果显著，董事会和监事会制度为公司完善内部与外部约束提供了有效的保障。最后，具有中国特征的管理哲学和企业内控文化逐渐成形。归属感、责任心与荣誉感等集体主义文化特征融入企业管理之中，形成强调团队精神，注重凝心聚力的管理文化。在用人机制上，形成了"任人唯贤，以人为本"的晋升文化。内部控制文化建设上，注重培养员工的敬业精神，并与市场化的激励制度结合，推动管理文化渐变。

3. 内控制度体系规范化运行，内控运行质量全方位提升

从监管部门发布的调研报告来看，大中型企业和上市公司在内部控制执行过程中形成了丰富的管理经验，内部控制报告质量也稳步提升。2014 年发布的《电力行业内部控制操作指南调研报告》对 3 家电力行业国有企业的调研后发现，国有企业内部控制管理体系初步建立，被调研企业能够按照相关监管机构的要求，开展内部控制评价报告与中介机构审计报告的披露工作。葛洲坝集团目标激

励控制措施为落实国家大型企业走向海外的战略取得了一定成效。田湾核电站在安全内控措施上采取的管理者观察、每天一条安全学习、质疑停止等安全内控方法值得推广。财政部与证监会发布的《我国上市公司2017年执行企业内部控制规范体系情况分析报告》指出，2017年3245家上市公司披露了内部控制评价报告，占全部上市公司的93.11%，整体披露比例较高。上市公司披露内部控制评价报告的自主性较高，267家原本可以因首年上市豁免披露内部控制评价报告的上市公司自愿披露了内部控制评价报告。2013—2017年披露内部控制缺陷认定标准的上市公司的数量和占比不断上升，存在内部控制缺陷的上市公司的数量有所减少。

4. 中介机构监督制度化发展，内控审计能力持续增强

会计师事务所作为内部控制外部监督的中介机构，为提升公司内部控制质量，推动公司的内部控制建设和内部控制评价的披露工作起到了积极作用。首先，审计准则为有效的外部监督提供了制度保障，注册会计师在执业开展内部控制审计时具有了制度基础。风险导向的审计实践使得中介机构更加重视对上市公司内部控制建设和内部控制披露工作的督导，有效地督促了上市公司内部控制建设规范程度的提升。其次，中介机构专业胜任能力不断增强，有效提高了中介机构的服务质量。《我国上市公司2017年执行企业内部控制规范体系情况分析报告》指出，98.53%进行内部控制审计的上市公司采用整合审计方式开展内部控制审计和财务报表审计。会计师事务所为提高整合审计与专项内部控制审计效率，提供具有高专业水准的服务，不断强化内部控制审计的业务培训，专业人才不断增多，专业知识和技能得到提升。此外，会计师事务所在多年的内部控制审计过程中积累了丰富的经验，着手运用大数据、云计算等分析查找内部控制薄弱环节，为内部控制审计更好地识别内部控制存在的重大缺陷，把内部控制审计业务做到位提供了更为简便、有用的资源。

❖ 三、行政事业单位内部控制规范体系建设及其成效

（一）规范体系建设的制度背景

行政事业单位内部控制是政府部门和事业单位管理制度的组成部分，它将企

第九章 我国内部控制规范体系建设四十年回顾与展望

业内部控制基本管理与行政事业单位的管理特色相融合,是行政事业单位为更好地应对风险、实现单位总体目标而进行自我约束和规范的过程。近年来,为加快行政事业单位改革、推进国家治理体系和治理能力现代化、积极开展新时代反铺张浪费和反腐败斗争,以2012年财政部印发《行政事业单位内部控制规范(试行)》为起点,我国在行政事业单位内部控制规范体系建设方面取得了显著进展。

1. 为加快行政事业单位改革和服务全面深化改革提供制度保障

十八届三中全会通过的《中共中央关于全面深化改革若干重大问题的决定》指出:"全面深化改革的总目标是完善和发展中国特色社会主义制度,推进国家治理体系和治理能力现代化。……到2020年,在重要领域和关键环节改革上取得决定性成果,完成本决定提出的改革任务,形成系统完备、科学规范、运行有效的制度体系,使各方面制度更加成熟更加定型。"行政事业单位内部控制建设有助于推动单位实现机构设置、职能配置的优化和组织流程再造,完善单位管理机制,提升单位管理水平。行政事业单位内部控制规范体系的建立无疑将大大推进行政事业单位改革进程。随着我国行政体制改革和经济体制改革的深化,国务院提出要"加快地方政府机构改革,推进事业单位改革",事业单位改革已刻不容缓。从2004年起,部门预算、国库集中支付、政府公开采购、绩效预算、政府收支分类等工作陆续展开,2012年《中共中央国务院关于分类推进事业单位改革的指导意见》正式发布,事业单位改革的社会关注度进一步提升,强调加强对事业单位的监督成为改革的核心要素。有效的政府内部控制是各项改革措施的制度保障,内部控制机制对优化公共资源配置,提高行政事业单位绩效具有重要作用,建设规范的内部控制机构为全面深化改革提供了有效的制度保障。

2. 为实现国家治理体系和治理能力现代化提供有力支撑

十九大报告提出社会主义进入新时代的重大政治论断,根据"五位一体"总体布局要求,有效的政府治理就是要发挥政府在经济、政治、文化、社会、生态文明等各领域中的全面主导作用。行政事业单位内部控制将单位在各领域的职能作为"统一体"纳入宏观财政管理和微观单位内部控制,发挥财政财务管理在政治建设和经济建设中的纽带作用。现代化的国家治理体系本质上就是严格按照法律的规则进行治理的体系。十八届四中全会强调要"依法全面履行政府职能,推进机构、职能、权限、程序、责任法定化,推行政府权力清单制度",这对行政事业单位内部控制的决策机制、问责制度、关键岗位和内部流程控制等提出了更高要求。因此，从实践来看，行政事业单位的内部控制仅仅是保障了各领域中充分做好规制和服务工作，但其产生的治理效果却是深远的。行政事业单位内部控制规范了行政事业单位权力运行，形成了国家治理体系和治理能力现代化的微观基础。

3. 为深化新时代反铺张浪费和反腐败斗争创造有利条件

习近平总书记在十八届中央纪委二次全会上指出："要加强对权力运行的制约和监督，把权力关进制度的笼子里，形成不敢腐的惩戒机制、不能腐的防范机制、不易腐的保障机制。"2012年中共中央政治局审议通过的八项规定要求行政事业单位通过建章立制实现单位经费管理的规范化和制度化。2013年11月，中共中央、国务院发布《党政机关厉行节约反对浪费条例》，该条例的核心在于规范单位经费管理，对预算管理、支出管理、核算管理、采购管理、差旅费、三公支出等经费支出进行了规定。随后中共中央、国务院陆续发布了《中央国家机关会议费管理办法》《国内公务接待管理办法》《因公临时出国经费管理办法》等政策法规，要求行政事业单位加强资金管控和经费管理，落实厉行节约反对浪费条例的相关要求。行政事业单位日常运转经费主要源自政府拨款，预算经费使用方式与效果必须受到控制。行政事业单位内部控制体系的建立和落实有助于防范风险，促进事业单位科学发展。通过实施内部控制，能够提高财政资金管理能力，减少铺张浪费，实现自我约束，预防腐败发生，与部门预算绩效评价制度、绩效预算制度形成互补，从而提高资金的使用效率。

（二）行政事业单位规范体系框架及主要内容

1. 《行政事业单位内部控制规范》与《行政事业单位内部控制报告管理制度》是内部控制规范体系的基本组成部分

2012年财政部印发的《行政事业单位内部控制规范（试行）》（财会〔2012〕21号，以下简称《规范》）是行政事业单位内部控制建设的基本依据，规范了五级政府、九大主体、六大业务活动的内部控制活动。《规范》共六章六十五条。第一章总则，规定了《规范》的制定依据、适用范围、目标以及原则等。第二章风险评估和控制方法，规定了建立风险评估机制、组成风险评估小组,列举了单位层面与经济层面风险评估注意事项,以及内部控制的基本方法等。第三章单位层面内部控制,规定了设立内控职能部门或牵头部门、建立议事决策机制、健全岗位责任制、加强内部控制队伍建设以及运用现代科技加强内部控制等。第四章业务层面内部控制,包括预算业务控制、收支业务控制、政府采购业务控制、资产控制、建设项目控制和合同控制六部分。第五章评价与监督,规定了行政事业单位内部评价机制和方法以及外部监督机制。第六章附则,规定了规范实施的时间等。

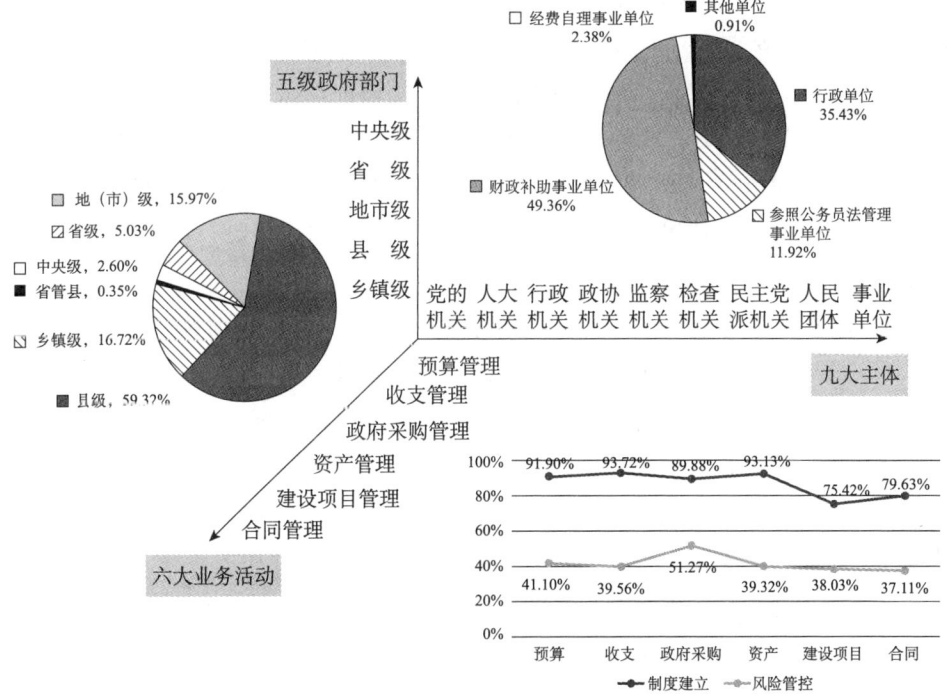

图 9-2 内部控制业务活动示意图

资料来源:中华人民共和国政府网站。

从内容上看,《规范》涵盖了所有内部控制基本要素,将内部控制基本原理与行政事业单位具体情况相结合,定位于预算、收支、政府采购、资产管理、项目建设、债务管理、经济合同的订立执行等经济活动的风险防控,重点突出、针对性强。《规范》对业务管理规定和行业财务规则进行了整合和充实,行政事业单位财务管理规定不但包括预算管理、政府采购、资产管理、基本建设财务管理、国库集中支付等业务管理规定，还包括行政单位财务规则、事业单位财务规则及高校、医院等行业的财务制度等。《规范》既包含对"做什么"的总体规定，又有指导"怎么做"的具体控制措施，体系完整、操作性强，有利于促进各类规定实施到位。从监督责任落实上看，《规范》要求内外部监督相互结合、互为补充，为内部控制执行提供保障，但相比企业内部控制规范，行政事业单位内部控制规范更加强调内部监管，要求对收支、采购、资产、建设项目、合同等具体业务控制环节实施内部监督检查并明确规定了内部监督关注的重点和检查的方式。《规范》要求建立审核措施、沟通协调机制、定期会议机制等，从而形成一种环环相扣的监督模式，提高监督质量，达到内部控制应有的效果。在外部监管方面，《规范》规定主管部门应对行政事业单位内部控制建设实施外部监督和业务指导，在第五章"评价与监督"中要求财政部门对本行政区域内各单位内部控制的建立和执行情况进行监督检查，通过外部监察来促进行政事业单位加强内部控制建设。

《行政事业单位内部控制报告管理制度（试行）》（以下简称《管理制度》）共八章，二十九条。第一章总则，主要包括《管理制度》制定的目的和依据、适用范围、内部控制报告的定义、内部控制报告编制的原则、内部控制报告的责任主体、内部控制报告编报工作的开展方式等内容。第二章内部控制报告编报工作的组织，主要明确财政部、地方各级财政部门及各行政主管部门在分别组织实施全国、本地区、本部门单位内部控制报告编报工作过程中的责任及主要职责。第三章行政事业单位内部控制报告的编制与报送，主要包括各单位编制内部控制报告的工作要求、依据、审批过程及报送要求等内容。第四章部门行政事业单位内部控制报告的编制与报送，主要规定各行政主管部门汇总本部门所属单位内部控制报告的工作要求、依据，以及报送本部门内部控制报告的要求等内容。第五章地区行政事业单位内部控制报告的编制与报送，主要规定地方各级财政部门汇总本地区部门内部控制报告和下级财政部门内部控制报告的工作要求、依据，以及报送本地区内部控制报告的要求等内容。第六章行政事业单位内部控制报告的使用，主要对各地区、各部门、各单位在内部控制报告的分析及分析结果使用等方面作出规定。第七章行政事业单位内部控制报告的监督检查，主要包括行政事业单位内部控制报告监督检查的总体要求、工作原则、工作方式、考核的落实、对违反规定的单位进行责任追究和处罚处分等内容。第八章附则,主要明确各地区、各部门可依据《管理制度》制定具体实施细则,以及《管理制度》的生效日期等内容。从结构上看,《管理制度》明确了不同层级政府部门内部控制报告的报送工作要求与内容,并对报告使用和监督作出规定,使内部控制报告编报的操作明确化、简单化,内容完整,结构清晰。从报告组织工作上看,加强内部控制数据库建设和管理,有利于提高内部控制信息收集的专业化及自动化,解决内部控制信息收集者和使用者之间的矛盾,进一步推动行政事业单位内部控制建设。从责任落实上看,各层级、各部门在内部控制报告中的职责进一步明确;强化了对内部控制报告的监督、考评和评价结果的应用,以评促建,以评促改,评建结合;明确单位及单位负责人在内部控制报告中的责任及其责任追究,有利于在全社会、本部门或单位营造良好的风险防控文化氛围,提升重视程度,有利于逐步完善行政事业单位内部控制建设工作。

2.《财政部关于全面推进行政事业单位内部控制建设的指导意见》与《财政部关于开展行政事业单位内部控制基础性评价工作的通知》是内控实施的主要推动政策

为深入贯彻落实《中共中央关于全面推进依法治国若干重大问题的决定》提出的"对财政资金分配使用、国有资产监管、政府投资、政府采购、公共资源转让、公共工程建设等权力集中的部门和岗位实行分事行权、分岗设权、分级授权,定期轮岗,强化内部流程控制,防止权力滥用"的要求,针对《规范》施行以来部分行政事业单位在内部控制建设过程中存在的重视不够、制度建设不健全、发展水平不均衡等问题,财政部于 2015 年 12 月 21 日印发了《财政部关于全面推进行政事业单位内部控制建设的指导意见》(财会〔2015〕24 号,以下简称《指导意见》),要求各地区、各部门和各单位要把制约内部权力运行、强化内部控制,作为当前和今后一个时期的重要工作来抓,切实加强对行政事业单位内部控制建设的组织领导,紧密结合单位实际情况建立健全内部控制体系。《指导意见》明确提出了全面推进行政事业单位内部控制建设的总体目标,要求以单位全面执行《行政事业单位内部控制规范》为抓手,以规范单位经济和业务活动有序运行为主线,以内部控制量化评价为导向,以信息技术为支撑,突出规范重点领域、关键岗位的经济和业务活动运行流程、制约措施，逐步将控制对象从经济活动层面拓展到全部业务活动和内部权力运行，到2020年，基本建成与国家治理体系和治理能力现代化相适应的，权责一致、制衡有效、运行顺畅、执行有力、管理科学的内部控制体系。

为推动行政事业单位开展内部控制的建立与实施工作，财政部研究制定了行政单位内部控制基础性评价指标体系，以量化评价为导向督促单位积极开展内部控制建设。2016年财政部印发《财政部关于开展行政事业单位内部控制基础性评价工作的通知》（财会〔2016〕11号，以下简称《通知》），制订了行政事业单位内部控制基础性评价指标量化评分表，要求各地区、各部门成立领导小组，制订实施方案，确保所辖单位全面完成内部控制基础性评价工作，通过"以评促建"的方式推动本地区（部门）单位内部控制水平的整体提升。加强对本地区（部门）单位内部控制基础性评价工作进展情况和评价结果的监督检查，对工作进度迟缓、改进措施不到位的单位，应督促其调整改进。要求各地区、各部门还就单位内部控制基础性评价工作及其成果的宣传推广力度，利用媒体资源进行宣传报道。同时，组织选取具有代表性的先进单位，通过召开经验交流会、现场工作会等形式，推广先进经验与做法，发挥先进单位的示范带头作用。

3. 省与地方层面制定的指引与手册是具体工作的主要依据

为便于各单位掌握行政事业单位内部控制的基本原理，熟悉单位内部控制建设的具体路径，指导各单位加快推进内部控制体系建设和完善。2016年浙江省财政厅、湖南省财政厅先后发布《行政事业单位内部控制基本操作指引》，对行政事业单位内控活动具体工作步骤作出规范。山东省向各省直单位和地方财政局下发了《关于印发〈山东省行政事业单位内部控制手册〉的通知》，以手册的形式对内部控制各环节的业务流程与控制活动进行规范。指引和手册的编制为基层政府分级负责、分步实施内部控制建设目标设置提供了可靠参照。

以湖南省财政厅印发的指引为例，总共包含四个部分。第一部分为指引的使用说明，对指引制定的依据以及规模大小不同的单位如何运用指引作出说明。第二部分是内部控制工作开展步骤及流程，该部分内容从三个方面阐述：一是指导单位如何设置内部控制领导组织机构；二是开展单位层面内部控制，包括建立职责分工权限明确的组织架构、管控模式设计、集体议事决策制度、关键岗位管理制度、会计机构管理制度等内容；三是对如何开展经济活动内部控制框架的相关建议。第三部分是开展经济活动内部控制，该部分以表格化、图形化方式对预算业务、收支业务、债务业务、政府采购业务、资产业务、建设项目业务、合同业务的管理结构、工作流程、风险点及主要防控措施如何设计进行说明。第四部分是配套工作安排的建议，指导单位制定内控工作手册、建立内控工作的评估机制和监督机制以及将经济活动及其内部控制流程嵌入单位信息系统（见图9-3）。

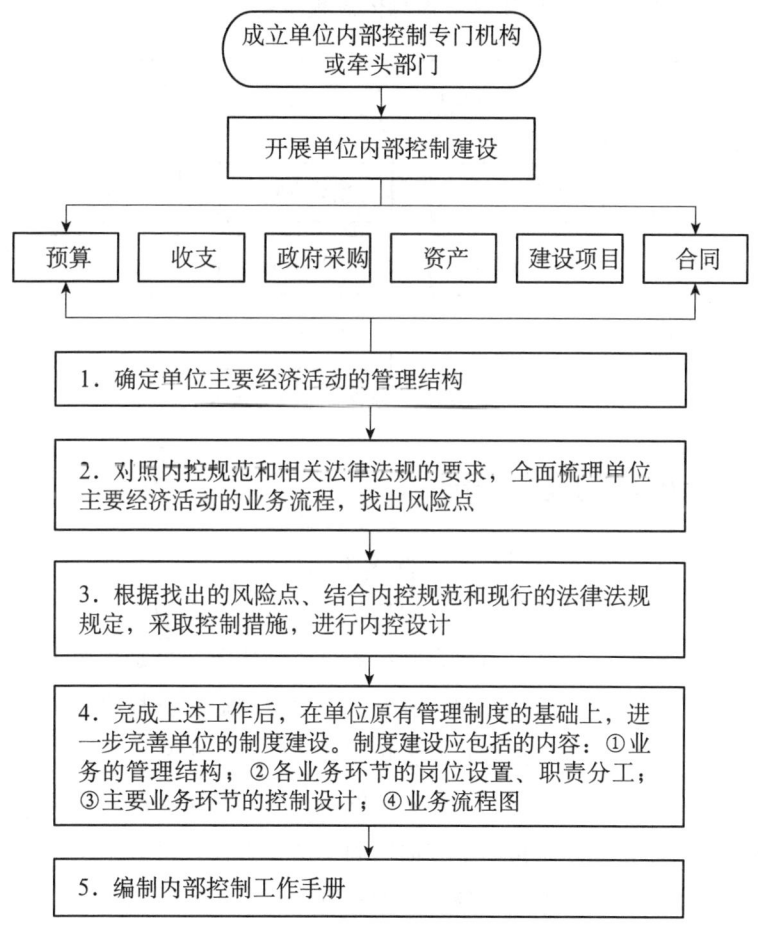

图9-3 事业单位内部控制工作流程

以《山东省行政事业单位内部控制手册》为例，总计五章，分别为总则、风险评估与控制、业务层面内部控制、内部控制评价与监督。为事前、事中、事后的全程控制机制设置和风险防范提供了详尽的操作指南。手册采用了企业内部控制建设标准流程图方式为各业务流程及其子流程的业务分工和关键节点提供示范,并采用风险矩阵的方式为每个子流程的控制目标、风险与影响、控制措施、控制活动负责人岗位提供了标准模板。手册还为内部控制评价与缺陷整改以及内部审计业务提供了标准工作流程。内控手册成为基层单位内部控制建设与实施的有效管理工具。图9-4就是预算管理总体流程示意图。

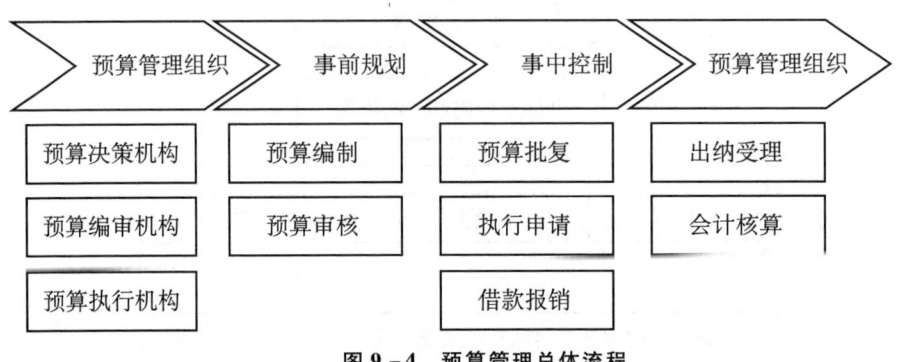

图9-4 预算管理总体流程

(三) 规范体系建设取得的成效

1. 初步建立了廉洁高效的政府"免疫系统"

党的十八大以来,以健全制度为治理基础的依法治国理念,不仅从国家层面勾勒出政府内部控制对政府内部权力制约的总体框架图,更是指明了政府内部控制有效对接国家治理的目标和方向。首先,内部控制通过分权建立了横向的相互制约和监督与纵向的决策、执行和监督过程中的审批、审核、检查、监督以及考核制度,为预防渎职行为建立了一道安全的防火墙。其次,政府内部控制中的分岗设权在顶层设计和业务流程两个方面明确了主体责任,最大限度地避免风险的发生。在顶层设计中规范各部门各单位的职责分工,实行授权审批机制,把权力关在制度的笼子里。业务流程上通过单位规章制度或其他适当方式授予该权限,实现管理精细化和分工专业化。最后,内部控制制度在实践中实现了控制流程固化,切实降低人为因素在流程管理中的影响。通过落实制度,并对各级政府行政事业单位内部控制制度进行考核评价,建立起政府自身的"免疫系统"。内控制度在建设廉洁高效政府方面发挥了重要作用。

2. 有效提升了行政事业单位内部治理水平

内部控制制度贯彻落实过程中,基层单位积极发挥主观能动性,以《规范》和各省的内部控制操作制度为依据,严格执行内部控制要求,并主动创新内部控制具体实施方案,为财政资金安全提供了保障,提高了单位财务信息的可靠性。一是通过有效控制预算执行审核监督,进一步夯实了单位预算管理工作基础。业务工作中,各单位通过明确政策要求、审核重点、工作流程、时间节点、任务分工和责任要求等,确保了预算管理工作的顺利完成和审核结果的准确。二是依照制度严格把关,提高财务信息可靠性。在会计核算工作中严格执行不相容岗位相分离制度,会计监督检查工作中,通过调查了解相关企业的基本情况、会计核算、财务管理、内部控制,根据关键风险点有的放矢地履行内部监督与外部监督职责,有效降低潜在风险,提高了财务工作成效。三是采用工作手册等内控机制提高了工作流程的规范程度,有效控制流程运行风险。通过明确规定工作时限、加强上级财政管理机构与基层管理的沟通等方式,提高工作效率。设计检查汇报制度,及时发现工作中的问题,并形成反馈机制。在工作中严格执行复核制度,设计专门复核职位履行复核责任,有效杜绝了权力不受监督等问题。

3. 逐步形成了及时发现风险、有效防控风险的长效机制

堵塞漏洞、消除隐患,预防并及时发现风险因素、建立有效的纠偏机制是内部控制体系建设的主要目标之一。首先,各单位通过明确业务环节内部流程控制,分析风险隐患,建立了较为完善的风险评估机制和风险应对策略。各单位按照《指导意见》和《规范》要求,初步完成内部控制的建立和实施工作,根据《通知》对内部控制评价要求,对本单位内部控制制度的全面性、制衡性和有效性进行了自我评价、对照检查,并针对存在的问题进行了整改落实,进一步提高了制度执行力,确保内部控制有效实施。其次,通过加强内部权力制衡,规范了行政事业单位内部权力运行。内部控制体系建设过程中按照决策、执行、监督相互分离、相互制衡的原则,科学设置内设机构、管理层级、岗位职责权限,通过权力运行过程中分事行权、分岗设权、分级授权,并定期轮岗制度建立了制约权力运行的有效措施。通过建立责任追溯制度,对失职或违法违纪行为追责,提高

了控制制约的效力。最后,建立内控报告制度,发挥信息公开对内部控制建设的促进和监督作用。单位按照《规范》的要求积极开展内部控制自我评价工作,并将评价情况作为部门决算报告和财务报告的重要组成内容进行报告。通过面向单位内部和外部定期公开内部控制相关信息,逐步建立了规范有序、及时可靠的内部控制信息公开机制。

❖ 四、我国内部控制规范体系建设评价与展望

自2008年开始推进内部控制制度化、规范化建设以来,经过十年改革与发展,内部控制规范体系全面实施,内部控制监督与评价机制不断完善,行政事业单位内部控制建设加快推进,为提升企事业单位会计管理水平,健全会计管理体制,推动经济社会发展提供有力支撑。与此同时,新理念引领的经济发展和日新月异的技术进步为内部控制建设提出崭新挑战和更高要求。站在新时代的历史方位上,应坚持立足国情、兼收并蓄、与时俱进、面向未来,推动内控建设更好地服务新时代会计工作转型升级和会计改革发展。

(一)立足国情,兼收并蓄,促进内控建设理论与实践相结合

内部控制建设应立足国情,在利益相关者视角下以风险管理为导向,以实现企业价值最大化为目标,将在企业管理实践基础上形成的内部控制理论认识回归并有效指导企业管理实践,实现理论与实践的和谐与统一,进而促进企业健康可持续发展。内部控制设计与运行是内部控制建设的一体两翼,合理设计与有效运行是内部控制发挥效用的基础保证。具体而言:一是内部控制制度设计。应在遵循系统性原则、成本效益原则和实事求是原则的基础上,从企业整体出发,理顺企业业务流程,找准企业业务流程中的高风险点,有针对性地制订切合企业实际的内部控制方案,建立各控制环节有机统一的企业内部控制体系。二是内部控制制度的执行。内部控制的实质是"人控制人",无论是高层管理者还是基层员工都在企业内部控制制度的执行中发挥着不可或缺的作用,内部控制的有效执行既需要战略管理层提高风险管理意识,具备创新精神和敏锐洞察力,在战略制定阶段制定周密的内部控制策略,也需要基层员工树立内部控制主人翁意识,在工作

中严格贯彻制度要求,使内部控制制度真正落实到企业具体业务环节。

近年来,以风险为导向的全面内部控制成为内部控制国际发展的趋势。2004年9月,COSO委员结合《萨班斯—奥克斯利法案》的相关要求发布了新的内部控制框架体系——《企业风险管理整合框架》(COSO-ERM),在内部控制框架中全面引入企业风险管理,使内部控制服务于企业风险管理目标。COSO新框架将企业风险管理进行了重塑,风险被重新定义为"事项发生并影响战略和商业目标实现的可能性",将风险管理重新定义为"企业进行风险管理的文化、能力和实践",并将风险管理的专注重点由原来的防止价值受到侵蚀和将风险控制到可接受水平转向了企业风险管理在创造、维护和实现价值中的重要作用,进一步明确了企业风险管理和内部控制间的关系,强化了企业风险管理与企业绩效间的关联和协同。在国际内部控制框架体系改革日益重视风险管理的大趋势下,COSO新框架对于非营利性机构、政府部门等实施内部控制也有着重要的借鉴意义。我国行政事业单位内部控制的建立才刚起步,尽管部分政府部门设计并实施了风险的应对方案,并在建立政府部门风险管理体系方面进行了初步尝试,但较之国际内部控制和风险管理领域的研究成果和发展还有一定的差距。COSO-ERM适用范围明确地由企业扩展到任何类型和规模的组织,适用主体包括营利性机构、非营利性机构和政府部门等,而且公共治理、危机管理等领域也可以在应用该框架后更好地实现标准化与科学化,为我国非营利机构、政府部门建立风险管理框架提供了有益思路,也为我国行政事业单位内部控制建立和完善过程中嵌入风险管理提供了良好的契机。

现阶段我国许多企业在内部控制设计与运行中对于风险管理的认识水平较低,在企业的决策之中缺乏风险管理的思想,风控措施有限,而且,企业往往倾向于关注显性风险和眼前风险,而或多或少忽视了对企业隐性风险和长远风险的管理。在行政事业单位中,同样也普遍存在忽视风险管理的问题,在内部控制中具体体现在内部组织的设置不够科学、监督机构的设置不科学、缺乏完善的财务管控制度、缺乏足够的预算管控力度、缺乏科学的控制制度和资产管理等方面,这将导致行政事业单位管理松懈、加增风险,严重时甚至导致单位内部出现混乱现象,无法形成有效的权力约束。对于新时代内控制度建设而言,应该放眼世界、兼收并蓄,取其所长、为我所用,紧跟内部控制建设国际发展趋势,结合近年来单位内部控制中出现的典型性问题和 COSO 框架的新变化，及时修改、完善内部控制规范，总结反思我国企事业单位内部控制制度建设已有经验，总结分析国外内部控制发展动态、框架模式和成熟实践，加强对潜在风险的评估以及应对风险的能力，建立风险导向的内部控制机制。在具体控制要求方面，应结合立足国情和发展实际，扎根于我国经济、社会、法律、文化环境和企事业单位的鲜活实践，制度设计和运行规范要符合单位的管理理念、思维和行为方式，突出中国特色。在推动我国内部控制规范与国际发展潮流保持协调的同时，将中国经验提炼升华为具有中国特征的内控理论，增强我国在内部控制国际协调与趋同中的影响力和话语权。

（二）一以贯之，与时俱进，推动内控建设服务经济社会发展

内部控制制度是一个完整的动态系统，它不仅包括制定，而且包括执行、对执行情况的计量或测试、对计量或测试结果的分析和报告以及对偏差的修正等。任何内部控制都是在一定环境下设计的，并能够随着环境和业务特点的变化作出适时的调整和改进。随着我国社会经济的不断发展，经济环境与经济发展方式发生了巨大的变化，企业组织结构得到了全新的升级，内部控制日益复杂化，内部控制建设更加依赖于现代信息技术。只有不断推进内部控制的改革创新，才能使其与时俱进，满足新常态环境下企业发展的需求，实现企业健康可持续发展。具体而言，内部控制制度建设应充分结合企业内外部环境，实现内部控制和经营管理的有机统一。同时，应使内部控制手段更加多样化，对业务发展和企业各项支出、成本实施有效控制，及时评价内部控制执行结果，建设事前预防、事中控制、事后监督环环相扣的内部控制体系，降低企业在从注重经济增长速度转向注重经济增长质量和效益的过程中所面临的风险。中国经济在经历了持续高速增长后面临着转型要求，而经济社会的转型离不开政府职能的转型，经济社会的转型与政府职能的转变都影响着行政事业单位的内部控制体系建设。在行政事业单位组织建设方面，内部控制也逐渐成为实现单位管理目标、防范业务与廉政风险的重要保障手段。因此，在政府部门推动行政事业单位内部控制体系建设的过程中，应突出对预算编制、执行和政策制定等财政核心权力的制约，突出对关键少数、关键岗位的制衡，突出对巡视、审计问题的内控整改，突出内控与其他监督

方式的有机结合。通过以上工作，有效建立单位相关业务运行内部制衡机制，有效建立业务和廉政风险预警预防机制。而对于单位自身而言，同样应该根据职能的转变与自身实际，完善制度、强化责任、狠抓执行、注重实效、做好考评，切实发挥内控在单位管理中的作用。

（三）建章立制，法贵必行，强化内控制度体系建设与制度执行

内部控制制度设计是建立内部控制规范体系的基础，但是完善的制度设计有赖于有效的执行，否则对单位风险防范和管理水平的提升作用就无从谈起。如果煞费苦心建立起的内部控制规范体系，只是被束之高阁、用来应付外部监管需要，而没有落实在企事业单位日常管理上，内控制度建设及评价工作也自然流于形式，无法发挥出内部控制制度应有的效用。

从2008年《企业内部控制基本规范》出台至今，企事业单位内部控制仍存在一些问题。比如很多企业虽已根据《公司法》和内部控制要求设立了股东大会、董事会、监事会、经理层，但现代公司治理框架在实际运营过程中常常形同虚设，董事会及审计委员会中的"独立董事"不起作用，一定程度上影响公司治理效用的发挥。又比如，在一些大型企业中，不相容的职务虽然分别由不同的人担任，但缺乏独立性，并没有起到实质性的控制作用。而在一些中小企业中，出于节约成本的考虑，不相容职务由同一人兼任，连形式上的分离都没有做到，更不要说实质上的分离了。同样，在行政事业单位的内部控制建设中，各单位积极推进，取得了初步成效，但也存在着内部控制流程形同虚设、没有落实财务的监督职权等问题。内控中出现的这些问题究其根本，是内控制度执行不到位所造成的。

首先，强化内控制度体系建设与制度执行应当明确不同责任部门的职责分工，并且分工到人，各司其职，同时建立上传下达的有效机制，使信息流在企业或者单位上下部和内外部传递畅通，使内部控制这一系统性的工作可以完整而有效地运行。其次，内部控制通过纳入管理制度及活动实现，应当强化内部控制执行的监督与评价，充分利用内部审计机构和内部控制自我评价系统对企事业单位内部控制尤其是会计控制的监督评价作用，及时发现并修正企业内部控制薄弱环节中存在的问题和隐患。最后，强化执行内控制度奖惩考核，应将内部控制执行

情况与相关人员的绩效挂钩，对于认真落实内部控制制度、为内部控制建设作出贡献的部门和人员予以奖励，使其模范带动作用得以有效发挥；同时应建立问责机制，对玩忽职守的部门和人员进行严厉追责，降低责任人逃避相关义务的风险。总而言之，要想使内控制度持续地深入执行，保障内控制度的生命力，就必须做到"有法可依""执法必严""违法必究"，否则，再好的制度也将成为一纸空文。

为保障内控制度的严格落实，除了企业或者单位自身的努力，外部的监管也应该充分发挥作用。一方面，财政部门应会同证监会等监管部门，持续关注企业内部控制规范体系在上市公司的执行情况，在不断完善企业内部控制规范体系的同时，督导和监管上市公司不断加强内部控制建设，以促使上市公司有效执行内控制度，做好上市公司内部控制自我评价工作，提高上市公司合规经营与防御风险能力。另一方面，财政部门以及行政事业单位的上级单位应督促各单位坚持不懈抓好行政事业单位内控制度建设重点和难点，规范内控风险事件应对过程的报告、统计、考评工作。同时进一步加强责任追究力度，对内控风险事件发生单位和责任人，以及不报告、未及时、未如实报告风险事件的单位和责任人严肃问责并进行通报；对内控制度执行不力，特别是对内控工作重视不够、内控制度落实不力、内部管理混乱、多次发生风险事件的单位及责任人要通报批评、严肃执纪问责。

（四）立足当前，面向未来，注重内控建设与"大智移云"融合发展

伴随着经济的高质量发展和科技的飞速进步，"大智移云"为企业带来更多机遇的同时，也对其内部控制提出了更多的挑战。信息共享技术的普及应用大大降低了信息的保密性，而且，云计算模式下，数据信息大多集中储存于云端，黑客攻击更为容易，信息泄露问题、商业机密泄露问题为企业带来巨大的风险和困扰。在行政事业单位中，管理层对于新兴信息技术手段在内部控制中的作用往往不够重视，财务控制也不够规范，这就使得大数据、云计算等在行政事业单位内部控制中的应用推广较为缓慢。

"大智移云"时代，要使"互联网+内部控制"的潜力得到充分挖掘，企业或者行政事业单位要将内控流程和防控措施固化并融入业务生产系统和办公自动

化系统，切实做到过程留痕、责任可追溯。同时，要做好内控管理信息系统的开发工作，实现内控管理功能、内控预警功能和内部控制的信息化、程序化和常态化。目前的数据库管理系统逐渐趋于成熟，企事业单位内部控制建设可以充分利用数据库管理系统，建立内控管理数据库，并根据财务会计科目进行分类管理，将内控管控和数据库的发展有效结合；利用互联网技术，将内控制度与互联网进行有效的统一，把互联网的信息整合技术、传递技术、集成技术等优势进行全方位的有机结合。大数据背景下云计算将广泛应用于企事业单位管理中并对企业发展产生重要影响，可以预见内部控制的发展离不开基于大数据的云计算支持，企事业单位可以充分利用云计算对内部管理数据进行有效的处理，全面提升内部控制的持续性和有效性。

利用新技术、新手段，政府等相关部门单位同样可以实现对内部控制的指导与监管。例如，对于上市公司等企业，可以成立数据分析团队，瞄准审核工作目标，有的放矢，梳理分析内部控制体系及存在的问题，搭建起科学、适用、有效的分析模型，及时发现风险、通报问题，实现对企业内部控制的针对性监管。行政事业单位，则可以构建中央政府数据中心，利用"大智移云"技术，在科学合理规划设计内部控制制度的基础上，开通专线报送平台，监控单位的内部控制执行情况，方便各单位在规定时间内上传内部控制评价报告。

（五）认清局限，应对风险，推动内控建设规范管理与科学发展

内部控制是一个复杂的系统工程，应该靠一套科学的内部控制规范来管理企业的行为，让管理者在日常经营管理活动中，按照规定的程序来完成工作任务、接受规定的控制管理。健全有效的内部控制固然能有效降低单位风险，合理保证企事业单位财产的安全完整和有效使用，使单位经济活动合法合规，有效预防和遏制舞弊和腐败，提高经营管理和公共服务的效率效果，但合理保证不等同于绝对保证，内部控制并非完美无缺，人员素质、内外部环境等方面的主客观制约因素为内部控制制度的设计与执行带来诸多局限性。首先，内部控制制度设计会受到成本限制，尤其是对于企业这种具有营利性质的组织而言，当实施某个内部控制环节而减少的损失与浪费不足弥补实施成本，即使该内部控制环节具有理想的实施效果，出于权衡成本效益的考虑，管理当局往往会对其望而却步。其次，在

内部控制制度执行过程中,管理层滥用职权进行干涉阻挠、执行人员缺乏控制意识、错误的理解与判断、懈怠散漫等其他难以完全规避的人为因素会使得内控执行效果大打折扣,而且,不相容职务相分离制度仅在一定程度上降低了单个人员职权过多带来的违规舞弊风险,却无法有效解决不同职务人员的串通舞弊问题,企事业单位仍无法有效脱离舞弊风险。此外,内部控制制度往往是单位针对常见风险事项设计的,对于非经常风险事项或无法提前预知的突发状况,内控措施难以奏效。最后,在内部控制的动态修正方面,内部控制制度在一段时期内是相对稳定的,内控效果很可能会随单位内外部环境、业务流程和性质改变等因素而削弱,制度修定的滞后性会给单位带来监管遗漏风险。尽管内部控制存在诸多局限性,但我们绝不能"因噎废食",相反更应注重从控制环境、风险评估、控制活动、信息和沟通、监督等各方面健全内控制度,并注意防止采取各种偏向性措施。只有认清局限,才能更好地应对风险,进而推动内控建设的规范管理与科学发展。

主要参考文献:

[1] 徐玉德. 企业内部控制设计与实务 [M]. 经济科学出版社,2009.

[2] 徐玉德,孙永尧. 内部控制与风险管理 [M]. 经济科学出版社,2016.

[3] 陈新超. 浅谈内部控制与风险管理的未来趋势及对企业的影响 [J]. 纳税,2019(10):287.

[4] 郭志强. 我国企业内部控制现状及完善建议 [J]. 商业经济,2018(9):22-23.

[5] 韩冰. 浅述COSO新框架下企业内部控制与风险管理的思考 [J]. 商场现代化,2018(13):95-96.

[6] 李庆玲,沈烈. 近年国际内部控制研究动态:一个文献综述 [J]. 经济管理,2016,38(5):187-199.

[7] 刘淑. 结合互联网的企业内部控制改革创新浅议 [J]. 纳税,2018,12(33):183+186.

[8] 骆艳宁. 经济新常态下企业内部控制的改革与创新 [J]. 中国乡镇企业会计,2019(1):194-195.

[9] 吕宏艳. 浅述 COSO 新框架下企业内部控制与风险管理的思考 [J]. 现代经济信息, 2019 (1): 40+42.

[10] 陈少勇. 中国内控规范体系建设的回顾和展望 [J]. 新会计, 2010 (9): 10-13.

[11] 邓柯. 我国内部控制回顾与展望 [J]. 合作经济与科技, 2007 (23): 33-34.

[12] 韩小玲. 谈行政事业单位内部会计控制制度的建立与完善 [J]. 中国农业会计, 2005 (12): 16-17.

[13] 沈小燕. 我国内部控制与公司治理机制的有效对接 [J]. 税务与经济, 2005 (5): 34-37.

[14] 唐大鹏, 常语萱. 新时代行政事业单位内部控制理论创新——基于国家治理视角 [J]. 会计研究, 2018, 369 (7): 15-21.

[15] 唐晓玉. 我国行政事业单位内部控制制度研究 [D]. 2013.

[16] 魏喆妍, 武春梅. 我国内部控制规范建设历程及现实思考 [J]. 财会通讯 (学术版), 2005 (7): 93-95.

[17] 杨有红. 论内部控制环境的主导与环境优化——基于内部控制系统构建与持续优化视角 [J]. 会计研究, 2013 (5).

[18] 樊行健, 刘光忠. 关于构建政府部门内部控制概念框架的若干思考 [J]. 会计研究, 2011 (10): 34-41.

[19] 吴勋, 徐新歌. 行政事业单位内部控制发展现状、实施背景与改革展望 [J]. 财会通讯, 2015 (14): 119-120.

[20] 刘永泽, 况玉书. 政府内部控制的内涵界定、外延定位与预算选择 [J]. 审计与经济研究, 2015, 30 (3): 88-97.

[21] 李心合. 内部控制: 从财务报告导向到价值创造导向 [J]. 会计研究, 2007 (4): 54-60+95-96.

[22] 南京大学会计与财务研究院课题组. 论中国企业内部控制评价制度的现实模式——基于 112 个企业案例的研究 [J]. 会计研究, 2010 (6): 51-61+96.

[23] 刘永泽, 唐大鹏. 关于行政事业单位内部控制的几个问题 [J]. 会计

研究，2013（1）：57-62+96.

[24] 唐大鹏，王璐璐，武威. 预算分权下政府内部控制概念框架及实现路径 [J]. 财政研究，2017（6）：59-71+58.

[25] 刘永泽，张亮. 我国政府部门内部控制框架体系的构建研究 [J]. 会计研究，2012（1）：10-19.

[26] 田祥宇，王鹏，唐大鹏. 我国行政事业单位内部控制制度特征研究 [J]. 会计研究，2013（9）：29-35+96.

[27] 毛新述，孟杰. 内部控制与诉讼风险 [J]. 管理世界，2013（11）：155-165.

[28] 丁友刚，王永超. 上市公司内部控制缺陷认定标准研究 [J]. 会计研究，2013（12）：79-85+97.

[29] 郑伟，朱晓梅，季雨. 整合审计下的内部控制审计水平与财务重述 [J]. 审计研究，2015（6）：70-77.

[30] 樊行健，肖光红. 关于企业内部控制本质与概念的理论反思 [J]. 会计研究，2014（2）：4-11+94.

[31] 唐大鹏，吉津海，支博. 行政事业单位内部控制评价：模式选择与指标构建 [J]. 会计研究，2015（1）：68-75+97.

[32] 吴秋生，杨瑞平. 内部控制评价整合研究 [J]. 会计研究，2011（9）：55-60+97.

[33] 刘浩，许楠，时淑慧. 内部控制的"双刃剑"作用——基于预算执行与预算松弛的研究 [J]. 管理世界，2015（12）：130-145.

[34] 倪小平，汤风琴. 行政事业单位内部控制发展趋势的探讨——基于《2017年度行政事业单位内部控制报告》的变化分析 [J]. 中国注册会计师，2018（4）：95-97.

[35] 唐大鹏，李怡，王璐璐，周智朗. 公共经济视角下的政府职能转型与内部控制体系构建 [J]. 宏观经济研究，2015（12）：28-37.

[36] 田玉辉. 我国企业内部控制现状及建设 [J]. 财会学习，2019（2）：165+167.

[37] 王慧. COSO风险管理框架的新变化及启示 [J]. 审计月刊，2018

(9)：42-44．

［38］姚志惠．互联网企业风险及内部控制建设优化［J］．纳税，2019，13（1）：259．

［39］张少佳．"互联网+"背景下企业内部控制存在的问题及对策分析［J］．中国管理信息化，2019，22（8）：33-34．

［40］财政部会计司、证监会会计部、证监会上市部、山东财经大学．我国上市公司2016年执行企业内部控制规范体系情况分析报告［N］．中国会计报，2018-01-12（6）．

［41］财政部会计司、证监会会计部．我国上市公司2017年执行企业内部控制规范体系情况分析报告．［EB/OL］http：//kjs.mof.gov.cn/zhengwuxinxi/diaochayanjiu/201811/t20181108_3063044.html．

［42］财政部会计司．《电力行业内部控制操作指南》调研报告．［EB/OL］http：//kjs.mof.gov.cn/zhengwuxinxi/diaochayanjiu/201403/t20140326_1060029.html．

后 记

"经济越发展，会计越重要"。改革开放四十年来，会计行业紧紧围绕服务经济社会发展大局和财政会计中心工作，坚持解放思想，开拓创新，会计改革与发展取得丰硕成果和宝贵经验，并不断展现出新气象。改革开放四十年来，中国会计改革与发展始终坚持中国共产党的领导、坚持走中国特色社会主义的道路、坚持依法依规管理、坚持对外开放合作。会计行业改革开放的四十年是思想不断解放，改革持续深入，开放不断扩大，模式逐步转化，行业面貌发生巨大变化的四十年。四十年来我国会计法制化建设、会计准则国际趋同、管理会计体系建设、政府准则与制度建设、会计人才培养、注册会计师行业管理等取得的巨大成就，也为新时代继续深化会计改革提供了宝贵的经验和财富。

梳理总结既是为了实现对改革开放以来四十载会计改革与发展进程的历史反刍和精神寻根，也是为了在新时代由远及近的民族复兴曙光中不断汲取会计改革与发展行稳致远的制度自信和理论力量。站在改革开放四十年的历史节点上，新时代的会计工作者应用中国特色社会主义理论透视改革历史，以伟大的改革开放精神光照发展现实，在理论和实践的融会贯通中开拓创新，推动理论发展和学科繁荣。本书立足实践，在中国特色社会主义的高度进行回顾和审视，围绕企业会计制度、管理会计、政府会计、会计监管、注册会计师制度、中国会计信息化、中国会计教育与人才培养等方面，从经济社会发展和制度政策变迁的历史维度对改革开放四十年来我国会计改革与发展状况进行总结、反思，以期为新时代中国会计改革与发展贡献绵薄之力。

本书由中国财政科学研究院财务与会计研究中心徐玉德研究员主笔撰写。从2017年底，本人就开始执笔撰写本书，翻阅了大量相关书籍和文献，在已有研

后 记

究成果的基础上，围绕相关的政策法规及其对会计改革与发展实践的影响，陆陆续续撰写了一些分析性或总结性文章并先后刊发于相关学术期刊。当然，"改革开放这场中国的第二次革命，不仅深刻地改变了中国，也深刻地影响了世界"。改革开放四十年来，尤其是进入 21 世纪新时代以来，中国社会经济各个方面均发生了翻天覆地的变化，我国会计改革与发展在会计法律法规、政府会计、管理会计体系建设等方面都取得了丰富的创新成果，探索出了中国特色会计改革发展的新路子，彰显出国际影响力。本书仅是对中国会计改革发展四十年所取得成就或经验总结的一个缩影。

"善之本在教，教之本在师"，感谢我的老师王世定研究员长期以来的关怀与鼓励，老师对于改革开放以来我国会计改革与发展的深刻见解为本书成稿付梓提供了有力支撑。感谢中国财政科学研究院研究生院的博（硕）士研究生韩彬、宋帅、李化龙、温泉、俞盛新、马智勇、徐菲菲等帮助搜集整理了大量资料，并对书稿进行了多次校对。本书在写作过程中学习参考了大量前人研究成果，在此对专家学者们已有的贡献表示敬意和感谢。感谢中国财经出版传媒集团中国财政经济出版社及责任编辑张若丹女士为本书出版所作的辛勤工作，尤其是张若丹女士的耐心与付出，使得该书的出版成为可能。当然，书中仍不乏疏漏与错误之处，恳请广大读者批评指正。

徐玉德
2018 年 12 月于北京